爱情心理学

张晨光 著

中国科学技术出版社
·北 京·

图书在版编目（CIP）数据

爱情心理学 / 张晨光著 . –– 北京：中国科学技术
出版社，2022.1
ISBN 978-7-5046-9094-4

I.①爱…　II.①张…　III.①恋爱心理学 – 通俗读物
IV.① C913.1–49

中国版本图书馆 CIP 数据核字（2021）第 123469 号

策划编辑	李　睿	
责任编辑	李　睿　朱　颖	
封面设计	朱　颖	
正文设计	中文天地	
责任校对	张晓莉	
责任印制	李晓霖	

出　　版	中国科学技术出版社	
发　　行	中国科学技术出版社有限公司发行部	
地　　址	北京市海淀区中关村南大街16号	
邮　　编	100081	
发行电话	010–62173865	
传　　真	010–62173081	
网　　址	http://www.cspbooks.com.cn	

开　　本	880mm×1230mm　1/32	
字　　数	232千字	
印　　张	9.25	
版　　次	2022年1月第1版	
印　　次	2022年1月第1次印刷	
印　　刷	三河市荣展印务有限公司	
书　　号	ISBN 978–7–5046–9094–4 / C・175	
定　　价	49.80元	

代序

　　十年前，张晨光老师在我校开设《爱情心理学》通识选修课程，很快就成了同学们"秒抢"的一门课。同学们喜欢这门课可能有几个原因：其一，爱情是大学生心理发展的热点话题，加上"心理学"三个字就更有吸引力了，在课堂上教同学们谈情说爱是一个有趣的尝试；其二，晨光老师妙趣横生的口才和意犹未尽的典故，让同学们在享受美好情感的同时也在回答自己的人生议题，这门课就有了口碑和美誉；其三，爱情是既古又新的，是恒古以来的浪漫和磨炼，风华正茂的大学生在爱情中既品尝着生命之精华，又面临着亲密关系中的冲突和挫折，亦甜亦苦的滋味让年轻的学生们回味无穷；其四，晨光老师通过教改项目把这门课打造成了精品选修课，他精雕细刻地琢磨其内容、方式和效果，使这门课的品质也越来越"俊美"。十年之后，晨光老师撰写的《爱情心理学》一书出炉，可谓锦上添花的美事。

　　在阅读《爱情心理学》书稿之后，我是既欣喜又佩服，这本书把科学性、趣味性与实用性融为一体。首先，科学性指的是本书涵盖了爱情的生理、心理和社会的功能和价值，爱情关系中的因素、差异、构建和演变，以及在经营爱情中的问题、方法和技能，等等。本书从心理学众多研究中提出与爱情相关的这些内容和议题，并给予了解释和说明，娓娓道来极具端庄的学术氛围，让人知晓爱情原是一门严谨的科学；其次，趣味性不仅体现在每个章节中那些活灵活现、激起人们阅读好奇心的题目上，而且许多话题更是用冷静式的幽默和打趣来阐述和表达，显示了晨光老师那深入浅出的格调和功力，读起来有亲切感和代入感，让人感知到爱情也是一门有趣的艺术；最后，实用性则体现在本书所涉及的许多议题都是当今社会，尤其是年轻人所关心和热心的，贴近年轻人心理发展的实际需求，大多数章节之后还设有相关议题的测试和活动，让读者在自我了解的基础上，能有的放矢地去践行爱情中的相关问题，让其切身体验到爱情还是一门需要不断"操练"的技术。所以说，《爱情心理学》这本书可以让人在心智上和行为上都有所收益和成长！

弗洛姆曾说："在爱情中，在献身中，在深入对方中，我找到了自己，发现了自己，发现了我们双方，发现了人。"期望也相信越来越多的青年读者在爱情之中，可以更好地认识自己，理解他人，了解人类！

陈秋燕

2021 年 9 月于成都

🧡 前言

爱情，似乎并不是生活之必需品，却又常常令人魂牵梦萦。

不晓得是否个人生命的召唤，鄙人在 2009 年便与"爱情心理学"结下缘分。直至 2011 年春天，蒙所在学院领导之眷顾，得以给大学生开设《爱情心理学》通识选修课程。彼时"筚路蓝缕"，常常备课至深夜，苦于没有可以倚赖的课程教材。于是，暗自期许能够完成一本兼具科学性、趣味性与实用性的《爱情心理学》著作。十年来，几成夙愿。

坦诚而言，这样的写作目标对自己是很大的挑战。初时多自我菲薄，总觉得知识积累不足，理论观点肤浅，与哲学家或文学家对于爱情的那些深刻、细腻、生动、鲜活的论述相比，实在是自惭形秽。然而，随着各种资料的不断累积，又有一种"老虎吃天，无从下口"之感觉。如果将所有知识全部写进书里的话，会显得冗长而沉重。更为棘手的是，目前关于爱情的心理学研究缺乏必要的理论系统，看起来"东一榔头，西一棒槌"，而且常常有相互矛盾的观点或研究结果。如此，在汗牛充栋的文献资料中去芜存菁、整合观点，又成了一项更具挑战性的任务。而我，越发畏葸不前了。

　　眼瞅着实在不能再拖下去了，碰巧看到这样一句话——完成比完美更重要。既然连这种自我安慰的退路都有了，还要害怕什么呢？又撞上了新冠疫情，在那种生命紧迫感的催逼下，我初步建构出了书写框架，然后积沙成塔般地填充内容。就这样，终于有了这本《爱情心理学》。

　　如今夙愿得偿，需要感谢的太多。先贤的智慧、前人的成果、领导的关爱、家人的支持、编辑李睿老师的辛苦……缺少以上哪一方面的帮助，这本书也难以出版面世。此外，本书得到了 2020 年四川省高校思想政治工作精品项目"民族院校双向多层心理育人模式探索"项目的支持。

　　非圣人而作书，其人可诛，其书可烧也。

　　每当想到文学批评家金圣叹的这句话，心下便惶恐不已。毋庸赘言，鄙人不揣谫陋完成的这本小书中定然纰漏众多。所以，诸位方家只要不来"砍头焚书"，尽可以放手批评、不吝赐教。

张晨光

2021 年 7 月

于都广之野

目 录
Contents

第一章

爱情"不可说"

在人人关注的爱情领域，心理学家可谓"有辱使命"。

我们所知道的有关爱情的知识还不如一个普通的观察者；

我们所能写出来的东西远不如那些诗人和小说家[1]。

——哈利·哈洛（Harry Harlow）

在物理学家爱因斯坦（Einstein）50 岁生日时，同为犹太人的心理学家弗洛伊德（Freud）发来的贺信中称其为"幸运儿"。爱因斯坦对此莫名其妙，弗洛伊德回信解释说这是因为"没有哪个不精通物理学的人敢批评爱因斯坦的理论，而对于弗洛伊德，人人都可以批评，不管他是否懂心理学"[2]。且不论弗洛伊德是否真的曾有此言，这种解释确实能十分传神地描绘出心理学作为一门科学的尴尬处境。正如篇首美国心理学家哈洛在 1958 年说的那样，当文学家、艺术家，乃至于普通民众都能对"爱情"品头论足的时候，心理学家反而显得"黔驴技穷"了。可是即便时间过去近半个世纪之后，国内出版的《爱与不爱之间——爱情与人际交流中的心理学》一书开篇就明确指出"心理学界对'爱情'的研究几乎交了白卷……谁都没法抓紧爱情这只'暗房里的黑猫'"[3]。而这也成为坊间爱情科普书籍惯用的开篇模式——通过对比爱情在民间的"如火如荼"和在科学界的"惨淡经营"，来为该书的写作使命和写作难度做好铺垫。

时间又过去了十几年，可这种情况仍然没有多少好转。不敢说心理学，至少在爱情这样的领域，坊间流传和有影响力的"鸡汤"要远远多于科学研究结果。这可能要归咎于爱情这种现象很难被"概念化"，也因此很难成为能够被系统测量和分析的对象。毕竟，充分的概念化在科学发展领域中是"永恒的真理"，对一种现象的清晰概念化优先于它的实证调查及随后的实证结果和相关现象的整合[4]。

"爱情"一词身世复杂

"爱情"这个词并非音译，在明代小说《醒世恒言·杜子春三入长安》中有这么一句："人有七情,乃是喜怒忧惧爱恶欲。我看你六情都尽,惟有爱情未除。"这里的"爱情"二字,说的是"爱"这种"情",在故事中指的是杜子春在看到孩子被摔死之后的那种疼爱之情,与我们现在说的"爱情"一词的含义相差甚远。现代日常口语,乃至科学研究中说的"爱情",常常被认为是由英语"love"翻译而来的。"love"源自原始印欧语"*leub-"(喜爱、关爱、称赞之意),有动词和名词两种形式,更像是汉语中的"爱"这个单字,可以用于对人和物的态度、情绪、情感和行为等庞大范围的描述,并不特指情侣之爱。早在 1947 年由商务印书馆刊行的《情绪心理》一书中,张耀翔就论述了这种广义的"爱的心理",内容涉及儿爱、母爱、父爱、孝、报恩、友爱、仁爱、性爱、本能的爱、恋爱、同情等方面[5]。美国最早从事爱情研究的心理学家鲁宾(Rubin)也发现了这个问题,在其研究中选择使用"浪漫爱情(romantic love)"来表示爱情,并将其定义为"未婚男女之间的爱,这种爱可能导致婚姻的结果"[6]。

　　"浪漫"音译自英文"romantic",而"romantic"又源自法语"roman"[7],指那种描述"惊心动魄的故事、冒险的骑士事迹或风流韵事"的小说。也许是由于"浪漫爱情(romantic love)"先天倾向于那种"狂热的激情"——即法国骑士的"romantic"倾向,它并没得到研究者们的广泛响应,在后续的爱情相关研究中,"love""passionate love""companionate love""erotic love""limerence"等词均用来代表其研究主题。这种对研究主题词的松散使用,无疑是不利于爱情研究进展的[8]。因此,在 1988 年出版的《爱情心理学》一书序言中,鲁宾指出爱情科学尚不成熟的一个标志是"该书提到的研究者几乎没有关于爱的一个通用词汇",并呼吁研究爱情的学者"最好还是朝着一个共同的概念性词汇前进"[9]。

爱情概念化的失败

与爱情词汇不统一相对应的另一个问题是爱情概念化的失败。

其实，爱情这样一个从未被"冷落"过的议题，一直都不乏学者对其本质进行探索。最早可以追溯到古希腊哲学家柏拉图（Plato）的《会饮篇》，所谓"柏拉图式爱情"无论在学界[10]还是坊间都具有深远的影响力。此后，除了一些哲学家、社会学家在爱情探索方面做出的贡献，现代心理学界也提出了一些颇具影响力的爱情理论。其中，奥地利心理学家弗洛伊德在其精神分析理论框架内将爱情视为内在性欲的升华，即经过精致装扮后符合社会文明要求的"性欲望"；抑或爱情被视为"一种神经症，一种与异性父母竞争的投射以及对苦难和死亡的铭记"[11]。而提出"依恋（attachment）理论"的美国心理学家哈洛则认为爱情不过是一种"依恋"，是表现在情侣之间的行为系统。新精神分析的代表人物福摩（Fromm）完全颠覆了常人对爱的理解，主张爱不是一种感受，更多的是包含"照顾、责任、尊重与了解"的能力与艺术。人本主义学者马斯洛（Maslow）在其著名的"需求层次理论"中将爱情做了区分，一种称为匮乏性的爱（deficiency love），即那种从人的不安全感和低水平的情绪需求中生发出来的爱；另一种称为存在性的爱（being love），即那种基于高水平的情绪需求，尤其是自我实现和实现他人倾向的爱。与柏拉图的爱情理论一样，这些理论在当下仍具有较大的影响力。毋庸讳言，上述理论都是学者所开展的直觉性的理论推断，属于前科学阶段的理论探索。

以科学的方法开展对爱情本质的研究始于美国。如前所述，心理学家鲁宾采用心理测量的方法考察了爱情与友情的区别，编制出测量爱情的量表，并尝试对于爱情这个单一概念（unitary conception）进行界定——"未婚男女之间的爱，这种爱可能导致婚姻的结果"。然而由于鲁宾在概念化爱情时对于"未婚""男女"等方面的限定，以及对于爱情内涵描述的欠缺，这个定义并没有得到后续学者的普遍认可。

此后，国内外学者纷纷提出自己对于爱情概念的理解和主张。其中，朱智贤主编的《心理学大词典》[12]认为，"作为社会心理学专业术语的爱（love），是超越日常体验所叙述的爱，意味着人际关系中的接近、悦纳、共存的需要，持续和深刻的同情，以及共鸣的亲密感情等"。而哈特菲尔德（Hatfield）和拉普森（Rapson）则主张将浪漫爱情（romantic love）界定为"一种强烈地想跟对方联结的渴望"[13]，包括认知评价、主观感受（如满足感、狂喜、焦虑、绝望）、生理过程、行为倾向和工具性行为。直到 2008 年，仍然有学者从事这种"出力不讨好"的工作。比如，罗彻斯特大学的雷斯（Reis）和阿伦（Aron）将爱情定义为"一种进入、维持或拓展与一个人或者实体的亲密、联结和持续的关系的欲望"。然而这个定义仍然无法体现一种对"爱情"特指的感觉，他们又不得不去继续增加限定条件，这种爱情必须是出现在关系背景下的成人之间的，排除对非特定个人的慈悲（如对人类的慈悲）、对无生命个体的爱（如冰激凌）、单纯的性欲（如没有关系背景的性欲）[14]。如果你继续想下去，也许还有其他需要排除的事项，由此可见对爱情进行界定的困难程度。

爱情分类说

爱情的定义遇到的这些问题可能源自一个根本的问题，即爱情也许并没有一个经典定义可言[15]。正如晶莹灿烂的水晶一般，"爱情"也会在不同的人眼中折射出不同的色彩,进而成就了实际生活中"万紫千红"的爱情现象。考虑到对爱情核心本质进行理论界定的困难,有些学者试图在纷繁复杂的爱情现象之中探索出不同的爱情风格。在诸多的爱情分类/风格学说之中,最为著名的是加拿大社会学家约翰·李(John Lee)的爱情颜色理论(Color Theory of Love)。20世纪70年代,约翰·李在梳理了从古希腊时代到当时的数百篇文献之后,整理出4000余种对爱情的描述,进一步使用爱情故事卡片①的方法将爱情分为激情型、游戏型、友谊型、实用型、占有型和利他型6种风格。前3种为主要类型,被李隐喻性地称为"爱情三原色";后3种为次要类型,是"三原色"两两混合之后的衍生类型。这6种爱情风格在爱情体验的深度、对伴侣的投入和承诺、渴望的伴侣特征以及对爱情回报的要求等方面具有较大的差异。

激情型(Eros)

一般来讲,童话、电影中的爱情更符合"激情型"的特征,其典型代表就是电影《泰坦尼克号》。这种风格的爱情都是从一见钟情开始,双方的外貌与身体吸引力自然就比较重要。基本上当事人初次见面就可以确定对方是"真命天子/女",有一种强烈的"关系必然感",接着会展开热烈的追求,因此关系发展比较迅速,很快就能确立爱情

---

① 卡片分为绿色和白色两种,其中绿色卡片有170多张,每张上面都写着一个短句,如"我遇见**的那天晚上……""在我深陷爱河的那段时间,我所做的一些事情……";白色卡片上则写着可供选择的回答,如"我几乎不能入睡""我梦见了**""我给**写了一封信"等6~15种。被试需要对绿色、白色两种卡片进行匹配,但每个人可以有多种选择。如此,一个人在进行卡片匹配时的方式基本可以告诉我们其在生活中特殊的爱情故事。

关系。"激情型"风格的人爱情感受十分强烈，常常伴有生理唤起（如流汗、心跳过速，以及性爱的需求），他们将爱情奉为人生的全部，在亲密关系中有很多的浪漫行为。在《泰坦尼克号》那个号称"每看必哭"的电影桥段中，女主角露丝站在船头准备跳海自杀，男主角杰克为挽救对方，说出那句经典台词——"You jump，I jump"。将这句话翻译得文艺一些就是"死生契阔，生死相随"。用生命来诠释爱情，用生命来表达承诺，恰恰是"激情型"的一大特点。

游戏型（Ludus）

又可以称为"花花公子型"，当事人常常游走于多个恋人之间，其典型代表是《鹿鼎记》中的韦小宝。既然将爱情视为"游戏"，当事人最关心的自然是"自己玩得是否开心"。因此，"游戏型"爱情风格的人往往都比较自我中心，为了追求爱情游戏给自己带来的快感，他们常常同时与好几个伴侣交往或者不断更换伴侣以寻求新鲜、刺激的感觉。作为"情场高手"，他们不期待稳定、持久的亲密关系，自然不愿意接受传统爱情价值观的束缚。在《鹿鼎记》中，主角韦小宝同时拥有几个恋人，看起来也乐在其中，但这些爱人似乎只是他用以炫耀的"战利品"。"游戏型"似乎比"激情型"还不可取。

友谊型（Storge）

相对于"激情型"，"友谊型"明显属于"慢热型"。他们往往都是从朋友开始，日久生情，慢慢发展成恋人，整个交往过程平和、温馨、信任感强。很多时候就是当事人也说不清楚双方究竟是什么时候开始由友情转为爱情的。"友谊型"爱情更像是前面所说的"伴侣之爱"，看起来平淡无奇，即便是身体的亲密接触乃至于性行为，都较少有激烈的感受和表现。其实，现实生活中有不少伴侣在相处一段时间之后，都保持着一种"友谊型"的爱情关系，但由于其感情发展缺乏戏剧性，并不太容易从文艺作品中找出典型的例子。经常有人询问"分手后还能否做朋友"的问题，其实相对于其他爱情风格，"友谊型"伴侣由于拥有坚实的感情基础，是分手后最容易继续维持朋友关系的组合。

实用型（Pragma）

"实用型"兼具"游戏型"的自我中心主义与"友谊型"的冷静、平稳。

作为一种十分讲求"实用"的爱情风格，当事人会站在自己的角度去考察伴侣的"实际价值"，也是最容易说出择偶条件的一种类型。只不过他们所提出的"条件"常常与身体条件或者性魅力无涉，更多的是一些所谓"门当户对"的现实条件，诸如家世、学历、能力、未来成就，等等。在"实用型"的人眼中，爱情就是一场"交易"，而决定关系是否能够继续维持的主要因素也就是——这场交易是否"合算"。因此，他们会不断地要求伴侣"积极上进，提高价值"，一旦他们觉得对方不再"值得"，就会提出分手。

占有型（Mania）

"占有型"兼具"激情型"的强烈情感与"游戏型"的控制欲望，但同时又缺乏"激情型"的自信与"游戏型"的洒脱。莎士比亚四大悲剧之一《奥赛罗》中的男主角，就是典型的"占有型"。一方面，奥赛罗深爱着苔丝狄蒙娜，即便婚事不被允许仍然私下成婚；另一方面，不安全感又让奥赛罗的控制欲和占有欲不断滋长，在听到妻子不贞的传言之后几近发疯，最终在新婚的床上，亲手掐死了忠贞而单纯的妻子苔丝狄蒙娜。可以看出，"占有型"爱情风格的人情绪十分不稳定，总在"激情的狂喜"与"嫉妒的痛苦"两极之间摇摆。由于其强烈的不安全感，即便是短暂的分离也会让他们十分焦虑；而这种焦虑又在其强烈情感需求的催化作用之下不断"发酵"，以至于为情所困、无法解脱，其嫉妒心也在这样的恶性循环中发展到不可理喻的程度。

理性地想想，我们哪里有可能"占有"一个人，毕竟只要他/她的心还在跳动，就有"变心"的可能。所以，让一个人"永远不变心"只有一个极端的做法，就是杀掉他，毕竟只有死人才能做到永远不变心。新闻中出现的各种情杀案件，十之七八都与"占有型"爱情风格有关。

利他型（Agape）

"利他型"兼具"激情型"的深情与"友谊型"的坚定，其典型特征是为伴侣的福祉不断付出且不求回报。相对于"游戏型"，"利他型"完全以对方为中心，将对方的幸福和快乐放在第一位，视自己的付出为爱情的理所当然。极端一点的情况，如果分手有益于对方的幸福，"利他型"的人就可能选择结束这段关系然后默默地祝福对方。另一方面，由于他们不在乎对方的回报，"利他型"是6种类型中最容易原谅对方过错的风格。

如此说来，"利他型"简直是最为理想的爱情伴侣，可惜约翰·李在研究中发现，纯正的"利他型"是非常罕见的。其实，何止是"利他型"，如果各位细细地反思自己，好像也很少有人是纯正的某种类型，大家的爱情风格更多的是两种或两种以上类型的"混合体"。这就意味着，更为精准的爱情风格远不止上述这6种。就像是缤纷的色彩可以由三原色组成一样，爱情的风格也有可能由最基本的 3 种风格组合成 6 种风格，进而继续组合成 30 种风格，乃至更多。爱情风格类型的不断增加，也许可以帮助我们更为全面地了解爱情在实际生活中的样貌；然而，"乱花渐欲迷人眼"，只是追逐爱情所展现出的"缤纷外表"却有可能让我们迷失掉其本质。

爱情成分说

普通人可以通过观察一个东西与麻雀很相似而判断它属于鸟类，鸟类专家则是使用鸟的经典定义（如卵生、被羽、恒温等）来完成判断的[16]。爱情领域的心理学家也是如此，虽然概念化爱情这桩事情在我们看来费力不讨好，但他们却从未放弃过这方面的努力。比如，美国心理学家罗伯特·斯滕伯格（Robert Sternberg）就通过分析爱情心理的组成成分，提出了爱情心理学领域最为著名的"爱情三要素理论"[17]，将前述的爱情本质与爱情风格理论统一起来。该理论认为爱情涵盖三个因素——亲密（intimacy）、激情（passion）和承诺（commitment），它们可以看作是爱情三角形的三个顶点。

爱情三要素

根据斯滕伯格的观点，三个因素分别描述爱情的一个方面并且每一个因素都能以不同的形式使用。其中，激情是引发浪漫爱情的驱力成分，是一种强烈渴望和对方在一起的状态，一种生理上被有吸引力的人所唤醒且感知到的心理体验，包括那些在爱情关系中能引起激情体验的动机性以及其他形式的唤醒源。如果将激情那种狂热的感觉比喻为夏天的烈日，亲密则可以比为冬日的暖阳。在斯滕伯格的理论中，亲密是指在爱情关系中亲近、连属、结合等体验的感觉，包括那些在爱情关系中能够促进温暖关系的感觉，是爱情的情感成分。虽然亲密并不是爱情所独有的特征，但其在整个爱情关系中自始至终都起着至关重要的维持作用。承诺或忠诚产生于激情与亲密的基础之上，是爱情的意志成分。理论上讲，承诺可以分为两种情况：从短期来讲，承诺指的是一个人决定爱另一个人；从长期来讲，它是指一个人维持爱情的承诺[13]。也许你会觉得相较于激情澎湃与亲密滋润，承诺似乎没有那么受人欢迎。然而，恰恰是与责任相关联的承诺将人类的爱情从动物层面推向了社会层面，乃至精神层面。

值得一提的是，国内学者也开展了一些关于爱情心理成分的研究。其中，鄢静的"爱情四元说"认为成人的爱情包含亲密关系、激情、忠贞、责任感四种要素[18]；而李朝旭等依据激活扩散模型对当代大学生的爱情观念进行探索后提出了"爱情五要素理论"，即伦理与责任、朋友式关爱、冲突及痛苦、浪漫体验和理性[19]。就其大略而言，这些爱情心理成分都与斯滕伯格的爱情三要素理论较为吻合。

爱情七类型

在爱情三要素理论中，虽然亲密、激情和承诺均为恋爱关系中的重要成分，但它们在不同的爱情关系或一段关系的不同阶段中重要程度却不尽相同，而不同类型的爱情正是通过因素间有限的组合来实现的。简言之，爱情的三个因素通过组合可以构成七种不同类型的组合，每一种组合对应着一种类型的爱情，如图1-1所示。

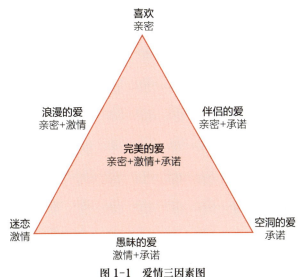

图 1-1　爱情三因素图

　　"完美的爱",或者说完整的爱,来自三个爱情因素的均衡组合,是我们"心向往之"的理想状态。在大学校园中不乏这样的"模范情侣"——两个人既有电光火石般的一见钟情,也有你侬我侬的甜言蜜意,还有花前月下的海誓山盟。在大学四年快结束的时候他们不是迷茫地问着"毕业了,我们的爱情怎么办",而是双双保送研究生,让自己的大学爱情完美收官。

　　在斯滕伯格的眼中,除"完美的爱"以外,其他类型的爱都只是某种"畸形的爱"。先说一种目前认可度最高的类型——"浪漫的爱"(亲密 + 激情)。在当前很多年轻人的心中,这种"只求曾经拥有,不求天长地久"的感情比较吻合他们对爱情的设想。恰恰是这种不完整的爱情观才带来了所谓的"毕业分手季",凤凰网的一次调查发现,约44% 的大学生在"毕业后爱情何去何从"的问题上抱持一种"没想太多，顺其自然"的态度①。另一种类型"伴侣的爱"是"亲密"与"承诺"因素的组合，所谓"少年夫妻老来伴"。与"浪漫的爱"中的狂热不同，"伴侣的爱"更为平和、深沉，更多地指向伴侣双方彼此喜欢、理解、接纳的一种求同存异的爱情态度。当情侣之间的亲密关系经受住"激情随时间冷却"的考验之后，如果没有办法重新唤起"激情"，就会慢慢发展出这种稳固而温馨的爱情。相对来说，由"激情"和"承诺"因素组合而成的"愚昧的爱"，正是因为缺少了"亲密"这个至为重要的爱情因素才显得那么"不可理喻"。也许这句话会让我们对此类型的爱产生更为深刻的理解——"你对我有性吸引力，但我们并不亲密，我不怎么想了解你，也不怎么想让你知道我的事情，不过我一心想要保持我们之间肉体上的相互吸引。"

与保有两种因素的爱相比，以下仅仅拥有一种因素的"畸形的爱"似乎离爱情更为遥远了。"迷恋"只有激情，只看到身体的吸引，既没有双方的关系基础，更谈不上对未来的设想，所谓"一夜情"就是这种迷恋的爱的典型代表。而另一种"喜欢"，则是个体只体验到亲密，而缺乏激情和承诺因素，这种爱偶尔会发生在朋友之间，但更像是我们对待家养宠物的感情。最后一种类型的爱，是指一个人爱并且承诺爱对方，却缺乏爱情的亲密和激情因素，因此称为"空洞的爱"。在这种"畸形的爱"中，导致承诺的不是激情与亲密，而是诸如经济、脸面、孩子、父母之命等因素。显然，"空洞的爱"在新时代的实际生活中并不多见。

---

① 见"大秦网教育频道·大学毕业了，我们的爱情应该怎么办？"网址：http://xian.qq.com/a/20110623/000112.htm

💗 爱情不可说

按照惯例,"压轴"出场的爱情三要素理论似乎应该是较为理想的爱情理论。就该理论目前的影响力来看,的确是这样的,而且斯滕伯格的理论巧妙地整合了成分说与类型说。然而,关于爱情心理成分的学说似乎都不可以"反推"——爱情包括激情、亲密、承诺三种成分;但具备激情、亲密、承诺三种成分的心理现象不一定是爱情。易言之,当我们确定自己的体验是爱情时,可以使用这个理论来进行分析;但我们不确定自己的体验时,该理论却无法帮助我们判断这种体验是不是爱情。比如,当前在美国青少年和大学生中普遍发生的存在性行为的异性友谊关系,被称为"利友"(friend with benefits relationship)。这种人际关系的特殊之处在于,一方面与陌生人之间的随意性行为(sexual hookup)不同,利友之间存在相对稳定的性关系;另一方面没有发展浪漫关系的意向与承诺[20]。以爱情三要素理论审视利友关系:作为友谊,利友关系之中必然蕴含着亲密成分;性行为,不可避免地带有激情色彩;也许没有明确表达,但相对稳定的关系一定意味着某种程度的承诺。然而就是这种三种成分俱足的人际关系,却被当事人和学者们视为一种异性友谊,而非爱情。与其相对照的是在《聊斋·娇娜》^① 中的孔生与娇娜,虽然并无身体之亲密接触,甚至没有海

---

① 《聊斋·娇娜》故事情节简介:孔子后人孔雪笠因故滞留天台,偶遇皇甫公子,并被请到他家教书。二人切磋学问,成为挚友。有一次,孔生胸间忽生巨疮,疼不可忍,皇甫公子特地请来妹妹娇娜为他治病。后孔生与皇甫姨妹松娘成婚,却仍心系娇娜。在得知皇甫一家为狐,将遭天谴之际,孔生矢共生死,决心以身赴难,在山摇地动、急雨狂风之时,与鬼物勇猛搏斗,救下娇娜,自己被雷击死。娇娜舍弃百年修炼的红丸,再次将孔生救活。于是,娇娜兄妹随孔生回到老家,棋酒谈宴,俨然一家人一样。

誓山盟的承诺，其关系却被蒲松龄认定为令人羡慕的"腻友"，并且断言"色授魂与，尤胜于颠倒衣裳矣"，成了一种超越爱情的爱情。

正如本章一开始所言，目前没有哪个心理学家的爱情定义能够精准地描述爱情并且得到广泛的认可。好在哲学家卡尔·雅斯贝尔斯（Karl Jaspers）为心理学家找了一个很好的退身之路，他主张爱情是一种"毫无根据、自然而然"的事实，既不需要制造，也不需要辨别。那么，爱情的定义就没有那么重要了，毕竟我们基本上不需要别人来告诉自己"是不是爱上他 / 她了"。或者，爱情也可能如心理学家凯利（Kelley）所言，不是单一的现象，所以不可能只存在一种爱情心理理论[13]。这就意味着爱情是"如人饮水，冷暖自知"的心理现象，每个人都可以创造一套自己的爱情理论。如此，在科学实证主义指导下追逐爱情的统一界定，真的就成了"缘木求鱼"——任何一种试图统整人类爱情体验的学术定义，最终都会以失败告终。虽然你已经耐着性子看到这里，但关于"爱情是什么"这个问题也只能得到一个答案——"不可说"。这绝非笔者故作高深，叵耐"爱情是什么"的答案并不在书中，而是在诸位的心中，上述爱情理论也只能勉强算作促发读者思考的引子罢了。

最后，以国内知名心理治疗专家在网络平台上的话作为本章的结束：

爱情是个"垃圾筐"，是一大堆感情的总称，里面包含了很多不同层次的感情，深浅不一。所以，在说"爱情"的时候，我们一般会问：其中包含了哪几种感情？你最在乎其中的哪一种？相应的，爱情满足了你自己的哪些心理需要？按照这样的思路去分析爱情，就会找到更多深入细致的个人情感、心理需要或潜意识欲望。

心理测试：你问我爱你有多深？

情侣们在花前月下时，女生常常会问对方一个问题："亲爱的，你有多爱我？"这对男生而言，绝对是一个直击灵魂的问题，需要打起十二分的精神来回答。有些没有那么"钢铁直男"的，会故作深情地唱起来："你问我爱你有多深，月亮代表我的心。"可这毕竟只是一种搪塞之法，怎么能借这种机会进一步提升爱情关系质量呢？

本章所讲的"爱情三要素理论"就是一个不错的切入点。如果将爱情三要素分别视为三角形的三条边，则由不同程度的"亲密、激情、承诺"构成的爱情可以展现为不同形状的三角形。其中，平衡的爱情（爱情的三要素比重大致相同）以等边三角形表示，而其他类型的爱情则以各种不等边三角形表示。在几何学中，周长一定的情况下等边三角形的面积最大；在斯滕伯格的理论中，三种要素平衡的爱情也是最为理想的爱情。

下面的心理测试是斯滕伯格编制的《爱情三角形问卷》，根据说明完成问卷就可以得到一个人的"爱情三角形"。借此，你可以探索一下在当前的关系中做何努力可以使自己的爱情三角形面积变得尽量大；你也可以与伴侣同时完成，将两个人的爱情三角形进行比较，从而更为深入地了解与理解双方的爱情关系状况。更为重要的是，下一次花前月下被提问时，便可以坚定地告诉他 / 她——"爱情三角形的面积，代表我的心"！

测试就在下面，还等什么呢？

指导语

下面一些句子描述的是恋爱或婚姻关系中的一些情况，题目中的

"××"是指目前您所处的恋爱关系或者婚姻关系中的另一半。请根据每一题所描述的情形，选择最能反映您当前恋爱或婚姻关系中实际情况的数字，从 1 到 9 表示符合程度不断提高，1 是"完全不符合"，2 是"非常不符合"，3 是"比较不符合"，4 是"有点不符合"，5 是"一般"，6 是"有点符合"，7 是"比较符合"，8 是"非常符合"，9 是"完全符合"。

问卷题目：

1. 我从 ×× 那里得到许多情感支持。

2. 我无法想象另一个人能够像 ×× 那样使我感到快乐。

3. 我经常感觉到对 ×× 有强烈的责任感。

4. 在我需要帮助时，我可以依靠 ××。

5. 对我来说，没有任何事情比我和 ×× 的关系更重要。

6. 我期望我对 ×× 的爱能持续我的一生。

7. ×× 能够在他／她需要帮助的时候依靠我。

8. 我和 ×× 的关系非常浪漫。

9. 我无法想象我与 ×× 的关系结束。

10. ×× 在我生命中非常重要。

11. 我无法想象没有 ×× 的生活。

12. 我认为我和 ×× 的关系是永恒的。

13. 我乐意和 ×× 分享我自己以及我所拥有的东西。

14. 我爱慕 ××。

15. 我确定我爱 ××。

16. 我和 ×× 在一起觉得很幸福。

17. 我发觉一整天我都会频繁地想起 ××。

18. 我承诺维持我和 ×× 的关系。

19. 我感觉与 ×× 情感上很亲近。

20. 仅仅是见到 ×× 我就会很兴奋。

21. 我不会让任何事情干扰我对 ×× 的承诺。

22. 我给予 ×× 许多情感支持。

23. 我认为 ×× 很完美。

24. 我对我和 ×× 关系的稳定性有信心。

25. 我和 ×× 之间的关系让我觉得舒服。

26. 在我和 ×× 的关系中有一种"有魔力"的东西。

27. 我认为我和 ×× 建立关系是一个好的决定。

28. 我和 ×× 的关系让我觉得温暖。

29. 跟其他任何人相比，我都更愿意和 ×× 在一起。

30. 我知道我关心 ××。

31. 我和 ×× 交流愉快。

32. 我发现 ×× 非常有个人魅力。

33. 我感觉对 ×× 有一种责任感。

34. 我可以向 ×× 分享我自己内心深处的想法。

35. 我对 ×× 有性幻想。

36. 因为我对 ×× 有所承诺，所以我不会让任何人介入我们之间。

37. 我感觉我真正理解 ××。

38. 当我看浪漫的电影或浪漫的书时，我会想到 ××。

39. 即使当我与 ×× 很难相处时，我也会维持我们的关系。

40. 我感觉 ×× 真正理解我。

41. 我特别喜欢和 ×× 有身体接触。

42. 我认为我对 ×× 的承诺是牢不可破的。

43. 我感觉我能真正信任××。

44. 我和××的关系充满激情。

45. 我打算继续保持我和××的关系。

计分方式：

分别根据三个维度（亲密、激情、承诺）所包含的题目编号，将维度内所有题目的得分加总，即为该维度的总分。如此，由三个维度的总分依照某个比例尺形成线段后组合，便可直观地得到你的"爱情三角形"。

亲密维度题目编号：1、4、7、10、13、16、19、22、25、28、31、34、37、40、43。

激情维度题目编号：2、5、8、11、14、17、20、23、26、29、32、35、38、41、44。

承诺维度题目编号：3、6、9、12、15、18、21、24、27、30、33、36、39、42、45。

❤ 参考文献

[1] Harlow H F. The nature of love [J]. American Psychologist, 1958, 13 (12)：673-685.

[2] 王栎钧. 爱因斯坦的书信 [J]. 中学生作文指导（高中版），2010，(005)：45-47.

[3] 马家辉. 爱与不爱之间——爱情与人际交往中的心理学 [M]. 北京：世界图书出版公司，2006.

[4] 罗兰·米勒，丹尼尔·珀尔曼. 亲密关系（第5版）[M]. 王伟平，

译. 北京：人民邮电出版社，2011.

［5］张耀翔. 感觉，情绪及其他：心理学文集续编［M］. 上海：上海人民出版社，1986.

［6］Rubin Z. Measurement of romantic love［J］. Journal of Personality and Social Psychology，1970，16（2）：265-273.

［7］瞿云婕. 英语与法语中小说（roman）一词起源之探究［J］. 考试周刊，2009（3）：39-40.

［8］Berscheid E，Meyers S A. A social categorical approach to a question about love［J］. Personal Relationships，2010，3（1）：19-43.

［9］Rubin Z. Preface［C］. // The psychology of love. New Haven，CT：Yale University Press，1988：vii-xii.

［10］Lee J A. Love-styles［C］. // The psychology of love. New Haven，CT：Yale University Press，1988：38-67.

［11］Sternberg R J，Grajek S. The nature of love［J］. Journal of Personality & Social Psychology，1984，47（47）：312-329.

［12］朱智贤. 心理学大词典［M］. 北京：北京师范大学出版社，1989.

［13］罗伯特·斯滕伯格，凯琳·斯滕伯格. 爱情心理学［M］. 李朝旭，译. 北京：世界图书出版公司，2010.

［14］Harry T. Reis and Arthur Aron，Love：What Is It，Why Does It Matter，and How Does It Operate?［J］. Perspectives on Psychological Science，2008，3（1）：80-86.

［15］Fehr B. Prototype analysis of the concepts of love and commitment［J］. Journal of Personality and Social Psychology，1988，55（4）：557-579.

［16］Aron A，Westbay L. Dimensions of the prototype of love［J］. Journal of Personality and Social Psychology，1996，70（3）：535-551.

［17］Sternberg R J. A Triangular Theory of Love［J］. Psychological Review，1986，93（2）：119-135.

［18］鄢静. 我国都市成年人关于爱的隐含理论研究［D］. 上海：华东

师范大学，2004.

[19]李朝旭. 爱情观念的内隐结构再探［C］. 开封：第十一届全国心理学学术大会，2007.

[20]吴宝沛，吴静，何晓娜，等. 多元视角下的异性友谊［J］. 心理科学进展，2014，22（09）：1485−1495.

第二章

"爱情"是病

爱情是一种病。救急的药嘛，是婚姻。然而就像伤寒退烧后一生都要吃奎宁那样，人们因为总是要吃那一剂乏味的药而又随即后悔。

——奥尔罕·帕慕克（Orhan Pamuk）

　　1974年，心理学家唐纳德·达顿（Donald Dutton）和亚瑟·阿伦（Arthur Aron）[1]设计了一项精妙而有趣的实验。他们分别安排具有魅力的年轻女性和男性调查员站在一座桥上请求过往的单个男子（共85名年龄18～35岁的男性）帮助她/他完成一份课堂问卷，当对方完成问卷后，这名调查员会留下自己的姓名和电话，然后告诉他们如果想了解更多该研究项目的信息就可以打电话找她/他。其中，一组实验在位于加拿大不列颠哥伦比亚省卡普兰诺河上一座70米高、140米长的狭窄而摇晃的危险吊桥上完成，另一组实验则在一座坚固的、只有3米长的低矮小桥上完成。接下来的几天，研究者统计不同的实验情景之后究竟有多少人给调查员打电话，结果如图2-1。

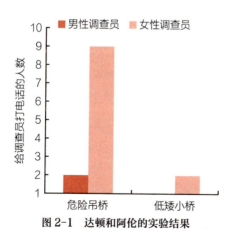

图2-1　达顿和阿伦的实验结果

　　显然，通过危险吊桥的男性给女性调查员打电话的比例最高（9人），而给男性调查员打电话的仅有2人。通过低矮小桥的男性给女性调查员打电话的是 2 人，而没有人给男性调查员打电话。此外，研究者要求被试通过吊桥或小桥后完成一份主题统觉测验^①，意在测量他们对于调查员的性想象（sexual imagery）。统计分析的结果再次显示，通过吊桥的男性对于女性调查员的性想象显著高于通过小桥的男性。

后来，这个实验结论被称为"危桥效应"：如果人们在高处、心跳加速的时候遇到了有吸引力的人，那么这时对对方吸引力的评价会比平时要高——恐高导致的心跳加速被大脑错误地归因成是对方的吸引力导致的。虽然这个实验的被试只有男性，但这种效应在生活中也有可能发生在女性身上。比如"英雄救美"，除了对英雄的感恩之情，女性很有可能因为那种情境下的心跳加速而对英雄的魅力产生很高的评价，进而产生"以身相许"的决定。

不要高兴得太早！更不要以为观看恐怖电影、乘坐过山车等类似于"危桥"的可以加快心跳的活动，就可以让任何人爱上你！需要注意的是，心理学实验都是在限定条件下完成的，这个研究也不例外。

还记得吗？调查员是一位有魅力的女性。

后续的相关研究也表明，这种伴有生理唤醒的状态可以让可爱的人显得更加可爱，同样也可以让讨厌的人显得更加讨厌。所以，讨厌你的人会在陪你看完恐怖电影或者坐完过山车之后更讨厌你！好在讨厌你的人也不会跟你一起去坐过山车或看电影。阿伦博士在 20 多年后又设计了一个爱情实验，听起来更为精妙、靠谱，有意者不妨阅读本章最后的"活动链接：36 个问题爱上一个人"。

---

① 主题统觉测验（Thematic Apperception Test），是一种基于投射法的个人心理测验，由美国心理学家亨利·默里（Henry Murray）于 1935 年发明。

🦋 生理唤醒说

"危桥实验"所验证的是另一种爱情理论——生理唤醒说，将爱情视为这种强烈生理唤醒的"最恰当的表达词"[2]。该学说可以追溯到沙克特（Schachter）与辛格（Singer）所提出的情绪双因素理论：当感受到某种情绪时，人们总是先感受到自己的生理唤起，然后即刻在当下环境中寻找线索，对这种生理唤起进行解释[3]。如果抛开具体的生活情境，请问经历何种情绪时你会心跳剧烈、双手发抖？显然，这个问题的答案不止一种，焦虑、愤怒、恐惧……或者爱情，都可能成为正确答案。如果刚刚被人指着鼻子骂了个狗血喷头，你体验到的就是愤怒情绪；如果被你观赏的老虎从笼子里跑出来了，你体验到的就是恐惧；如果坐在三个面试官的对面回答刁钻的问题，你体验到的就是焦虑……而如果心仪已久的男性正手捧鲜花向你表白，你所体验的就是激情之爱。这个理论乍一听很有道理，却又因其过于笼统概括而让人觉得不能贴合现实生活体验。虽然很多情绪有着类似的生理唤醒，但我们感受到的情绪却是千差万别的！这些情绪的生理反应或者身体反应之间，真的就没有差别吗？

2014 年发表于美国《心理科学》杂志中的一项研究结果似乎可以给出一些提示。该研究发现，人们在判断图片所带给自己是"性欲望"（sexual desire）还是"浪漫爱情"（romantic love）感受时的眼动模式 ①是不一样的。在判断图片是否传达浪漫爱情时，被试的注视范围几乎只集中在图片人物的脸部；而在判断图片是否传达性欲望时，被试的视线

---

① 眼动（eye movement），即眼球运动，目前主要利用精密的眼动记录仪来跟踪视觉场景中的人眼视线，其记录指标有注视次数、注视持续时间、注视点序列、第一次达到目标兴趣区的时间，等等。

会延伸到身体的一些部位，尤其是那些裸露的部位[4]。这个结果在暗示一种外在眼神与内在情感之间的关系，有点前段时间人们热衷谈论的"微表情"之意涵。如果你在交往之初需要判断对方是真心想跟你谈感情，还是单纯地寻求刺激，看他/她的眼神投向哪里就可以了。坦诚地讲，由这个研究结果做出上述推论是冒着很大风险的，而且该文章的题目《一瞥见真爱》（*Love is in the Gaze*）也略有"标题党"之嫌。然而，这个结果却回答了上一段末尾的问题，即便与浪漫爱情十分接近的性欲望，二者所激活的生理反应也是有所区别的[5]。其实，研究者并没有止步于"情绪双因素理论"，他们早已开始利用各种研究手段探索爱情独特的生理反应，尤其是当前最为热门的脑神经生化反应了。

♥ 激情之爱，是病

在诸多对爱情的脑神经机制所开展的功能性磁共振成像（fMRI）①研究中，海伦·费舍尔（Helen Fisher）及其同事的研究最为著名[6]。研究者招募了17名正处于热恋期的被试，要求他们完成两项不同的任务：其一是凝视现任恋人的照片；其二是看一张中性表情的熟人照片。与此同时，研究者通过功能性磁共振成像技术收集他们的大脑活动数据。分析结果令费舍尔等兴奋不已，他们发现相较于中性表情的熟人照片，被试在凝视恋人照片时大脑右脑的腹侧被盖区（ventral tegmental area）与皮层下的伏隔核（nucleus accumben）被显著激活。

---

①　功能性磁共振成像的原理是利用磁振造影来测量神经元活动所引发的血液动力的改变，可以结合功能、解剖、影像三个方面为系统研究提供强有力的技术支持，具有无创伤性、无放射性、可重复性、较高的时间和空间分辨率、可准确定位脑功能区等特点，是一种目前在脑功能研究领域被广泛使用的神经影像学技术。

腹侧被盖区属于大脑奖赏系统的一部分，其中的 ApEn 细胞负责制造多巴胺并将其输送到其他脑区。而作为神经递质的多巴胺（dopamine），不但可以带来热恋期的那种兴奋、欢愉的感觉，其大量分泌还能让人们在偶然事件中拼凑出意义感。因此，处于热恋期的恋人间不经意的一眼，旺盛分泌的多巴胺便会促使他们将其解释为"目送秋波"或者"深情一瞥"；等热恋期过去，没有多巴胺的作用，恋人间对此的反应就变成了："你瞅啥！"可惜的是，腹侧被盖区与伏隔核并非大脑中的"爱情专属区域"，而被称为"爱情激素"的多巴胺也不仅仅与爱情有关，任何能够带来欣快感受的活动都可以造成其分泌增加，诸如性爱、购物、吸烟、喝酒、吸毒，等等。

等等！性爱、购物也就罢了，难道吸毒这种药物成瘾的精神疾病也跟爱情类似？实际上，多位生理心理学家都发现爱情与成瘾同样会带来人类大脑多巴胺奖赏系统的改变，而且其大脑被激活的模式都大体相似。不只大脑神经反应相似，其外在行为反应（或者称为"症状"）也十分相似。有学者列举出成瘾的常见症状——精神欣快、兴奋、眩晕感、强烈的关注、渴望、身体依赖、不合适的（甚至是危险的）行为、戒断症状、旧病复发、失去自我控制，等等。如果去细细核对，你会发现爱情的"症状"也是样样俱全。更为有趣的是，毒品往往具有镇痛的功效，而看恋人的照片同样可以减轻疼痛[7]。这是否意味着，爱情真的如诺贝尔文学奖得主奥尔罕·帕慕克所说的那样是一种病，而且还是一种较为严重的精神疾病？

需要注意的是，上述研究中，热恋期的爱情其实只涵盖了上一章所提到的爱情的一种类型——激情之爱，即那种强烈渴望和对方在一起的状态[8]，具有高涨的情感、迷恋、着魔般的想念、想象和理想化的认知评价等"魔力"特征。严谨地讲，本章标题应该改为"激情之爱，是病"。

激情之爱，不能持久

无论是内在的神经内分泌反应还是外在的行为表现，我们都有充分的理由将激情的爱视为一种"成瘾"。即便现实如此，大部分学者还是不愿意将爱情视为一种成瘾，所以权威的精神障碍诊断标准里面肯定没有"爱情"这一类精神疾病。

学者主张二者不同的一大理由是，爱情在多数情况下都是一种积极的、无害的体验。虽然成瘾可以分为物质成瘾与行为成瘾，但其症状之中必须蕴含一种"强迫性"，即明知道成瘾行为有害却无法自控，即那种不想做又不得不做的感觉。显然，爱情不符合这项标准——也许有的时候无法自控，但人们主观上并不觉得爱情有害，更不想摆脱。更重要的一个区别是，爱情与成瘾虽然在某个时间节点上的脑神经反应模式相似，但二者发展历程却不尽相同。这一项差异，是来自中国科学技术大学的张效初教授所带领的成瘾研究团队[9]所发现的。

简单地讲，热恋期由爱情所带来的奖赏系统激活不能持续很久的时间（一般几个月，最多不过十几个月），而药物成瘾所造成的脑神经系统活跃强度却会持续上升。考虑到药物成瘾的危害，激情之爱的这种状态也许真的是不健康的，是对生存不利的，而激情会随时间衰退的现象很可能是长期进化的一种自我保护机制。并且，这套自我保护机制所保护的并不只是成瘾的风险。脑神经科学家还发现了爱情的一些其他"病理表现"。比如，爱情初期伴侣双方的血清素（5-hydroxytryptamine，又名5-羟色胺）水平常常会有显著的下降，而这种下降会持续12～18个月之久（与奖赏系统激活的维持时间相近）。作为情绪调节的重要神经递质，血清素分泌的下降会导致一些情绪（焦虑或抑郁）问题，比如热恋期容易出现的多疑、焦虑、患得患失及不安全感等心理表现。

此外，研究者还发现激情之爱会造成大脑前额叶皮质（判断中心）、皮质区域颞极和颞顶叶的交界处（社会认知中心）等区域的功能钝化[10]。这种钝化现象与强迫症的脑神经机制具有相通之处，同时也可以解释处于热恋期的人对恋人（情人眼里出西施）以及客观世界（自认为没人发现自己在热恋）的认知扭曲。美国学者金·沃伦（Kim Wallen）及其同事的研究[11]发现，虽然观看性爱图片所带来的性唤起也会带来腹侧被盖区和伏隔核／腹侧纹状体等愉悦回路（奖赏系统）的强烈激活，但性唤起并不会造成大脑判断及社会认知中心的钝化，反而激活了大脑皮质的大部分区域，包括视觉、注意力、运动及躯体感觉等。由此看来，性爱也许会让我们更加清醒，而激情之爱却让我们更加混乱。

难怪我们需要进化出一种保护机制来限制激情之爱的时间。其实，自然界对于多巴胺向来都是吝啬的。不少针对动物的研究也发现，动物间的喜爱也与奖赏系统的多巴胺有关。如橙腹草原田鼠，当雌性田鼠开始对雄鼠表达喜爱之情时，它脑中的多巴胺分泌会激增50%。只不过，激情的爱在大多数动物体内维持的时间更短，往往都是以分钟、小时、天或周计算。

大自然似乎和人类开了一个大大的玩笑：越是你想要的，就越是不能多给（当然，也有可能是人类自找的麻烦：越是少的，我们就越想要）。激情之爱的各种脑神经反应及神经递质的分泌，让我们如此渴望能将这种感觉长久地保持下去，于是我们不断与恋人海誓山盟，不断地去神佛面前祈祷爱情永存。可那个讨厌的现实就像幽灵般横亘在情人们的面前——激情之爱无法长久。

秀恩爱，死得快？

还有一个更为吊诡的现实，激情之爱的程度越高，伴侣关系可能越不容易持久。就像坊间流传的那句"秀恩爱，死得快"，会不会在热恋期海誓山盟并且公之于众越多的人，其关系长久维持的可能性就越小？一项来自佛罗里达州立大学的研究[12]发现，这句话并非"单身狗被喂了狗粮"之后吃不到葡萄说葡萄酸的合理化自我安慰，而是确有其事。研究者对 420 名社交媒体的使用者进行调查发现，在社交媒体上发布自拍的行为越多，由"晒自拍"所带来的冲突、矛盾就越多，其浪漫关系的质量也因此受到消极的影响。而来自脑科学的研究发现了更为严酷的现实，即便不"秀"，那些恋爱之初激情澎湃的情侣也往往不容易持久。纽约州立大学石溪分校的学者[13]同样采用海伦·费舍尔等的研究方法扫描了 12 名热恋期被试的脑部活动，并在 40 个月之后对其爱情状态进行了追踪调查。3 年多的时间过去了，当初的 12 名被试中有一半的情侣关系还在继续（称为"恋爱组"），而另一半已经分手（称为"分手组"）。研究者对"恋爱组"和"分手组"被试在 3 年前热恋期的脑部扫描结果进行比较后发现：与"分手组"相比，"恋爱组"被试在热恋期中尾状核尾区域的活动更为强烈，而属于奖赏系统的脑区的活跃程度却较低。研究者进一步将"恋爱组"的被试根据其 3 年后的爱情满意度区分为"高评价组"和"低评价组"，发现属于奖赏系统的脑区越不活跃，其 3 年后的爱情满意度越高。简单总结一下，热恋期中奖赏系统脑区活跃程度越高的被试，其爱情关系越不容易持久，即便能够维持关系，其爱情满意度也较低。可见，激情之爱中奖赏系统被强烈激活后的感受虽然是我们所迫切追求的，但这些却非爱情长久之道。无论如何，虽然有些人可以在长久的亲密关系中维持激情之爱及腹侧被盖区等奖赏系统的激活，但多数人的激情之爱会随时间渐渐消退。

那么激情之爱消退后，爱情又该何去何从呢？

 ## 伴侣之爱，是药

美国学者哈特菲尔德等[14]认为，除了"激情之爱"，爱情还有一种稳固而温馨的面貌，称为"伴侣之爱"——对一个值得喜爱的伴侣的适宜的、充满感情的、信赖的爱，它以深度的友谊为特征，涉及相伴的关系，享受共同的活动、相互的兴趣，也分享欢笑。与激情之爱相比，伴侣之爱显然平淡无奇，可恰恰是这种爱情会伴随我们亲密关系的大部分历程。

海伦·费舍尔研究团队[15]继续采用观看伴侣照片的方式研究维持10年以上关系的情侣，对其脑部进行扫描之后发现，拥有长期稳定关系伴侣的腹侧被盖区并没有得到强烈激活（当然，他们也自称已经没有那种激情之爱的感觉了）。这是因为，伴侣之爱阶段的脑神经反应中心开始由奖赏系统慢慢转移到其他脑区，尤其是腹侧苍白球（ventral pallidum）。该部位被发现与长期的依恋有关，并且对血清素[16]、催产素[17]、加压素[18]等神经递质十分敏感。血清素在前面已有提及，其分泌的增加可以有效缓解热恋状态下的焦虑等情绪问题。而催产素（oxytocin，OT），顾名思义是"催促生产"，由脑垂体分泌，具有增加子宫收缩和乳汁分泌的作用；同时也被称为"信任激素"，与人际共情、关系维持和一些亲社会行为有关[19]。科学家发现，通过鼻腔喷雾剂吸入催产素的被试在合作投资的游戏中更容易信任他人，即使他们在游戏中遭到别人的"背叛"，也倾向于更信任他人[20]。正如信任是依恋的基础，而稳定持久的依恋关系是缓解热恋期不安全感的一剂良药。

腹侧苍白球中的加压素（vasopressin）受体，与一对一的伴侣关系，即与爱情中的"忠诚"有关。自然界的动物中存在一个有趣的现象：同属于野生啮齿类动物，草原田鼠喜欢群居，施行"一夫一妻制"，一旦雌雄鼠结成伴侣后便不再寻找其他田鼠交配；而山区田鼠则没有那么合群，基本属于"杂交制"，伴侣关系相当混乱。将两种田鼠解剖后，研究者发现杂交田鼠腹侧苍白球中的加压素含量明显低于"一夫一妻制"田鼠。科学家并没有就此收手，他们试着通过药物阻断腹侧苍白球中的加压素发挥作用，发现原来"道德品质高尚"的草原田鼠不再执行"一夫一妻制"；而给其大脑注射加压素后，草原田鼠又会表现出更多的亲密行为（主要是嗅对方的臀部）[21]。这倒是给了人类一个重要的提示：发现自己的伴侣花心时，不妨整点加压素给他/她注射一下试试。

看来，"大自然的考虑"比我们想象得要更加"周全"。所谓"心病还须心药医"，激情之爱虽然让我们刻骨铭心，却是由于奖赏系统激活及多巴胺分泌带来的一系列"症状"，不是一种"可持续发展"的模式；等时间将我们带入伴侣之爱的阶段，腹侧苍白球被激活，血清素、催产素、加压素等取代了多巴胺时，爱情才开始真正进入"可持续发展"的模式。

对生理学说的反思

前文所提到的"情绪双因素理论"将爱情还原到生物层面，其生理反应（如心跳加速等）既可以是激情之爱的表现，也可以是愤怒、怨恨情绪的表现。正如学者李朝旭[22]所言，若将非特异性的生理反应作为爱情的起源，岂不是爱恨不分？由本章不断引用的研究报告也可以看出，此后，该领域的学者一直试图突破情绪双因素理论的范围，努力探索爱情的独特生理反应。虽然在过去的半个多世纪中，关于爱情的生理研究，尤其是脑神经生化反应的研究如火如荼地开展，但研究结果却仍然无法摆脱其先天的局限性。

前文论述似乎传递出一种信息：激情之爱不能持久是由于奖赏系统激活及多巴胺分泌维持的时间不长所致。然而，这种隐含的因果关系并不能为当前的脑神经科学研究所证实。也存在一种可能，正是因为激情之爱维持的时间不长，所以由激情所激活的奖赏系统和多巴胺分泌也无法持久。也许，各种脑神经反应（如奖赏系统激活）与神经递质（如多巴胺、催产素等）分泌并不能算是爱情发生的原因，而只能是爱情感受的"助手"。某些形象、声音、气味被我们判定为是"性感"或"有吸引力"的，然后身体调动这些神经递质在个体心中实现兴奋、欣快等感受；然而这些脑神经部位不会自动激活，神经递质也不会自动分泌并产生作用，它们也需要诱发。因此，上述对于爱情的神经脑机制研究只是解释了当爱情产生时人类身体的内部运作过程，并没有涉及爱情发生的根本原因。只不过，目前脑神经研究所发现的爱情神经生化反应核心区域——"奖赏系统"，暗示着爱情可能与某种"奖赏"有关。

至于人类爱情产生的真正原因，似乎需要更为深刻的理论。

❤ 活动链接：36 个问题爱上一个人

有读者说："我就是一（个）'母胎 solo'（从出生就一直是单身），你跟我谈这么多爱情有啥用，都是些纸上谈兵。有没有办法让我先脱单呢？"办法是有的，只是要等你看到这里才会揭晓。

20 年前，美国心理学家阿伦设计了一个"爱上陌生人"的心理学实验[23]，结果发现 30% 的参与者在实验后与其实验伙伴的关系超过此前人生中所有的人际交往；而有 35% 的参与者在实验后开始与实验伙伴约会。更为神奇的是，有一对实验者在 6 个月后结婚了，还邀请了所有实验参与者参加他们的婚礼。是不是十分令人心动？

其实，阿伦博士的做法并不复杂。他让参与实验的陌生人两两分组后坐在一起，要求他们在 45 分钟内彼此提问并回答 36 个问题，最后让参与者彼此凝视 4 分钟（这一点十分重要哦！）。下面就是这个神奇的问题清单。

1. 如果可以跟世上任何人共进晚餐，你会选择谁？

2. 你想出名吗？以什么样方式出名呢？

3. 在打一通电话之前，你会先排演要在电话中说什么吗？为什么？

4. 你心中最完美的一天是做哪些事呢？

5. 你上一次唱歌给自己听是什么时候？上一次唱给别人听又是何时？

6. 如果你可以活到 90 岁，并能在 30 岁过后让体态或大脑一直保持 30 岁的状态到死，你会选保持体态还是大脑呢？

7. 你曾经预想过自己会怎么死亡吗？

8. 说出 3 个你与你对面这位的共同点。

9. 你人生中最感激什么？

10. 如果你能改变自己被抚育成人的方式，你会想改变什么？

11. 用 4 分钟跟你对面这位分享你的一生，越详细越好。

12. 如果你明早一觉醒来发现自己获得了某种能力，你希望是什么能力？

13. 如果一颗魔法水晶球能告诉你有关你自己、你的人生、你的未来，或任何事情，你会想知道什么？

14. 你有已经梦想了很久，想做的事情吗？你为什么还没去做？

15. 你人生中最大的成就是什么？

16. 一段友情中你最珍视的是什么？

17. 你最珍贵的一段回忆是什么？

18. 你最糟糕的一段回忆是什么？

19. 如果你知道你会在一年后突然死去，你想改变现在的生活方式吗？为什么？

20. 友情对你来说代表什么？

21. 爱与喜欢在你的生活中扮演着什么样的角色？

22. 分享你觉得你的恋人应该具有的 5 项好品质。

23. 你的家庭亲密温暖吗？你觉得你的童年比别人幸福吗？

24. 你觉得你跟母亲的关系怎么样呢？

25. 分别做出三个真实的"我们"声明，如"我们都在这个房间里"。

26. 完成以下句子"我希望有一个人让我能与他 / 她分享……"

27. 如果你会跟你对面的人变成亲密好友，分享一下你觉得对方必须得知道的事情。

28. 告诉你对面的人你喜欢他 / 她什么：老实回答，说一些你通常不会告诉刚认识的人的答案。

29. 与你对面的人分享人生中很尴尬的一刻。

30. 你上一次在别人面前哭是什么时候？上一次自己哭是什么时候？

31. 告诉你对面的人，你已经喜欢上他 / 她的什么。

32. 有什么人 / 事 / 物对你来说非常重要，是不能随便开玩笑的？

33. 如果你将在今晚死去，没有任何再与他人交流的机会，你最后悔没有把什么事情告诉别人？

34. 你的家着火了，里面有你所拥有的一切事物，在救出你爱的人、你的宠物后，你还有时间再冲回去一趟拯救最后一样东西，你会救出什么？为什么？

35. 所有的家庭成员中，谁的死会让你最难受？为什么？

36. 分享一个你私人的问题，并向你对面的人询问他 / 她会怎么处理，之后再请他 / 她回答，对于你选这个问题，他 / 她有什么看法？

为了考察这个活动的中国本土适应性，中山大学的周爱华等邀请10对异性志愿者完成了这个实验，发现所有的参与者均未能建立真正意义上的亲密关系。好在这个活动的风险比较低，没有什么心理方面的副作用。尤其是，爱情这桩事情本身就带有一种冒险的底色。所以，在事先说明的前提下，如果有人愿意和你进行这个实验，又何妨一试呢？

 参考文献

［1］Dutton D G, Aron A P. Some evidence for heightened sexual attraction under conditions of high anxiety［J］. Journal of Personality and Social Psychology, 1974, 30（4）: 510-517.

［2］Walster E. Passionate Love.［C］. // Theories of attraction and love. New York: Springer, 1971: 85-99.

［3］Schachter S, Singer J. Cognitive, social, and physiological determinants of emotional state［J］. Psychological Review, 1962, 69: 379-399.

［4］Bolmont M, Cacioppo J T, Cacioppo S. Love is in the gaze: an eye-tracking study of love and sexual desire［J］. Psychological Science, 2014, 25（9）: 1748-1756.

［5］Cacioppo S，Bianchi-Demicheli F，Frum C，et al. The common neural bases between sexual desire and love：A multilevel kernel density fMRI analysis［J］. Journal of Sexual Medicine，2012，9：1048-1054.

［6］Fisher H，Aron A，Brown L L. Romantic love：an fMRI study of a neural mechanism for mate choice［J］. Journal of Comparative Neurology，2010，493（1）：58-62.

［7］Younger J，Aron A，Parke S，et al. Viewing Pictures of a Romantic Partner Reduces Experimental Pain：Involvement of Neural Reward Systems［J］. PLoS One，2010，5（10）.

［8］戴维·迈尔斯. 魅力何来［M］. 寇彧，译. 北京：人民邮电出版社，2012.

［9］Zou Z，Song H，Zhang Y，et al. Romantic Love vs. Drug Addiction May Inspire a New Treatment for Addiction Front［J］. Frontiers in Psychology，2016，7：1436.

［10］Bartels A，Zeki S. The neural basis of romantic love［J］. Neuroreport，2000，11（17）：3829-3834.

［11］Hamann S，Herman R A，Nolan C L，et al. Men and women differ in amygdala response to visual sexual stimuli［J］. Nature Neuroence，2004，7（4）：411-416.

［12］Ridgway J L，Clayton R B. Instagram Unfiltered：Exploring Associations of Body Image Satisfaction，Instagram #Selfie Posting，and Negative Romantic Relationship Outcomes［J］. Cyberpsychol Behav Soc Netw，2016，19（1）：2-7.

［13］Xu X，Brown L，Cao G，et al. Regional brain activity during early-stage intense romantic love predicted relationship outcomes after 40 months：an fMRI assessment［J］. Neuroscience Letters，2012. 526（1）：33-38.

［14］莎伦·布雷姆. 爱情心理学［M］. 郭辉，译. 北京：人民邮电出版社，2010.

［15］Acevedo B P，Arthur A，Fisher H E，et al. Neural correlates of long-term intense romantic love［J］. Social Cognitive and Affective Neuroscience，2012，7（2）：145-159.

［16］Marazziti D，Akiskal H S，Rossi A，et al. Alteration of the platelet serotonin transporter in romantic love［J］. Psychological Medicine，1999，29（03）：741-745.

［17］Schneiderman I，Zagoory-Sharon O，Leckman F J，et al. Oxytocin during the initial stages of romantic attachment：relations to couples' interactive reciprocity［J］. Psychoneuroendocrinology，2012，37（8）：1277-1285.

［18］Dębiec J. Peptides of love and fear：vasopressin and oxytocin modulate the integration of information in the amygdale［J］. Bioessays，2005，27（9）：869-873.

［19］Hurlemann R，Patin A，Onur O A，et al. Oxytocin Enhances Amygdala-Dependent，Socially Reinforced Learning and Emotional Empathy in Humans［J］. Journal of Neuroscience，2010，30（14）：4999-5007.

［20］Baumgartner T，Heinrichs M，Vonlanthen A，et al. Oxytocin shapes the neural circuitry of trust and trust adaptation in humans［J］. Neuron，2008，58（4）：639-650.

［21］大卫·林登. 愉悦回路［M］. 覃薇薇，译. 北京：中国人民大学出版社，2014.

［22］林艳艳，李朝旭. 心理学领域中的爱情理论述要［J］. 赣南师范学院学报，2006（1）：40-44.

［23］Aron A，Melinat E，Aron E N，et al. The experimental generation of interpersonal closeness：a procedure and some preliminary findings［J］. Personality and Social Psychology Bulletin，1997，23（4）：363-377.

第三章

魅力何来

魅力是一个人最好的推荐信。

——亚里士多德（Aristotle）

　　第二章最后的"36个问题爱上一个人",颇有些"套路"的意味。虽然网上不少人调侃"自古深情留不住,唯有套路得人心",但本书必须反复强调一个重要观点——人际吸引力最为持久的来源是个体的人格魅力。"人格"作为心理学的专业术语,指的是一个人的气质、性格和能力等相对稳定的心理特征,可以不严谨地理解为"性格"或"个性"。美国心理学家安德森(N. Anderson)曾经让大学生对555个描述个性品质的形容词按照喜欢程度进行排序,结果发现最受欢迎的个性依次是:真诚、诚实、忠诚、真实、可信、聪慧、有头脑和体贴,等等[1]。稍微总结一下,"真诚可信"与"聪明体贴"应该成为一个人打造人格魅力的重点。

　　有人不免疑问:照此观点,"男人不坏,女人不爱"这种坊间俗话还有道理吗?不得不承认,即便是心理学科学研究都发现"黑暗人格特质"① 在男性的短期恋爱关系中具有优势作用[2]。而一项对表情吸引力的研究则发现了更为令人惊讶的结果,虽然女性的微笑对男性的吸引力最大,但男性露出微笑的照片对女性而言却是最没有吸引力的[3]。上述研究者都十分小心地强调,这种心理现象只发生在男性身上,而且是短期交往的恋爱关系之中,但这种矛盾却让我们不得不去深思——除了爱情交往与一般人际交往不同外,人际吸引力是否还有一些不为人知或者处于人们意识之外的秘密?

---

　　① 　黑暗人格(dark trait)包括三个特质:马基维利主义(非常外向、不真诚、喜欢操纵、滥交、狡诈、机会主义);自恋(权威感、喜爱展现、自我优越、虚荣、爱剥削及自我感觉良好);精神病态(冷漠、热爱冒险刺激且心狠手辣、缺乏同情心,反社会)。

吸引 = 奖赏

上一章明确提到，作为人际吸引最强烈形式的"激情之爱"与大脑的奖赏系统密切相关。其实，所有的人际吸引均为一种接近他人的愿望，其最基本的假设是"他人的出现对于我们有奖赏意义"[4]。根据罗兰·米勒（Rowland Miller）和丹尼尔·珀尔曼（Daniel Perlman）的观点，影响人际吸引力的奖赏有两种类型：与他人交往产生的直接奖赏和仅与他人有关的间接利益[5]。相较于他们提供的显而易见的愉悦（直接奖赏），与间接利益有关的因素常常不容易为人们所觉察，从而隐没为人际吸引力的秘密。比如，前面提到的那个表情吸引力的研究者发现，"有污点并自知，而且因自己的过错而饱受煎熬"的坏男人颇受女性的欢迎，因为那种"略带羞愧的悲哀表情"是一种暗示着自己需要同情的安抚姿势，这无疑会激发女性的母爱之心。

需要注意的是，由于引发奖赏的因素往往微弱、复杂且多变，同时也取决于当事人自己的需要、偏好、愿望和所处的情境[6]，下面所列举的人际吸引力途径也只是挂一漏万，聊胜于无罢了。

近水楼台先得月

我们不一定会爱上所遇之人，但要爱上一个人必须先遇到他/她。这几乎是一句无须解释但又十分正确的废话。问题是，可以经常遇到的话，相互之间的吸引力是否就会更高呢？

社会心理学家利昂·费斯廷格（Leon Festinger）在麻省理工学院的学生公寓中开展了一项经典研究以考察住校生的朋友选择[7]。结果发现，17间公寓中住处较近的人比相隔较远的人更容易成为朋友。其中，住在隔壁的同学成为亲密朋友（close friend）的可能性为41%，而相隔4个房间的人仅有10%的可能性成为亲密朋友。依照前述的"奖赏"观点，住处接近的人自然更容易提供，也更容易得到各种奖赏，所谓"远亲不如近邻"，他们之间的人际吸引力也因此更为强烈。那么在科技如此发达的今天，这种物理意义上的距离在亲密关系中又会扮演怎样的角色呢？

异地恋（long-distance romantic relationship），即相隔两地的恋爱（中文文意）或者远距离浪漫关系（英文文意）。虽然现在的社交媒体和信息传递十分便捷，异地恋双方维持关系要比"从前车马慢"的时代轻松、廉价很多，但文字、语音乃至视频所表达的爱意无论怎样都不如脸颊上真实的一吻那样动人心弦。尤其在一方最紧迫、最需要回应（如遭受某种打击后情绪崩溃，或者身体虚弱卧病在床）的时候，仅仅是通信信号根本无法抚慰那时脆弱的心。再加上手机话费、双方见面所需要的路费、路途耗时等"付出"，异地恋关系所提供的"奖赏"成本很高，势必会对其关系质量产生负面影响，这也是不少情侣大呼"异地恋很累"的原因。

然而令人诧异的是，对异地恋关系满意度的调查却发现其与近距离恋爱无甚差异[8]，而且异地恋的分手率甚至还要略低一些。这是因为，物理距离虽然抬高了异地恋交往的"成本"，却也给情侣双方提供了相当难得的"交往空间"，甚至有一小部分人刻意寻找和自己不在一个地方的人谈恋爱，这样可以让双方更为自由地追求学业、事业或是发展自己的爱好[9]。而且物理上的分离有一些"小别胜新婚"的意蕴，可以激发异地恋情侣相互交流、表达爱意的愿望。更为重要的是，异地恋因为没有"朝朝暮暮"的共处，日常生活中的小毛病、小矛盾被"异地"所过滤掉，情侣们便可以在大脑中保留想象的空间，将对方想象成更为美好的伴侣。然而这种"距离产生美"的心理效应，也可能是异地恋长久维持的一大威胁。有点像是时下已经不怎么流行的"网恋"，常常是"奔现见光死"，网友首次见面时彼此知觉到的相似性和喜欢程度会下降，吸引力也自然随之下降[10]。而对异地恋重聚的研究也发现，约有三分之一的情侣在重聚后一起生活的 3 个月内选择分手[11]。

《南都周刊》一项对 3613 人展开的恋爱调查显示，曾经有过异地恋经历或正在进行异地恋的人数高达 80.92%。相对于被视为一种特殊的恋爱形式，异地恋更需要被平常心看待，既无须为物理距离所带来的高成本而忧心忡忡，也无须为异地所创造的想象空间而沾沾自喜。

🐇 兔子也爱窝边草

物理距离上的接近，其直接效应是见面频率高，结果就是更为熟悉，熟悉还能生出好感。心理学家罗伯特·扎荣茨（Robert Zajonc）曾经安排一些被试观看一本完全陌生的（被试不认识纪念册中的任何一个人）毕业纪念册，在其观看一段时间之后，分别呈现纪念册中的一些人的独照要求被试评价喜欢程度。结果发现，那些在纪念册中出现频率越高的照片，其被喜欢的程度也越高[12]。这被扎荣茨称为"单纯曝光效应"（mere exposure effect）[13]，人们对他人或事物的态度会随着接触次数的增加而变得更加积极。有一项研究在现实生活中对此效应进行了检验。在学期初研究者安排女大学生在课堂上分别出现 15次、10 次或 5 次，但不能和教室里的其他人有任何交谈，就只能坐在那里。之后在学期末让该课堂中真正的学生观看这些女生的照片，并评价照片中女生的吸引力程度。结果如诸位所料，出现次数越多的女生获得的吸引力评分就越高，也就是更招人喜欢[14]。不晓得这个研究是不是为了"诱骗"大学生积极参与课堂学习，但"单纯曝光效应"在广告和媒体之中得到了广泛的应用。

所以，想增加对方对你的好感吗？那就要经常在对方面前"露上一小脸"，用时髦的话讲就是"多刷存在感"。但也不能刷得太多，虽然熟悉能够产生吸引力，但过度接触有可能适得其反[5]。相信有不少人都听过或者说过"太熟悉就没感觉"这句话吧？另外需要注意的是，心理学家在"曝光效应"之前加了"单纯"二字，这种心理效应也是有前提的——接触频率只是起到"催化"感受强度的作用，并不会只增加喜欢的程度，也有可能增加讨厌的程度。因此，增加好感除了按照一定频率（不能太多）"刷脸"以外，还需要注意第一印象。如果你不幸一开始就被讨厌的话，露面的次数越多就越有可能会被更加讨厌。

礼尚往来 / 关系中的回报

"单纯曝光效应"告诉我们，在保证对方不讨厌自己的前提下适度地"死缠烂打"是会有积极作用的。但实际生活中"死缠烂打"的人也是凤毛麟角，更多的人都在追求最有可能给自己回报的潜在伴侣。人们衡量对他人的实际兴趣，往往是通过下面这个心理学家总结出来的公式：

对未来伴侣的期望值 = 对方的吸引力 × 对方接纳自己的可能性[15]

注意，影响期望值的两个因素之间是乘号。如果对方十分喜欢我（也就是接纳我的可能性很高），但他/她很没有吸引力，相信他/她肯定不会成为主要的追求对象；同样，无论对方的实际吸引力有多大，只要"对方接纳自己的可能性"很小的话，照样会极大地降低我们对其的期望值。一项对美国大学生的调查研究发现，在拿不准女生反应的时候，即便对方是个漂亮迷人的女孩，也仅有 3% 的男生会邀请她与自己约会。如果留意生活，你会发现身边样貌特别出众的女生有可能更容易保持单身，这些"女神"除了择偶标准高不可攀之外，较少有男生敢于表白也是一个不可忽视的原因。因此，在"表白"这件事情上面大胆一些，似乎是个不错的择偶策略。且不论最后的结果如何，在短时间内无法改变个人吸引力的前提下，向对方表达爱意（提升接纳对方的可能性），肯定可以在一定程度上提升对方的期望值。抛开那个冷冰冰的公式，一旦对方接受了你呢，岂不是捡了一个"大漏"？

有人会说："我难道不要面子吗？"

毫无转圜地被拒绝，自然是十分没面子的事情，也是很多人都想避免的。1983 年的一项心理学研究[16]很好地说明了这一点。研究者要求男大学生选择看电影的座位，既可以选择挤到临近美女的唯一座位上，也可以选择独自一人坐到周围有很多空位的座位上。参与实验的男生被分为两组，甲组被告知两边屏幕放映的是同样的影片，而乙组被告知两边放映的是不同的影片。结果发现，乙组有 75% 的男生选择坐在美女的旁边，而甲组这样做的男生仅有 25%。首先假设男生是都想挨着美女看电影的，乙组有那么多男生这样做，是因为他们似乎更有"借口"可以让自己没有那么尴尬。推测一下：甲组男生在两种选择都是看同一部影片的前提下再去跟美女挤着坐在一起的话，想靠近美女的意图就太过明显；而乙组男生选择挨着美女坐的话，究竟是为了看特定的某部影片，还是想靠近美女，就是一个模糊的问题了。这样一来，乙组男生即便被美女拒绝，也可以给自己留下"台阶"——"我是来看这部电影的，不是来看你的"，而不至于太没有面子。可见，一个可以缓冲尴尬、找回脸面的"撤身之步"能够提高主动表白的发生率。

　　诸位，如果你还在犹豫不决，可以通过社交媒体尝试一下网友提供的这个"撤身之步"：

　　你：我喜欢一个人，却不敢表白……

　　对方：怕什么，你那么好，除非对方眼瞎。

　　你：我喜欢你。

　　对方：额……其实你人挺好的。

　　你：看，连你都不答应，别人就更不可能了。

　　关于表白，还需要强调一点。网络上经常能看到这样的"新闻"，某男生跑到心仪女生的宿舍楼下或者在其必经之路的广场上摆上蜡烛、玫瑰，弹着吉他高调表白，而女生却喊着朋友拿洗脚盆端上水浇灭蜡烛、踢翻玫瑰。表面上看来女生十分绝情，男生也因这样高调被拒绝而颇为受伤。但稍加分析就会发现，失败的"高调表白"之前主动方往往没有什么铺垫，甚至两个人都没有过多少实质性的接触，而这种突然出现在眼前的大阵仗无疑是"强制表白"，对方不大可能遽然接受，不接受的话又显得不近人情。这哪里是爱他／她，分明是要将他／她陷于不仁不义的境地。所以表白不但需要勇气，还需要铺垫，比如前文提到的"危桥实验"或者"36个问题爱上一个人"都是一些不错的选项，尽量让你的表白成为水到渠成的事情，那成功率自然会提高。虽然"一见钟情"是存在的，但爱情往往需要长期的培养，绝非一蹴而就的事情。

得不到的永远在骚动

　　现实问题又来了：如果你是被表白的一方，且心里也大部分是愿意的，那是该立刻接受呢，还是继续矜持一下？

　　诚然，立刻接受是"皆大欢喜"的结局，也符合前一小节的公式，但这却会让我们担心，对方会不会因为得到得太过容易而不懂得珍惜？确实有研究表明，谁的表白都接受或者是一表白就接受的做法，往往会降低一个人的魅力。想象一下也可以得知，在快速约会活动中"饥不择食"地急于跟每个人都约会的人，往往魅力值锐减，其邀约成功的概率也很低；有时候，态度不明确反而更有吸引力。科学家让女生观看访问过她们社交媒体主页的男生的个人资料，并随机告知男生对她们的态度：非常喜欢她们；对她们感觉一般；可能喜欢，也可能只有一点点感觉，说不准。根据上一小节的期望值公式，相较于对她们"感觉一般"的男生，女生应该更喜欢"非常喜欢"她们的男生。然而出乎意料的是，对女生而言最具吸引力的是那些表示"可能喜欢，也可能只有一点点感觉，说不准"的男生[17]。这些女生反馈，她们会更多地去思考这些态度不明确的男生是怎么想的，这反而增加了他们的吸引力。

　　流行歌曲中有这样一句歌词："得不到的永远在骚动，被偏爱的都有恃无恐。"的确，市场营销领域的"饥饿营销"就是通过增加某个商品在市场中的获取难度，来提升该商品的受欢迎程度。人际吸引力的相关研究也发现了类似的"罗密欧与朱丽叶效应（Romeo and Juliet effect）"：父母越是干涉子女的恋爱自由，他们彼此之间就越相爱[18]。另有研究者在酒吧中发现了另一种有趣的现象，当酒吧快要打烊时，仍旧形单影只的顾客会觉得那些潜在的约会对象比当晚的早些时候更好看[19]。这种"打烊效应（closing time effect）"再次提示我们：不能太容易接受对方的表白。

　　如此，被表白似乎比主动表白还要难以处理——太容易接受会显得"自降身价"，再三拒绝又会让对方望而却步。除了"在'接受'与'拒绝'之间拿捏好尺度"这样理想而难以把握的建议外，心理学家还有一个听起来更容易操作的建议——有选择的"故作清高"。相关研究发现，只对有选择的少数人表现出兴趣的人，在那些被选择的对象眼中，其所展现的吸引力倍增[20]。所以，你可以展现一种"高不可攀"的姿态，但这种"高冷"却是内藏心机、因人而异的，除了你想要吸引的人以外，让其他任何人都感觉你是望尘莫及的。

 ## 相似，还是互补？

在"相似的人之间吸引力更大"（正选型）还是"互补的人更容易相互吸引"（负选型）这个问题上，目前的心理学家更为认可"相似性"在人际吸引之中的积极作用[21]。那句老话说得没错，"物以类聚，人以群分"，定然是某些相似的特征所产生的吸引力让人们聚合在一起。无论是朋友、恋人，还是生活幸福的夫妻，在各方面都比随机选出的陌生人更为相像，这种"相像"甚至体现在面貌[22]、身高[23]与身体质量指数[24]（BMI）上面。此外，国内外均有研究表明夫妻之间态度和价值观的相似性与其婚姻满意度呈现显著的正向关系[25, 26]。然而此类社会调查的相关分析，却无法明确一个很重要的因果顺序问题——究竟是相像的人更容易走到一起，还是走在一起的人会变得更加相像？

威廉姆·格里菲特（William Griffitt）与罗塞尔·维奇（Russell Veitch）为了解人与人相互结识的过程，安排13名互不相识的男性志愿者挤在防空洞相处10天，并且分别在第1天、第5天和第9天通过社会计量选择的方法测量他们彼此之间的人际吸引力。结果发现，态度方面共同点越多的被试，表现出对彼此间的吸引力就越高[27]。的确，人们更加偏爱那些在性格、价值观、经历、生活背景、兴趣和品位等方面与自己有更多共同点的人[28]。哪怕只是"老乡"这样一种相似，都会使得人与人之间更容易建立起信任感，实现相互理解和流畅的沟通。此外，更有研究者在实验中发现，那些实验代码编号、球衣号码与自己相似或者姓氏首字母与自己相同的参与者对自己都更具吸引力，而且姓名相似的人也较一般人更有可能结为夫妻[29]。相较于态度、价值观这些容易发生改变的因素，名字或编号等很少因为交往时间而发生改变。所以，以上的研究证明"相似可以增进人际吸引力"，即便这些是微弱的、间接的，乃至于不易觉察的。

坊间流传着一种增进人际好感的方法——人为地增加与对方的"相似性"，比如说在交流中刻意模仿对方的"小动作"，当然这种模仿不能过于刻意而显得像鹦鹉学舌般的拙劣。心理学实验也证明，模仿对方表情等非语言信号的行为可以让我们更容易感受到对方的情绪体验，使得整个交流过程变得更加流畅顺利，从而在心理上拉近彼此之间的距离[30]。然而，更多的研究却发现了另一种因果关系，即那些吸引力高的人更容易引发别人的无意识模仿[31]。也许，"相似"与"吸引力"之间并非单向线性的因果关系，一方面如前述研究所发现的，态度、价值观、性格等方面的"相似"使得两个人相互吸引而走到一起；另一方面研究者也发现夫妻双方在面临各种事件时的态度和情绪反应会随着时间的推移变得越来越相似[32]，长期在一起的生活磨合不断地提升着二人之间在各方面的相似度。但无论孰因孰果，"'吸引力'总是与'相似'相伴"这一观点是心理学家所坚持的。

有人不免有疑问，为什么我感觉自己被吸引，不是因为对方与我相似的地方，而恰恰是那些对方拥有而我所没有的特点呢？心理学家会问你，那些吸引你的特征是不是你所渴望拥有的呢？相信十有八九的提问者会回答"是的"。于是心理学家就接着告诉你，那些拥有我们渴望却不具备的特征的人，不是与你"相异"，而是与你的"理想自我"十分相似。为了证明这不是强词夺理，心理学家继续拿出相关研究的证据——这种"与理想自我相似"的人只能比我们的现状好那么一点点，否则就会因为太过优秀而让我们自惭形秽，变得更有威胁意义而让我们敬而远之了[33]。可见，即便是"理想自我"的方向，过多的差异也不会带来吸引力。心理学家坚信，最有吸引力的人仍然是那些在很多方面与我们相似，又拥有我们通过努力能够实现的特征的人[34]。

如果仔细琢磨，与"理想自我"的相似并不能涵盖现实生活中的另一种情况——性格互补，即一个人本身的性格给自己带来了一些困扰或限制，而与自己性格截然相反的伴侣刚好可以弥补自己性格的局限。比如，内向腼腆且喜欢服从的人与外向且具有支配性的人恰好性格互补。这种说法看似十分有道理，也容易得到普通人的认可，却始终没有得到科学研究的有效验证。按照这种"互补"逻辑，一个容易有烦躁情绪的人应该被那些有阳光心态的人所吸引。但相关的研究仍然只能证实相似在人际吸引中的积极作用，即便那些心境烦躁（dysphoria）的人也更满意于自己与其他烦躁的人的互动，而非那些心态阳光的人[35]。心理学家继续补刀，主张在长期交往过程中"相似"也比"互补"要稳妥得多，因为"互补"在一段时间之后有可能变成"致命吸引力"（fatal attraction）。最初那些看起来令人羡慕、渴望得到的"互补品质"，会随着时间推移而变成最惹人讨厌、恼怒的特点[36]。例如，一开始令人欲罢不能的"主动、风趣"等性格特征，可能到后来却变成了"不负责任"与"轻浮"；而最初颇具吸引力的"酷酷"的感觉，也很有可能成为日后分手的原因——过于冷漠。

魅力的靠谱来源

综上，本章介绍了人际吸引力的六个重要来源——人格魅力、距离的接近、熟悉、回报、障碍、相似。比较遗憾的是，目前的心理学研究并没有办法给出一个简单、确定的结论。所以，前文中一会儿强调"真诚可信"的重要性，一会儿又说"男人不坏，女人不爱"；一会儿说"近水楼台先得月"，一会儿又说"距离产生美"；一会儿凸显"曝光效应"在人际中的意义，一会儿又说"熟悉而无感觉"；一会儿强调应该"礼尚往来"，一会儿又说"得不到的永远在骚动"；一会儿是"相似"，一会儿是"互补"……似乎"吸引力"这件事在人类这里十分复杂而摇摆，总有一个"尺度"需要我们来把握。

那么，人类在"魅力"这桩事情上有没有比较靠谱、明确的倾向呢？

有，那就是——看脸！

 参考文献

［1］戴维·迈尔斯. 社会心理学［M］. 侯玉波，等译. 北京：人民邮电出版社，2006.

［2］Jonason P K，Li N P，Webster G D，et al. The dark triad：Facilitating a short-term mating strategy in men［J］. European Journal of Personality：Published for the European Association of Personality Psychology，2009，23（1）：5-18.

［3］Jessica L，Tracy，Alec T，et al. Happy guys finish last：the impact of emotion expressions on sexual attraction［J］. Emotion（Washington，D.C.），2011，11（6）：1379-1387.

［4］Clore G, Byrne D. A reinforcement-affect model of attraction［C］. // Foundations of Interpersonal Attraction［C］. New York: Academic Press. 1974: 143-170.

［5］罗兰·米勒, 丹尼尔·珀尔曼. 亲密关系（第5版）［M］. 王伟平, 译. 北京: 人民邮电出版社, 2011.

［6］Graziano W G, Bruce J W. Attraction and the initiation of relationships: A review of the empirical literature［C］. // Handbook of relationship initiation. New York, NY: Psychology Press, 2008: 269-295.

［7］Festinger L, Schachter S, Back K. Social Pressures in Informal Groups: A Study of Human Factors in Housing［M］. Oxford, England: Harper, 1950.

［8］Guldner G T, Swensen C H. Time Spent Together and Relationship Quality: Long-Distance Relationships as a Test Case［J］. Journal of Social and Personal Relationships, 1995, 12（2）: 313-320.

［9］Maguire K C. "Will It Ever End?": A（Re）examination of Uncertainty in College Student Long-Distance Dating Relationships［J］. Communication Quarterly, 2007, 55（4）: 415-432.

［10］Ramirez Jr A, Zhang S. When online meets offline: the effect of modality switching on relational communication［J］. Communication Monographs, 2007, 74（3）: 287-310.

［11］Stafford L, Merolla A J, Castle J D. When long-distance dating partners become geographically close［J］. Journal of Social & Personal Relationships, 2006, 23（6）: 901-919.

［12］Zajonc R B. Mere exposure: a gateway to the subliminal［J］. Current Directions in Psychological Science, 2001, 10（6）: 224-228.

［13］Zajonc R B. Attitudinal effects of mere exposure［J］. Journal of Personality and Social Psychology, 1968, 9（2, Pt.2）: 1-27.

［14］Richard L M, Scott R B. Exposure effects in the classroom: the development of affinity among students［J］. Journal of Experimental Social Psychology, 1992, 28 (3): 255-276.

［15］Shanteau J, Nagy G . Probability of acceptance in dating choice［J］. Journal of Personality and Social Psychology, 1979, 37 (4): 522-533.

［16］Bernstein W M, Stephenson B O, Snyder M L, et al. Causal ambiguity and heterosexual affiliation［J］. Journal of Experimental Social Psychology, 1983, 19: 78-92.

［17］Whitchurch E R, Wilson T D, Gilbert D T. "He Loves Me, He Loves Me Not…": Uncertainty Can Increase Romantic Attraction［J］. Psychological Science, 2011, 22 (2): 172-175.

［18］Driscoll R, Davis K W, Lipetz M E. Parental interference and romantic love［J］. Journal of Personality and Social Psychology, 1972, 24: 1-10.

［19］Gladue B A, Delaney H J. Gender differences in perception of attractiveness of men and women in bars［J］. Personality and Social Psychology Bulletin, 1990, 16: 378-391.

［20］Eastwick P W, Finkel E J, Mochon D, et al. Selective versus unselective romantic desire［J］. Psychological Science, 2007, 18: 317-319.

［21］Dijkstra P, Barelds D P. Do people know what they want: A similar or complementary partner?［J］Evolutionary Psychology, 2008, 6: 595-602.

［22］Bovet J, Barthes J, Durand V, et al. Men's preferences for women's facial features: Testing homogamy and the paternity uncertainty hypothesis［J］. PLoS ONE, 2012, 7.

［23］Seki M, Ihara Y, Aoki K. Homogamy and imprinting-like effect on mate choice preference for body height in the current Japanese population［J］. Annals of Human Biology, 2012, 39: 28-35.

［24］Fisher C I, Fincher C L, Hahn A C, et al. Do assortative preferences contribute to assortative mating for adiposity?［J］British Journal of Psychology, 2014, 105: 474-485.

［25］Gaunt R. Couple similarity and marital satisfaction: Are similar spouses happier? [J] Journal of Personality, 2006, 74: 1401-1420.

[26] Luo S, Chen H, Yue G, et al. Predicting marital satisfaction from self, partner, and couple characteristics: Is it me, you, or us? [J]. Journal of Personality, 2008, 76: 1231-1266.

[27] Griffitt W, Veitch R. Preacquaintance attitude similarity and attraction revisited: Ten days in a fall-out shelter [J]. Sociometry, 1974, 37: 163-173.

[28] Barelds D P H, Barelds-Dijkstra P B. Love at first sight or friends first? Ties among partner personality trait similarity, relationship onset, relationship quality, and love [J]. Journal of Social and Personal Relationships, 2007, 24 (4): 479-496.

[29] Jones J T, Pelham B W, Carvallo M, et al. How do I love thee? Let me count the Js: Implicit egotism and interpersonal attraction [J]. Journal of Personality and Social Psychology, 2004, 87: 665-683.

[30] Mariëlle Stel, Vonk R. Mimicry in social interaction: benefits for mimickers, mimickees, and their interaction [J]. British Journal of Psychology, 2010, 101 (2): 311-323.

[31] 房林. 吸引力对人模仿行为的影响研究 [D]. 重庆: 西南大学, 2011.

[32] Gonzaga G C, Campos B, Bradbury T. Similarity, convergence, and relationship satisfaction in dating and married couples [J]. Journal of Personality & Social Psychology, 2007, 93 (1): 34-48.

[33] Herbst K C, Gaertner L, Insko C A. My head says yes but my heart says no: Cognitive and affective attraction as a function of similarity to the ideal self[J]. Journal of Personality and Social Psychology, 2003, 84: 1206-1219.

[34] Klohnen E C, Luo S. Interpersonal attraction and personality: What is attractive-Self similarity, ideal similarity, complementarity, or attachment security? [J]. Journal of Personality and Social Psychology, 2003, 85: 709-

722.

　　［35］Locke K D, Horowitz L M. Satisfaction in interpersonal interactions as a function of similarity in level of dysphoria［J］. Journal of Personality & Social Psychology, 1990, 58（5）: 823−831.

　　［36］Felmlee D H. From appealing to appalling: Disenchantment with a romantic partner［J］. Sociological Perspectives, 2001, 44: 263−280.

第四章
看脸的时代

告诉你，一想到你，我这张丑脸上就泛起微笑。

——王小波

如今，由美颜相机、美妆、健身、医疗美容等所构成的"颜值经济"呈现出一种"爆发式增长"的态势。其中，医疗美容市场规模更是有望在 2022 年超过 2643 亿元 ① 。在这样一个"看脸的时代"，经济学领域之中大有"颜值即正义""颜值即生意"的呼声。那么，心理学对"颜值"的研究结果又是如何呢？

心理学家会告诉你——何止是"看脸的时代"，简直是"看脸的人类"。不严谨地说，只要有脸的图片，我们都是首先看脸，而且在脸部的目光停留时间往往最长。不晓得诸位是否还记得前文中提到过的"眼动追踪技术"——一种利用眼动仪探索人类在观看图片或文字时眼球运动轨迹的心理研究技术。一家名为 Eye Track Shop 的眼球运动轨迹研究公司对一张知名球鞋品牌的广告图片进行眼动数据分析，所得到的注视热区图表明：即便是身无片缕的裸女，获得男女被试眼球首先注视及注视最长的仍然是脸部（男性注视时间为 4.18 秒，女性注视时间为 3.01 秒），其次是臀部（男性注视时间为 1.57 秒，女性注视时间为 1.05 秒），而"可怜"的球鞋几乎没有怎么得到男性被试的注视（男性注视时间为 0.95 秒，女性注视时间为 1.49 秒）。显然，这不能算是一个"成功"的球鞋广告。由于人们都去"看脸"了，本该受到关注的球鞋被裸女模特的面部大大地抢了风头。

---

① 　数据来源：中研普华研究报告《2021—2026 年医疗美容医院行业市场深度分析及发展策略研究报告》

美的就是好的

稍具常识的人都知道，爱情常常是从"看脸"开始的，而且那些外貌水平高的人（也就是我们常说的"帅哥、美女"）也更容易找到伴侣[1]。心理学家对美国交友网站"HOT or NOT"的会员数据进行分析后发现了一个赤裸裸的现实：外貌吸引力评分每增加一个等级，对方答应约会请求的概率就上升130%左右[2]。所以，无论是学者还是社交网站所开展的择偶标准调查都显示，两性都将长相视为重要择偶标准，只不过男性更为重视外貌吸引力。稍等，古语中不是说什么"红颜祸水"吗？俗语之中不是也说什么"丑妻薄地家中宝"吗？那这些说法是真有道理，还是"吃不到葡萄说葡萄酸"的心理作怪呢？

的确，心理学家曾提出过"美貌的烦恼"（when beauty may fail）[3]一说，而且相关研究也发现高外貌吸引力的人可能会因为异性朋友较多而招惹更多的伴侣嫉妒[4]，或者更容易出轨且主动离婚[5]。但是不得不说，这些"魅力的烦恼"更像是一种"幸福的烦恼"。所以，心理学界更有影响力的是由卡伦·迪翁（Karen Dion）等人所提出的"美的就是好的"（what is beautiful is good）一说[6]。虽然"美的就是好的"是一种简单的刻板印象，但人们似乎很难摆脱这种影响。因此"美"（高水平的外貌吸引力）不但可以在爱情发展的初期让当事人获得更多的约会次数，还可以提高其恋爱的成功率[7]，甚至可以有效预测亲密关系长时间发展的积极结果[8]。

伟大睿智如爱因斯坦，似乎都不能免于这种"刻板印象"的影响。曾有人请教"相对论"，这位"相对论"的提出者给出了通俗易懂的解释——"一个男人和美女对坐一个小时，会觉得似乎只过了一分钟；但如果让他坐在火炉上一分钟，那么他会觉得似乎过了不止一个小时"。

高吸引力的外貌不但让人际交往变得更为"享受"，而且还会让人们在初次见面时就不自觉地赋予"帅哥美女"与其长相相匹配的积极性格品质[9]。"美的就是好的"的提出者卡伦·迪翁曾经要求研究参与者只根据照片来判断陌生人的性格特点和人生前景，结果发现人们更倾向于认为外貌俊美的人拥有诸如"亲和""有趣""坚强""镇定""外向""好相处""有教养""敏感""性格好""令人兴奋的恋爱对象""性生活上更热情、配合"等特征，而且这些人在未来也更容易拥有"更高的名望""更美满的婚姻""更成功的社交和职业"及"更充实的人生"。

　　且不论那些漂亮帅气的人们是否真正具备我们一厢情愿所预期的这些优秀品质，他们所拥有的高吸引力外貌的确会带来不少的"实际好处"，而且这些好处渗透在社会生活的各个领域之中。最为普遍的就是工作领域，那些外貌俊美的个体在招聘中会更受欢迎，故而其应聘成功率更高[10]，在就职后也比那些长着大众面孔的中等面貌之人多赚5% 的工资[11]，日后的升迁概率也更大。而在自诩"不以貌取人"的校园"象牙塔"之中，学生对那些颇具外貌魅力的教授的教学评价往往也会更高[12]。近些年"颜值教授"如雨后春笋般涌现于各类媒体报道之中，其中不少"象牙塔中的园丁们"因此走上了"网红之路"，一时间赚足了眼球。即便在那些严肃如政要选举、法庭审判等领域，美貌仍然在潜移默化地影响着人们的判断。在美国得克萨斯州因为违犯轻罪而被罚款的人群中，长相好看的人被罚款的数额都比一般人少[13]。

　　可见，"美的"不但让人们觉得是"好的"，而且真的会在社会生活中带来实际的好处。貌美者也许对这些"特权"习以为常而没有觉察，那些相貌平庸者就没有那么幸运了。"人丑就要多读书"，这里的"读书"只是一种"努力"的隐喻表达。也许长相平庸会激发出一种补偿机制，通过付出更多的努力而获得成功，而且这种相貌平庸者的"成功"也不容易引发人际贬损，更不会如相貌俊美者那样被认为是"运气使然"[14]。虽然说"窈窕淑女，君子好逑"，长相吸引力会让某些人备受青睐，人们也普遍希望能找一个"帅哥/美女"恋爱结婚生子，但现实通常是与自己容貌水平相当的人组成"CP"（即"人物配对"，character pairing 的缩写）。正如上一章中提到的"伴侣期望值公式"，对方的相貌吸引力固然重要，对方接纳自己的可能性也十分关键。于是，"期望值"会在权衡双方相貌水平后的匹配情况下达到最大值。而且亲密关系越是正规、严肃，投入程度越多，这种相貌上面的匹配现象就越明显。如果相貌水平也符合统计上的"正态分布"①的话，相貌出众者（特别美与特别丑都算是"出众"）毕竟是少数，我们这些相貌平庸者恰恰是"受众"最多的一群人，与自己相貌相匹配的人数最多，爱情市场的占有份额最大。

高颜值的标准

判断面貌美丑对多数人来讲简直不费吹灰之力，而且几乎可以在瞬息之间（约 170 毫秒）完成[15]。可是，心理学家从 20 世纪 70 年代开始研究"面孔吸引力"（facial attractiveness），却也很难给出一套可以让所有人认同的"颜值细则"。比如说"大眼睛、双眼皮"是当前不少中国人所认可的颜值标准之一，以至于双眼皮手术可以在世界范围内跻身于外科整形手术前三名（前两名分别是隆胸、吸脂手术）。来自东南大学的一项研究也显示，相对于更多单眼皮的"蒙古面孔"，中国被

————————————
① 正态分布又称"高斯分布"，是一种十分重要的概率分布，意指在人群中某个指标的数据会呈现一种中间密集、两边稀疏的特征。比如身高，特别高与特别矮的人比例较小，更多的人身高处于一种"不高不矮"的状态，也可以理解为"正常身高"。

试认为双眼皮的"高加索面孔"更具吸引力[16]。然而如果去参观秦陵兵马俑，你会发现兵马俑是清一色的单眼皮；即便经过民族融合之后的明清仕女画，仍然是以单眼皮的丹凤眼美女为主。显然，中国人的面孔审美似乎随着文化的演进而发生了从单眼皮到双眼皮的转变，人们对单／双眼皮的偏好并不具备稳定的参考价值。此外，当前不少人认同"肤白"为重要的颜值标准，所以"白"与"美"常常连在一起说，诸如"白富美""肤白貌美"等；也因为这种"一白遮三丑"的信念，无论是化妆品还是美颜相机都必须具备"美白"功能。"肤白"是前面提过的高加索人（白种人）的重要特征，有趣的是，高加索人并不以白为美，相对于亮白的皮肤（light skin），他们认为深色皮肤（dark skin）更有吸引力[17]。难怪白种人总是喜欢跑到沙滩上晒日光浴，而我们却"里三层外三层"地包裹好，生怕被晒黑了。这样一说，"美丑判断"似乎成了一件受到文化强烈影响而显得"见仁见智"的事情。那么，除了颇有分歧的双眼皮和皮肤白外，在判断美丑方面是否存在跨时代、跨文化的"人类共识"呢？

　　诚然存在"情人眼里出西施"这样的审美个人偏好，但学者们还是认为人类判断美丑的一致性要大于分歧性。为了撇清与"社会文化"的关系，学者们特意选择新生儿作为研究对象进行观察，结果发现"纯洁无染"的新生儿盯住漂亮面孔看的时间远远多于不那么漂亮的面孔[18]。这些连新生儿都"欲罢不能"的漂亮面孔具备哪些特征呢？诸多的相关研究发现，当面孔具备平均化（averageness）、对称性（symmetry）和性别二态性（sexual dimorphism）等特征时在古今中外都显得更具吸引力[19]。

平均化

所谓平均化面孔，即各种面部特征均处于平均水平，特点不突出的"大众脸"。需要注意的是，这里的"大众脸"并非意指那些吸引力一般、平庸的长相，而是强调面部器官之间的比例般配——鼻子不会过大，眼睛不会太小，哪一部分也不会太过夸张，更不可能是发育不良或怪异的……也许有些高辨识度的面孔会让我们眼前一亮，但这些"泯然众人矣"的面孔却往往让人们觉得更为"耐看"。南非摄影师迈克（Mike）曾于十年前创立"明日面孔"（the Face of Tomorrow）项目，周游世界几十个国家和地区，然后通过电脑程序将每个地区拍摄的 100 张面孔合成为不同国家的"大众脸"。参观过迈克所展出的"大众脸"图片的人们都会惊讶地发现，各国"大众脸"中的女性都相当漂亮。心理学家在实验中也开展了一系列更为严谨、精准的"大众脸"研究，同样发现同等条件下面孔的平均化程度越高，其吸引力也就越强。[20]

对称性

使用电脑程序合成的"平均脸"往往也是左右对称的。当然，人脸基本上是左右对称的，但能够达到完全如镜像一般对称的人脸却几乎没有。生活中不少人感觉手机自拍照"不自然"，也与这种左右脸的不对称有关。使用手机前置摄像头拍摄的自拍照所展现的是面孔在别人眼中的样子，而我们更为习惯的是照镜子时所看到的面孔映像，二者是一种左右翻转的关系。如果左右脸完全对称，左右翻转不会有任何问题；但人脸不可能完全对称，即便是左右脸微小的不对称也会在这样的"翻转"中被大脑捕捉到，进而让我们感觉"不自然"。诚然，特别不对称的面孔（如大小眼、高低眉等）绝对算不上好看，那在一般情况下，"颜值"会不会因为对称性增强而提高呢？

心理学家有一种方法来单纯提高"对称性"，即将面孔图片沿着中垂线分成两半，然后将其中一半镜像处理后合成完整的面孔，从而得到左右对称的合成面孔。研究发现，人们对合成面孔的吸引力水平打分要显著性地高于原始面孔[21]。

性别二态性

作为生物学术语，"性别二态性"意指同一物种不同性别之间的体态差异。相对于一些动物夸张的"二态性"表现，一夫一妻制为主的人类男女差异虽然不甚显著，但在身体大小、身体轮廓、身体各部分比例、皮下脂肪量、体毛等方面仍存在一些差异。尤其是在进入青春期之后，人类第二性征发育，男生开始生长胡须、肌肉发达、体格高大、喉结突出、声音雄壮，而女生则开始骨盆变大、乳房发育、脂肪丰满、声音纤细。与此同时，面孔也随之发生男性化（masculine）或女性化（femininity）[22]的改变，如男生的嘴唇变薄、下巴变方，而女生则颧骨变高、下颚线条变得柔和，等等。

目前的相关研究一致认为，无论男女都觉得女性化的女性面孔更具吸引力[23]。所谓"女大十八变，越变越好看"，其实是女性的面孔变得更像是"娃娃脸"了。但这个"娃娃"并非传统年画上抱着鲤鱼的娃娃，而是"芭比娃娃"。划重点，"芭比娃娃脸"具有高额头、大眼睛、高颧骨、窄脸颊、小鼻子、饱满嘴唇、小下巴等特征。虽然人们不会拿着这些面部特征去判定一名女性是否漂亮，但诸位若是稍加留心就会发现，无论是自己所认可的美女还是当红女明星，其面部特征基本与这种"娃娃脸"或者说"网红脸"吻合。而且这种女性"颜值标准"大有放之四海而皆准的意味。有学者从巴西、美国、俄罗斯、巴拉圭的阿奇人及委内瑞拉的希维部落群体中采集面孔图片，并让每个国家的被试对面孔的性魅力进行评分，结果发现五种文化中的男性都认为那些下巴较小、眼睛较大的女性更有魅力[24]。

照此逻辑，女性也应该偏好男性化的男性面孔，即那种具有强壮的下巴、棱角分明的下颌骨、宽阔的额头、狭窄而深陷的眼睛、突出的眉角、不太突出的颧骨、宽阔而高挺的鼻梁、薄嘴唇等特征的"硬汉脸"。的确，人们普遍认为这种男子气面孔更为健康，也更具男性魅力[25]。有趣的是，影视演员中除了史泰龙、李小龙等典型的"硬汉"形象外，那些面孔特征偏于女性化的"奶油小生"形象同样颇受女性青睐，而且他们似乎拥有更多的影视流量。新近对男性面孔吸引力研究的元分析发现，女性对于偏男性化和偏女性化的男性面孔偏好并没有明显的差异[26]，即便通过电脑图像技术将普通男性的面孔进行女性化处理，使其颧骨变高、脸颊变窄、鼻子变小、下巴变小，其对女性被试而言也会显得热情、友好，而颇具吸引力[27]。然而，如果通过电脑图像技术将女性面孔调整得更加男性化（额头变宽、眉角突出、颧骨变低、鼻子变大、下巴变宽）的话，相信定然会有不少男性觉得"不堪直视"。

为什么在"颜值"这件事情上，女性反而显得有些不"专一"？似乎男性只钟爱于"娃娃脸"，而女性却是"阳刚硬汉"与"清秀小生"通吃。

❤️ 生育价值的面部信号

学者们发现，对男性面孔的偏好与女性被试的生理周期有关[28, 29]。一般来讲，处于卵泡期的女性会偏好于"更偏男性化的男性面孔"，而处于黄体期的女性更偏好于"更偏女性化的男性面孔"。卵泡期和黄体期是女性生理周期的不同阶段，均与卵巢的功能有关，自然也就与生殖功能有关。其中，卵泡期自上次月经停止日开始至排卵日结束，此阶段卵泡在雌激素的作用下逐渐发育成熟，为下一阶段的受孕做准备；而黄体期则是自排卵后到月经来潮的前一天，此阶段黄体素分泌增加，为接纳受精卵着床及维持早期胚胎发育做准备。如果将生理周期放大来看，卵泡期处于为受孕做准备的阶段，而黄体期则类似于已经怀孕的妊娠状态。进一步的研究发现了类似的结果，那些没有妊娠的女性偏好更为男性化的面孔，而妊娠期的女性则青睐于偏女性化的面孔[30]。生理学上来讲，前后两个阶段在功能上最大的不同是"能否受孕"，无论是黄体期还是妊娠期都无法再行受孕。那是否意味着"能否受孕"影响着女性对男性面孔的偏好呢？另一项研究也间接回答了这个问题，处于生育高峰的青春期女性偏好于表现出最大男性化的面孔，而无生育能力的绝经女性则没有这样的面孔偏好[31]。

依照进化心理学的观点，"进化而来的心理机制，是为了更好地解决某一类特殊的适应性问题而产生的适应器"[32]。如此，女性的男性化面孔偏好作为一种与"传宗接代"有关的择偶行为，其背后是对男性基因的挑剔，毕竟只有与"好基因"的男性合作才有更大的成功率生育健康的后代。而偏于男性化的面孔是雄性激素分泌充沛的结果，往往与男性更好的免疫能力和更为健康的身体密切相关[33]。甚至有研究证实，男性面孔吸引力水平可以正向预测其精子质量[34]。换句话说，"硬汉脸"是一种优良基因的可靠信号。

何止是"硬汉脸"，前述的面孔对称性及女性的"娃娃脸"都可以视为一种优良基因的信号。一般来讲，有着对称面孔的人也拥有对称的体型；而对称的面孔与体型都意味着在生长过程中较少遇到疾病或者细菌、病毒的感染，是免疫力强、身体健康的外部表现[35]。除了

"少生病",研究者还发现拥有对称体型的人心理更健康、甚至智力水平都更高[36]。与"硬汉脸"同理,女性化的"芭比娃娃脸"是体内雌激素分泌充沛的结果。然而相对于男性的雄性激素,与生育有关的雌激素分泌不但随着月经周期发生变化,其在女性一生之中也呈现出一种"钟形曲线"的分泌趋势。具体来讲,进入青春期之后女性雌激素的分泌迅速攀升,在 20 岁左右达到高峰,然后平缓下降直至绝经期到来后迅速下降。如果可以将一名女性从小到老的成长过程加速,我们可以明显地看出 20 岁左右时其面孔最为符合上述的"娃娃脸"特征。因此,女性化面孔严格意义上并非"娃娃脸",而是"青春脸",既表达了年轻、健康的身体特征,也昭示着女性的生育价值(reproductive value)。

 生育价值的身材信号

这个时代除了"看脸",还要"看身材"。虽然很多时候女性的"魔鬼身材"并没有"漂亮脸蛋"所带来的吸引力更强,但由于身材较之面孔更容易发生改变,所以当代女性在塑造身材方面所花费的时间与精力绝对不亚于装扮面孔。不知从何时开始,"瘦"似乎成了女性身材的黄金准则,而且在女性群体中大有"再瘦都不嫌瘦"的趋势。且不论"过瘦"对身体健康的影响,"体重轻"在身材魅力判断中的价值是否也如女性所想象的那般重要呢?

研究发现,最受男性欢迎的并非体重最轻的女性,而是正常体重但腰臀比为 0.7 的女性[37]。所谓"腰臀比"(WHR),是一个人腰围最小尺寸除以臀围最大尺寸的结果。汉语中就有"丰乳肥臀"一词,只不过这里的"丰"与"肥"更多是强调身体部位之间的相对比例。"肥臀"指的是腰围与臀围的比例要低(最好为 0.7)[38],而"丰乳"也是指腰围与胸围的比例要低（最好为 0.75）[39]。虽然不同文化中的男性所偏好的胸部与臀部的尺寸并不一样，但他们普遍认可腰臀比或腰胸比更低的女性具有更强的性吸引力[40]。所以，男性所青睐的是那种"粗—细—粗"的"沙漏形"身材，而"丰乳肥臀"严谨意义上来说应该是"丰乳细腰肥臀"。

与女性化面孔所彰显的意义一样，腰臀比是一种生育价值于身体外形上的显示。研究发现，女性的腰臀比越是接近 0.7，她们就越容易受孕，身体也更为健康，其所生育的孩子在认知测验上的得分也更高[41]。除此以外，该领域的研究不断地发现诸如头发长度、体味、BMI、腰椎曲率（LC）等身体特征，都有可能成为判断女性生育价值的外在线索。由此可知，男性所偏好的长发、翘臀、体香等绝非空穴来风。

女性审美视角下的男性魅力

男性同样拥有一些生育价值的身材线索，如腰臀比、肩臀比、身高等。相对于女性的"丰乳肥臀"，男性更有"虎背熊腰"的性感身材。"熊腰"自然不能很细，太细的话就成了"水蛇腰"，但那种大腹便便的"啤酒肚"显然谈不上性感。研究发现，男性的腰部比臀部略窄，即腰臀比为 0.9 时最具吸引力。"虎背"则是指宽大的肩膀，当男性拥有肩围要略大于臀围（肩臀比约为 1.2）的"扇面身材"时，他们发生性关系的年龄更早，性伴侣也更多[42]。至于男性身高，自然是越高越好（好在相对于体重，身高的波动范围有限），网络上高个子男性的照片能够得到更多女性的积极回应。虽然女性没有明确到多少厘米的身高要求，但她们有个底线——至少要高于自己[43]。

某种意义上讲，外貌吸引力几乎可以算是男性择偶的"必需品"[44]，拥有较高的优先权和重要性。一方面，男性在诸多择偶条件中优先考虑外貌吸引力的水平；另一方面，外貌吸引力在男性择偶中拥有"一票否决权"。曾经有研究者询问男性："如果某个女性的长相排在全世界人类外貌水平的后 10% 的话，她拥有多少金钱你才愿意跟她交往？"被询问的男性几乎一致地认为"长得丑的话有多少钱都没有用"。而且男性对长相执着到不计后果的份儿上，无论其自身外貌吸引力水平如何，男性都希望和外貌吸引力更高的女性交往。

不幸的是，女性对男性外貌的要求并不像男性那样简单。外貌吸引力所表征的"优良基因"对女性择偶而言更像是"奢侈品"，是在"基本需求"满足之后的选择，其优先权与重要性都会大打折扣。相对而言，女性择偶的"必需品"是养育后代的"优良资源"，即男性所拥有的物质资源，以及获取物质资源的能力。作为"必需品"的"优良资源"拥有较高的优先权，只有在男性收入水平不错的前提下，其腰臀比例才会影响到女性对他的吸引力评价[45]。对于长期稳定关系中的女性而言，"优良资源"远比"优良基因"更为重要。所以，相对于男性对漂亮异性的倾慕，女性更愿意与积极品质的异性成为情侣[46]。而且，作为"奢侈品"的外貌吸引力在女性择偶中也不具备吸引力评价上的"一票否决权"。如果询问女性"某个男性的长相排在全世界人类外貌水平的后 10% 的话，他拥有多少金钱你才愿意跟他交往？"相信女性的回答会比前面的男性理性很多，应该有不少女性在"资源"与"基因"之间权衡之后给出自己的答案。

现代社会中更为残酷的情况是，即便具有最理想的性格特征，女性也不会将低外貌水平的男性视为合适的伴侣，只有当他们兼具中等外貌水平与理想性格特征时才会被视为理想伴侣[47]。所以如今的女士不但要求男性健壮帅气、性格体贴，还要求对方具有一定的经济实力。

这让不少男士大呼"压力山大",为什么女性择偶的要求那么多?!

别急,进化心理学家会告诉你原因。

参考文献

[1] Rhodes G, Simmons L W, Peters M. Attractiveness and sexual behavior: Does attractiveness enhance mating success? [J] Evolution and Human Behavior, 2005, 26 (2): 186-201.

[2] Lee L, Loewenstein G, Ariely D, et al. If I'm not hot, are you hot or not? Physical attractiveness evaluations and dating preferences as a function of one's own attractiveness [J]. Psychological Science, 2008, 19 (7): 669-677.

[3] Dermer M, Thiel D L. When beauty may fail [J]. Journal of Personality and Social Psychology, 1975, 31 (6): 1168-1176.

[4] Swami V, Inamdar S, Stieger S, et al. A dark side of positive illusions? Associations between the love-is-blind bias and the experience of jealousy [J]. Personality and Individual Differences, 2012, 53 (6): 796-800.

[5] Ma-Kellams C, Wang M C, Cardiel H. Attractiveness and relationship longevity: Beauty is not what it is cracked up to be [J]. Personal Relationships, 2017, 24 (1): 146-161.

[6] Dion K, Berscheid E, Walster E. What is beautiful is good [J]. Journal of Personality and Social Psychology, 1972, 24 (3): 285-305.

[7] Rhodes G. The evolutionary psychology of facial beauty [J]. Annual Review of Psychology, 2006, 57 (1): 199-226.

[8] Langlois J H, Kalakanis L, Rubenstein A J, et al. Maxims or myths of beauty? A meta-analytic and theoretical review [J]. Psychological Bulletin, 2000, 126 (3): 390-423.

［9］Lorenzo G L，Biesanz J C，Human L J. What is beautiful is good and more accurately understood: Physical attractiveness and accuracy in first impressions of personality［J］. Psychological Science，2010，21（12）：1777-1782.

［10］Desrumaux P，de Bosscher S，Léoni V. Effects of facial attractiveness，gender，and competence of applicants on job recruitment［J］. Swiss Journal of Psychology，2009，68（1）：33-42.

［11］Salter J. Look good? So does your paycheck［M］. Houston: Chronicle，2005.

［12］Hamermesh S，Parker A M. Beauty in the classroom: Instructors' pulchritude and putative pedagogical productivity［J］. Economics of Education Review，2005，24：369-376.

［13］Downs A C，Lyons P M. Natural observations of the links between attractiveness and initial legal judgments［J］. Personality and Social Psychology Bulletin，1991，17：541-547.

［14］Försterling F，Preikschas S，Agthe M. Ability，luck，and looks: An evolutionary look at achievement ascriptions and the sexual attribution bias［J］. Journal of Personality and Social Psychology，2007，92（5）：775-788.

［15］Rossion B. Understanding face perception by means of human electrophysiology［J］. Trends in cognitive sciences，2014，18（6）：310-318.

［16］李靖然. 中国人面孔特征与变形的吸引力研究［D］. 南京：东南大学，2017.

［17］Fink B，Grammer K，Thornhill R. Human（homo sapiens）facial attractiveness in relation to skin texture and color［J］. Journal of Comparative Psychology，2001，115：92-99.

［18］Slater A，Bremner G，Johnson S P，et al. Newborn infants' preference for attractive faces: The role of internal and external facial features［J］. Infancy，2000，1：265-274.

［19］徐华伟，牛盾，李倩. 面孔吸引力和配偶价值：进化心理学视角

[J]. 心理科学进展，2016，24（7）：1130-1138.

[20] Rhodes G，Yoshikawa S，Clark A，et al. Attractiveness of facial averageness and symmetry in non-western cultures：In search of biologically based standards of beauty [J]. Perception，2001，30（5）：611-625.

[21] Little A，Jones B. Evidence against Perceptual Bias Views for Symmetry Preferences in Human Faces [J]. Proceedings：Biological Sciences，2003，270（1526）：1759-1763.

[22] 杨红玲，何佳，刘耀中. 心理学视野下的面孔宽长比研究 [J]. 心理科学，2016，39（3）：707-713.

[23] Komori M，Kawamura S，Ishihara S. Effect of averageness and sexual dimorphism on the judgment of facial attractiveness [J]. Vision Research，2009，49（8）：862-869.

[24] Jones D，Hill K. Criteria of facial attractiveness in five populations [J]. Human Nature，1993，4（3）：271.

[25] Little A C，Jones B C，DeBruine L M. Facial attractiveness：Evolutionary based research [J]. Philosophical Transactions of the Royal Society B：Biological Sciences，2011，366（1571）：1638-1659.

[26] 陈丽君，江洁，任志洪，袁宏. "阳刚"还是"清秀"更具吸引力？——对男性面孔二态性不同偏好的元分析 [J]. 心理科学进展，2017，25（4）：553-569.

[27] Little A C，Hancock P J B. The role of masculinity and distinctiveness in judgments of human male facial attractiveness [J]. British Journal of Psychology，2002，93（4）：451-464.

[28] Little A C，Penton-Voak I S，Burt D M，et al. Evolution and individual differences in the perception of attractiveness：How cyclic hormonal changes and self-perceived attractiveness influence female preferences for male faces [C]. // Facial attractiveness：Evolutionary，cognitive，and social perspectives. Westport，CT：Ablex Publishing. 2002：59-90.

［29］Gangestad S W，Garver-Apgar C E，Simpson J A，et al. Changes in women's mate preferences across the ovulatory cycle［J］. Journal of Personality and Social Psychology，2007，92（1）：151-163.

［30］Limoncin E，Ciocca G，Gravina G L，et al. Pregnant women's preferences for men's faces differ significantly from nonpregnant women［J］. The Journal of Sexual Medicine，2015，12（5）：1142-1151.

［31］Little A C，Saxton T K，Roberts S C，et al. Women's preferences for masculinity in male faces are highest during reproductive age range and lower around puberty and post-menopause［J］. Psychoneuroendocrinology，2010，35（6）：912-920.

［32］蒋柯，熊哲宏. 进化心理学的理论建构策略——兼评 D·M·巴斯的《进化心理学：心理的新科学》［J］. 心理科学，2010，33（3）：758-760.

［33］Rhodes G，Chan J，Zebrowitz L A，et al. Does sexual dimorphism in human faces signal health?［J］. Proceedings of the Royal Society B：Biological Sciences，2003，270（Suppl. 1）：S93-S95.

［34］Soler C，Núñez M，Gutiérrez R，et al. Facial attractiveness in men provides clues to semen quality. Evolution & Human Behavior，2003，24（3）：199-207.

［35］Jones B C，Little A C，Penton-Voak I S，et al. Facial symmetry and judgments of apparent health：Support for a "good genes" explanation of the attractiveness-symmetry relationship［J］. Evolution & Human Behavior，2001，22（6）：417-429.

［36］Luxen M F，Buunk B P. Human intelligence，fluctuating asymmetry and the peacock's tail：General intelligence（g）as an honest signal of fitness［J］. Personality and Individual Differences，2006，41：897-902.

［37］Singh D. Adaptive significance of female physical attractiveness：Role of waist-to-hip ratio［J］. Journal of Personality and Social Psychology，1993，65：293-307.

［38］Singh D，Luis S. Ethnic and gender consensus for the effect of waist-to-hip ratio on judgment of women's attractiveness［J］. Human Nature，1995，6：51-65.

［39］Voracek M，Fisher M L. Success is all in the measures：Androgenousness，curvaceousness，and starring frequencies in adult media actresses［J］. Archives of Sexual Behavior，2006，35：297-304.

［40］Kościński K. Assessment of waist-to-hip ratio attractiveness in women：An anthropometric analysis of digital silhouettes［J］. Archives of Sexual Behavior，2014，43（5）：989-997.

［41］Lassek W D，Gaulin S J C. Waist-hip ratio and cognitive ability：Is gluteo femoral fat a privileged store of neurodevelopmental resources?［J］. Evolution and Human Behavior，2008，29：26-34.

［42］Hughes S M，Gallup G G，Jr. Sex differences in morphological predictors of sexual behavior：Shoulder to hip and waist to hip ratios［J］. Evolution and Human Behavior，2003，24：173-178.

［43］Salska I，Frederick D A，Pawlowski B，et al. Conditional mate preferences：Factors influencing preferences for height［J］. Personality and Individual Differences，2008，44：203-215.

［44］李雪，郑涌. 美的就是好的？外貌吸引力在亲密关系中的作用［J］. 心理科学进展，2019，27（10）：1743-1757.

［45］Singh D. Female judgment of male attractiveness and desirability for relationships：Role of waist-to-hip ratio and financial status［J］. Journal of Personality and Social Psychology，1995，69：1089-1101.

［46］王雨晴，姚鹏飞，周国梅. 面孔吸引力、人格标签对于男女择偶偏好的影响［J］. 心理学报，2015（1）：108-118.

［47］Agthe M，Spörrle M，Maner J K. Don't hate me because I'm beautiful：Anti-attractiveness bias in organizational evaluation and decision making［J］. Journal of Experimental Social Psychology，2010，46（6）：1151-1154.

第五章

都是头大惹的祸

你来自云南元谋，我来自北京周口（店），牵着你毛茸茸的小手，轻轻地咬上一口。

啊！爱情让我们直立行走。

——网络段子

在非洲生活着这样一群织巢鸟。

当雌性织巢鸟接近一只雄性织巢鸟时，雄鸟就会倒挂在树枝上，用力扑腾翅膀以展示自己最近新建的鸟巢非常牢固。此时，雌鸟若被打动，它就会飞入雄鸟的鸟巢，或推或戳，检查建筑材料是否牢靠。整个过程会持续大约十分钟之久，而雄鸟则在一旁唱歌助兴。在这个过程中，一旦雌鸟发现鸟巢不符合要求，它就会立即离去，继续寻找其他雄鸟的鸟巢。通常，如果鸟巢被不同雌鸟连续拒绝几次，雄鸟就会将它推倒重建[1]。

相信不少男性读者看到这样的故事，一下子就会想起早些年那些黑心房地产商布置在街头巷尾的醒目标语——结婚不买房，就是耍流氓；结婚不买房，愧对丈母娘。如果不幸你现在还有这样的压力的话，可以想一想远在非洲的织巢鸟，也许心里会舒服一些。

2018 年年初由"百合网"发布的《2017 婚恋状况调查报告》显示，虽然"有钱""有房""有车"已经掉出择偶标准的前三强，但仍有超过 8 成的女生希望对方名下有房。由"腾讯·大浙网"在 2017 年组织的针对 3 万余名网友的婚恋调查报告也发现了类似的特点——虽然"性格脾气""真心待人""生活习惯"等高居两性择偶标准的榜首，但"事业有成""有车有房"在女性择偶标准中还是明显靠前，而"高颜值"只排在第 7 位。之前几年坊间发布的婚恋调查结果基本与上述两个报告大致相同，而这也与学者们的研究结果十分相近。香港中文大学的张雷教授等在 2011 年对中国内地的择偶偏好进行研究时发现：虽然当代中国人在择偶时对"贞洁"的重视度下降、对经济前景的重视度提高，但 25 年来中国人的择偶偏好一直存在某些非常稳定的性别差异，如女性比男性更在意对方的经济前景，男性比女性更在意对方是否年轻漂亮[2]。由此可见，如今的择偶标准似乎并没有逃出婚姻传统中"郎才女貌"的桎梏。这种"才郎一貌女"的组合，其背后有什么深意吗？目前在进化心理学领域颇为盛行的"亲代投资理论"（Parenting Investment Theory），给出了一个为多数人所能接受的解释。

亲代投资理论

　　进化心理学家罗伯特·特里弗斯（Robert Trivers）在 20 世纪 70 年代提出了著名的"亲代投资理论"，父母为增加其后代的生存机会和繁殖能力而进行的任何投资都是"亲代投资"，而且这种投资以牺牲父母在其他子女身上的投资能力为代价[3]。由"投资"二字便可以推测出，该理论将繁衍后代这件事情视为一种由男女／雌雄性共同合作的"项目"，在"完成项目"的过程中需要双方的投入／投资，而此后由成功繁育的后代所实现的"基因延续"即为双方在该项目中的获益。因此，现实生活中商业投资的心理规律同样适用于"亲代投资"：一方面对后代投资较多的一方在择偶时会更加挑剔；另一方面为了争夺异性，投资较少的一方通常会发生激烈的内部竞争[4]。本章开头所提到的非洲织巢鸟就是一个典型的例子，在两性繁殖的动物之中，这种"雌性挑剔、雄性激烈竞争"的现象比比皆是。相对而言，雌性织巢鸟还算比较温和，只要一个坚固美观的"房子"，而有些雌性动物的挑剔更为苛刻，简直到了"要命"的程度。

　　比如孔雀，这种曾经让进化论提出者达尔文困惑了许久的动物。相对于雌性孔雀，雄性孔雀的尾巴又大又长，虽然开屏之后看起来美艳无比，却对在自然界中的生存有害无益。按照达尔文所提出的"自然选择学说"，这种既容易招引天敌，又影响逃跑速度的大尾巴早就应该进化掉才对。如此，雄性孔雀冒着生存风险保留下来的大尾巴就只剩下一个功能——吸引雌性孔雀。同样爱好"折磨异性"的还有雌性招潮蟹。它们之所以叫这样一个名字，是因为雄性招潮蟹有一只前螯长得特别粗大，而且一直举着，看起来就像在招引潮水一般。雄蟹那一只"长残了"的前螯，因为过于粗大反成了生存的累赘，之所以保留下来也只是因为雌蟹喜欢。雌性孔雀和雌性螃蟹都有其"挑剔"的内在逻辑，拖着一个影响生存的"大尾巴"或者"大螯"都可以生活得很好的话，其所携带的基因肯定不错。

诸位男性同胞，看看这些"以命相搏"的雄性动物，再为你心仪的女性送花、买包时就应该不会有啥怨言了吧？毕竟，人家女孩子没有像孔雀或招潮蟹那样的"变态审美"，非要你"拖个大尾巴"或者"长个大胳膊"。然而必须承认的是，人类男女在生育抚养后代过程中的付出也像前述动物一样存在较大的差异。就配子①（gametes）数量而言，成年男性每克睾丸组织每日就可以产生约1000万个精子，而女性一生中所产生的卵子数量只有约400个。如此，卵子与精子对个体的价值差异自然不言而喻。可是女性的亲代投资远不止于此，一旦受精卵形成之后就是"十月怀胎"之苦，孩子出生后又是可能长达2年的哺乳期，其所投入的时间足足有3年甚至更久。而且在整个怀孕、抚育后代的过程中女性的择偶机会大大减少，独立生存也会面临很大的挑战。依照亲代投资理论，付出如此之多的女性在择偶中更为挑剔就是情理之中的事情了。而且如果女性是以长期交往为目的的话，她们看重的就不单是外貌所表征的"优良基因"，而是更多地偏好男性在抚养后代

---

①　成熟的繁殖细胞，尺寸较小的被定义为雄性，其流动性较大；尺寸较大的被定义为雌性，较为固定。

方面所能提供的支持。

上一章所提到的女性在"阳刚硬汉脸"与"清秀小生脸"之间的徘徊，其实也反映了这样一种进化心理机制。一般来讲，男性化面孔虽然意味着良好的身体状况与基因，却容易与强势、花心、缺乏耐心等性格相联系；而女性化一些的面孔则更多地被认为是有责任感的、体贴的、温和的、可信任的[5]。如果只是短期交往或者受孕形成受精卵，优良基因对女性而言十分重要，与"硬汉脸"相伴随的性格问题在这样短快的时间内可以忽略不计；但一旦女性以长期交往为目的，或者处于怀孕、抚养后代的时期而无法受孕的话，她们更需要的是生活上的照顾与支持，责任、体贴就显得特别重要，这也使"小生脸"变得魅力十足。如前所述，随着人类整体健康水平的提高，在严肃关系中的女性只是将与"健康基因"有关的外貌视为择偶的"奢侈品"，而更多地将男性在生育、抚养后代中所能够提供的资源视为择偶之"必需品"。

郎才／财

一般来讲，雄性所占有的资源状况或许是动物界最古老、最普遍的雌性择偶偏好。人类自然也无法免俗，所以不同大洲、不同政治体制、不同种族、不同宗教背景及不同婚姻制度（从极端的一夫多妻制到一夫一妻制）中的女性，都比同一环境中的男性更看重对方的经济资源[6]。通俗来讲，男性已经掌握的财富和资源就是"财"，而其未来获取财富与资源的潜力就是"才"，而与"财／才"有关的一些线索也就成了女性的择偶偏好。

在当前社会的房价背景下，"有房"自然就是一种显而易见的"财富和资源"。除此以外，社会地位也是判断男性所掌握资源数量的常用线索。无论何种文化或体制之下的社会中，资源通常都集中在社会地位较高的那群人手中。一项对不同文化背景下择偶行为的调查显示，37 种文化中的女性一致性地比男性更看重对方的社会地位，而中国台湾地区的女性对社会地位的评分更是比男性高出 63%[7]。无论是天生具有较高社会地位的"富二代""官二代"，还是出身平常的一般人，其收入与社会地位都会随着年龄增长而提高，故而"年长"是另一项重要的资源判断线索。研究发现，女性对年长男性的偏好同样存在跨文化、跨种族的一致性，而且就世界范围内平均而言，女性希望男性比自己大 3 岁半左右[8]。虽然民间常说"女大三，抱金砖"，但现实却往往与之相反。我们听说过一些年龄差距高达 50 余岁的"老夫少妻"组合，却较少看到类似的"老妻少夫"的现象。

　　要想"一生有托"，女性不但要考察男性已经掌握的资源，还要依靠一些线索来判断男性未来所掌握资源的潜力及提供资源的稳定性。尤其在社会中多数年轻男性并未掌握丰富资源的前提下，如果能够找到一个稳定的"潜力股"，似乎是个不错的选择。凭借常识我们也知道，上进心与勤奋是预测未来收入及职位晋升的最佳线索，而可靠的性格与稳定的情绪则是稳定获取资源的重要保障。一个又懒又颓废，性格不成熟且情绪不稳定的对象似乎很难持续提供足够的抚养资源，甚至还有可能给配偶带来情绪负担和额外的现实困扰。所以，在学者开展的跨文化学术调查和坊间进行的择偶标准调查中，"勤奋""上进""可靠""情绪稳定"等都跻身前列，仅次于本书的主题——"爱情"。其实，这里的"爱情"可能是女性判断承诺与忠诚度的一种线索。男性能够稳定掌握的丰沛资源固然重要，但这些资源能否持续、稳定地提供给自己，也是女性在择偶时要考量的一大重点。在征婚广告中，如果一名男性的外貌乏善可陈，经济上也不够优秀，他基本上会用"不断给出承诺"的方法来提高自己的吸引力。即便是在那些已经开始交往的情侣之间，女性也经常为男性在花前月下做出的承诺所感动而以身相许。需要注意的是，这种对承诺的判断线索不能只是听男性自己怎么说，还要观察他的具体行为，正所谓"听其言而观其行"。比如说，男性与孩子互动的行为会让女性认为他在未来会比较愿意为子女投资，从而对其青眼有加。心理学家专门设计出一个实验来检验这种现象，结果发现在考虑结婚对象时与孩子积极互动的男性吸引力高于与孩子没有互动的男性，而那些无视孩子哭闹的男性则在女性眼中最没有吸引力[9]。生活中经常看到有年轻女性专门跑去逗引马路上被推着的婴儿，这也许与其雌性激素的分泌有关系；如果男性也能放下架子跑过去逗一逗小朋友的话，会在女性面前增色不少哦。只是要注意适度，别让自己显得像个"怪蜀黍"。

女貌

不晓得诸位有没有注意到，自然界中两性繁殖的动物往往都是雄性更具有外貌吸引力，但人类却将形容外貌美丽的词汇更多地赋予了女性，而且女性在整饰外貌方面也较男性花费了更多的时间、精力与金钱，所谓"女为悦己者容"。女性的面孔与身材吸引力在前一章已经做了充分讨论，此不赘述。需要留意的是，诸如"娃娃脸""低腰臀比"等外貌特征所指向的是年轻健康，即比较高的"生育价值"。生活中，"健康"又往往与"年轻"相关联。因此，从某种意义上讲，男性择偶最为倚重的一个线索就是"年轻"。有趣的是，在那项跨越37种文化的择偶调查之中，所有地区的男性均偏好年轻的女性，而且平均意义上他们偏好比自己小约2.5岁的女性，恰好与女性偏好比自己大3岁的男性相呼应。并且男性的年龄越大，其在征婚广告中所期待的未来伴侣的年龄越小，基本上30岁左右的男性偏爱比自己小5岁左右的女性，而 50 多岁的男性则希望对方比自己小 10 ~ 20 岁[10]。然而，如果要求青春期的男性对不同年龄的女性进行评分话，他们会认为比自己稍大的女性更有魅力[11]，虽然实际生活中年龄稍长的女性对这些"小毛孩"并没有什么兴趣。可见，男性所偏好的并非一味的年轻，而是指向"20 岁左右"这个生育高峰期，也就是"芭比娃娃脸"最为明显的年龄段。据说，清末的一位著名学者四五十岁时先后纳娶 5 房小妾，个个都在 20 岁左右，一时传为"用情专一"的笑谈。

男性在择偶行为中将女性外貌吸引力视为"必需品"，这种近乎原则性的"挑剔"，是因为生活于文明社会中的人类择偶、生育及抚养后代的过程并不像自然界的动物那么简单。目前主流的一夫一妻婚姻制度所支持的长期伴侣关系，使男性的亲代投资也绝非如其他动物那般只有一颗精子和几分钟的性行为，他们也需要参与后代抚养的过程，期间同样有大量的物质资源、时间精力的投入。基于女性的亲代投资比例较重，她们仍然在一定程度上主导着择偶过程，但男性并不是被动接受挑选的一方。现代社会中的男女双方在择偶过程中都会有所选择，更青睐那些"投入产出比"更高的对象[1]。而这种繁衍意义上的高"投入产出比"在人类男女身上的特征体现就是——郎才女貌。

 爱情的进化起源

由上面的讨论可以看出，人类男女在遵循"亲代投资理论"这种进化法则的同时，也呈现出诸多与动物不同的特征。比如说，人类的后代抚养时间较长，很难单独依靠女性完成抚养任务。正因如此，女性更为看重男性长时间参与后代抚养的意愿及可以提供的后代抚养资源。与此同时，孩子抚养需要男女双方的长期合作，而爱情似乎就是在这样长期配合的过程中"日久生情"而发展出来的。所以，如果能够搞清楚"为什么人类后代需要男女长期配合来抚养长大"，也许我们就可以找出人类爱情的进化起源了。

直立行走说

人类在动物界中独特的"直立行走"，会不会如本章篇首格言中所说的那样是与爱情相伴产生的呢？神经生理学家海伦·费舍尔在其《爱情解剖学》一书中讲过这样一个美丽的故事：

大约 400 万年前，生活在东非的人类祖先开始离开森林，前往热带稀树草原寻找新的生存空间。在新的生存环境中，为了能够越过高高的草丛四处张望，人类的祖先开始直立行走。然而相对爬行，直立行走却对女性（尤其是正在抚养后代的女性）提出了更高的要求，毕竟"背着孩子到处走"比"背着孩子到处爬"辛苦多了。在这样的情况下，抚养后代的女性开始需要男性的保护和照顾。而在那样的时代，一个男人很难保护和供养一群女人。于是，自然选择就倾向于那些偏爱结成对的人，女性对结成一夫一妻更加青睐，而爱情的神经通路也开始在人脑中形成[12]。

在这种说法中，且不论男性是否可以"先天"地被设定为女性的"保护者"或"照顾者"，如此推理也很难经得起推敲。试想一下：首先，在那样的蛮荒时代，本来正常运转的"繁衍后代"，仅仅是因为走出森林开始直立行走，女性便无法独立照顾后代，以至于人类的繁衍都成问题了？其次，如果只是"直立行走"带来的麻烦，那么除了"一对一男女搭配"外，就没有其他解决方法了吗？再次，即便承认上面的推论前提——一个男人无法保护、照顾一群女人，那为什么不可以一群男性生活在一起，同时保护、照顾一群女性呢？考虑到上述质疑，

"直立行走"很难成为爱情产生的原因，但它在某种意义上为爱情的产生提供了一些便利条件。

对于爬行（非直立行走）的其他动物而言，"后入式"的交配体位几乎是唯一的选择，这既与其爬行的生活相匹配，也具有重要的防御天敌的功能。但当人类开始直立行走，尤其是开始了穴居生活之后，面对面做爱就变成了"主流"。面对面，使得人类在性爱时可以看到对方的面孔和表情，这在增加刺激性和趣味性的同时还可以通过眉目传情为"性"增加"爱"，而因为直立行走解放出来的双手也可以在性爱时爱抚对方，这进一步让人类的性行为在"感情"这条路上越走越远。

头大说

除了"直立行走说"，学者们还提出了一个相对站得住脚的说法——头大说。不是说解释爱情这件事情让人"头大"，而是指人类的头部本来就很大。一般来讲，现代人类的脑容量可达 1500 毫升，而同属于灵长类的类人猿仅有不到 500 毫升的脑容量。这个"偏大"的脑袋如果在母亲子宫内发育完成的话，限于正常女性骨盆和产道的大小是无法顺产出来的。按照动物界中妊娠期与寿命的常规比例，人类的妊娠期绝对不止 10 个月，但第 10 个月之后胎儿的头部会迅速增大。于是，人类在长期进化过程中选择了一种折中方案，赶在胎儿头部迅速发育之前将其"提前"生产出来。由于提前出世，新生儿的颅骨并没有闭合，额头部位的颅腔也是空的，但在囟门处留了一个可供头部继续生长的颅骨缝，直到一周岁之后颅骨才会完全闭合。作为大脑发育不全的"早产儿"，人类婴儿自然无法像其他动物的新生幼崽那样可以生活自理，只能躺在那里呈现出一种乖巧的样子来博取父母悉心的照顾，得以存活下来。就这样，为了这个自然界中的"最强大脑"，人类在繁衍过程中才需要男女合作付出较长的时间来抚养后代。

　　一件事情需要的人越多，花费的时间越长，其中威胁成功的不稳定因素也就会越多。由于后代抚养时间较长，人类男女在繁衍活动中都会面临一种决策困境。一方面，女性作为亲代投资较多的一方，自然期待配偶可以留在自己身边共同付出时间、精力来将孩子抚养长大，否则自己十月怀胎的辛苦就有可能付之东流。另一方面，男性虽然不是孕育、抚养后代的主力，却也面临一个较大的挑战——亲子关系的不确定性。对女性而言，只要是从自己肚子里出来的，就一定是自己的孩子，将其抚养成人便可以完成基因传递的终极使命。但由于女性排卵期的隐蔽，男性也不可能一直守在配偶的身边，自己抚养长大的孩子能否传递自己的基因，从古至今都是件包含不确定因素的事情。在这种不确定的情境之中，如果一名男性在某个孩子那里投入太多的话，有可能是"为他人作嫁衣裳"而赔得"血本无归"。如果这时只考虑"投入产出比"的话，男性应该采取一种"广种薄收"的策略，与尽量多的女性发生关系而不在任何一处的孩子抚养中投入太多。如此一来也许"亲子关系不确定性"会更多，但概率上讲"播种"的范围越大，男性基因留存下来的可能性也就越高。就这样，女性与男性在繁衍后代这件事上产生了"博弈"：

　　女性不相信男性，为避免"始乱终弃"而拒绝参与生育活动，其基因无法在进化过程中继续传递；

　　女性相信男性而男性失信，由于男性回避参与抚养活动，女性生育的后代因得不到足够的照顾而无法存活，其基因亦无法继续传递；

　　男性相信女性而女性失信，男性倾其所有抚养长大的"后代"并非己出，其基因还是无法继续传递。

　　如此，人类繁衍仅剩下一条活路，而我们也都是这条"进化之路"

上幸存者的后代。

披着爱情外衣的承诺

在前述的"博弈"之中，唯有女性相信男性愿意长时间参与后代抚养而男性也相信女性仅与自己生育后代的前提下，人类基因才能顺利传递。然而"人心隔肚皮"，没有血缘关系的对方给出再多的口头承诺也无法保证未来会 100% 实现。所以这种"相信"自带一种"非理性"的色彩，更类似于"信仰"，是对未来一定如何的深切相信。否则，如果你的伴侣出于某个理性的原因（如面孔吸引力、社会地位）选择了你，他 / 她也会因为同样理性的原因离开你。也许是你"人老珠黄"或者"身败名裂"了，也许是对方遇到了面孔吸引力更强、社会地位更高的人。问题是，怎样才能让人类男女在繁衍这项重大任务中枉顾理性而给出如此的"相信"与"承诺"呢？

美国经济学家罗伯特·弗兰克（Robert Frank）指出，"我们称为爱情的感情，在某种程度上是承诺问题的一种进化的解决办法。"[13] 当爱情在内心产生时，人类男女便感觉到一种强烈而长久的意图和决心与对方厮守终生，同时不计代价地"相信"对方是这个世界上最具吸引力、最可靠的伴侣。就像第二章中所讲，激情之爱就像毒品一样麻醉了大脑，方才使得我们做出这样超越理性的决定，而前述男女博弈所造成的人类繁衍困境也就因此得以迎刃而解。这样世代进化而来的爱情，究其来源是扎根于承诺之上的。研究者对爱情行为的考察也发现，无论男女都将承诺视为爱情最核心的部分[14]，具体包括放弃与他人的情感纠葛、愿意谈婚论嫁、希望与对方结婚生子等行为。

即便现代人的婚姻有比较完善的法制予以维护，"承诺"仍然是爱情男女所密切关注的话题。虽然本章在"郎才女貌"的择偶偏好上着墨甚多，但是跨文化、跨种族的学术研究和坊间调查一再显示，"爱情"始终是男女性第一偏好的择偶条件。这固然与当前"婚姻中爱情至上"的流行信念有关，但更多的是因为爱情往往象征着承诺。如果你去细品，会发现"我爱你"这三个字，本身就意味着一种承诺，一种为对方负责的态度。只不过口头上的"我爱你"有时会流于形式，即使是花前月下的海誓山盟也有可能被一些男性拿来欺骗女性从而获得性行为的许可[15]。这无疑会使那些因为亲代投资较多而需要更多承诺的女性越发没有安全感，从而制造较长的求爱过程以防受骗，并且不断地追问对方"你究竟有多爱我"。解决这个亘古难题仅仅靠第一章讲过的"爱情三角形"评估是不够的，可能还需要男性长时间使用语言和行动不断地表达自己的"承诺"和"爱意"。

当然，倘若情侣之间只有冷冰冰、干巴巴的承诺和繁衍后代的艰巨任务，爱起来的确有些辛苦。而且支持这种"超理性承诺"的激情之爱，也因为其神经生理基础而无法长久维持。为了弥补这种长期合作抚养过程中承诺的局限性，大自然在进化过程中给人类男女的繁衍平添了一些增加情感互动的环节。比如直立行走，使面对面做爱成为主流体位，从而为人类的性爱增加了许多情感交流。与此同时，这样独特的行走方式也逐渐将人类的发情期①"淘汰出局"。毕竟对于直立行走的女性而言，如果还像雌性猩猩一样在发情期外阴肿胀的话，实在是行动不便；而且直立行走也使得男性的目光提高而脱离女性的外阴，进而使得这种发情的线索变得"英雄无用武之地"。长此以往，人类女性的排卵期逐渐不为人所觉察，与排卵密切关联的发情期也不再直接影响人类的性行为。

———————

① 发情就是性成熟的雌性动物在特定季节表现的生殖周期现象，生理上表现为排卵，准备受精和怀孕，在行为上表现为吸引和接纳异性。

　　动物只在发情期有限的时间段内交配，是为了给生存留出足够的时间和精力；但对于生存压力不大的人类而言，则完全可以忽视发情期的存在。理论上只要在性成熟期的人类就可以随时随地做爱，而且这些性爱都有可能为繁衍后代做出贡献。稍加留意就会发现，人类性爱的过程看起来也比其他动物的时间更长，频率更高。性自慰、同性性行为等在动物界中均有所发现，但却鲜少有动物会像人类这样频繁地、长时间地做爱。受限于女性可以受孕的时间间隔，这样高频的性爱对于生殖而言显然不够"高效"。如此，性爱绝非如古人所说的是"为后非为色也"，更多的反而是为了"取乐"或者"培养感情"。

　　梳理一下：为了维持一个发达的大脑不断发展进步，人类必须长成一个比较大的头部；为了不影响女性的顺利生产，胎儿不等头部长好就要"早产"出来；为了让"早产"的婴儿存活下来，男性与女性需要合作付出较多的时间与精力；为了让男女在繁衍博弈中相互信任，相互"承诺"，人类的性爱不断摆脱发情期的限制而成为培养感情的方式。就这样，激情的性爱、亲密的情感与坚定的承诺被造化"天衣无缝"地整合进人类的繁衍活动之中。而这种复杂心理机制的感情，我们称为"爱情"。

 ## 进化论反思学说

　　英国生物学家查尔斯·达尔文（Charles Darwin）所提出的进化论因强大的解释力横扫人文社会科学，其在爱情心理学中更是占有硕大无朋的地位。然而无论是前述的亲代投资理论、男女择偶偏好，还是爱情的进化心理机制，都是在进化论的理论框架内展开的，其前提是承认所有的心理功能必有其进化意义——要么为了生存，要么为了繁衍。

回到生存繁衍的原点，号称"万物灵长"的人类似乎与一般动物也无甚区别，而生活在"文明时代"的我们内心似乎仍然在坚持石器时代的"丛林法则"。这不免会让进化学说成为某些人类"兽行"的遮羞布。

前些年曾有公众人物在艳遇出轨后放出一种似是而非的"进化论调"——每个男人的体内都流淌着艳遇的基因。的确，善于对现存心理现象进行解释的进化学说，一定可以找出艳遇出轨的进化原因。诸如亲代投资较少，或者是"亲子关系不确定性"，都有可能成为男性始乱终弃的原因。但这些绝非男性可以艳遇出轨的理由，否则等于将人类行为完全归因于动物本能，这种做法恐怕达尔文也不会认可。进化学说更多地在谈论"本能"，我们也可以拿本能来解释"饥餐渴饮"，但"人猿相揖别"久矣，人类已经在背离本能的道路上越走越远，所以也有不少人做出悖逆本能的行为，诸如"不食嗟来之食"。细想一下，现代人的不少行为都在"逆天而行"。比如说，高热量是进化所需要的，我们却要千方百计拒绝"油炸肉食"；悲观心态在进化中具有重要的生存意义，毕竟"生于忧患，死于安乐"，但我们却要不断训练自己变得乐观，对未来充满希望。2020年年初世界范围内暴发新型冠状病毒肺炎疫情，有些欧美国家消极应对且美其名曰"群体免疫"。所谓"群体免疫"，即是让人们不做防疫，暴露于病毒之中而被"自然选择"，物竞天择，适者生存，得以幸存者自然获得免疫能力。这无疑是一种残忍的"达尔文主义"，既违反人性，也悖逆于当前人类社会的发展方向。人类个体不被本能所控制，会因为自律而使人格更加完善；人类社会要想更加进步文明，也一定需要摆脱这种"社会达尔文主义"。也许"天地不仁，以万物为刍狗"，弱者在自然界中会被放任自流、自生自灭，但文明社会却一直试图用人与人之间的"大爱"来对冲自然选择的过程。从这种意义上讲，人之为人是因为"有爱"，而爱恰恰可以超越进化。

　　现在，有些进化论学者开始质疑进化过程的效率，认为并非所有的心理现象都有其进化功能，也并非都是适应性选择的直接产物。甚至有学者[16]主张多数的心理现象和潜能都只是一种"三角拱肩"①，是复杂进化过程的副产品。就像鼻子可以托起眼镜，但绝不可以断定鼻子是为了眼镜而进化形成的。鼻子的主要功能是呼吸，"托起眼镜"顶多算是后来发现的"副作用"罢了。照此观点，爱情很有可能也只是进化过程中的"三角拱肩"，是具有明确进化意义的母婴依恋的"残留效应"而已。

　　关于母婴依恋与成人爱情的关系，下一章会好好谈谈。

 ## 参考文献

　　[1] 戴维·巴斯. 进化心理学[M]. 张勇，蒋柯，译. 北京：商务印书馆，2015.

　　[2] Chang L, Wang Y, Shackelford T K, et al. Chinese mate preferences: cultural evolution and continuity across a quarter of a century[J]. Personality & Individual Differences, 2011, 50（5）：678-683.

　　[3] Trivers R L. Parent-offspring conflict[J]. American Zoologist, 1974, 14：249-264.

　　[4] Trivers R T. Parental investment and sexual selection[C]. // Sexual selection and the descent of man：1871-1971. Chicago：Aldine, 1972：136-179.

　　[5] Smith F G, Jones B C, Welling L L W, et al. Waist-hip ratio predicts women's preferences for masculine male faces, but not perceptions of men's

---

　　①　三角拱肩，建筑学术语，指的是桥梁或其他圆顶建筑弧形顶部两旁之间的三角地带，常常被装饰得颇具艺术感。

trustworthiness［J］. Personality and Individual Differences，2009，47（5）：476-480.

［6］Buss D M. The strategies of human mating［J］. American Scientist，1994，82（3）：238-249.

［7］Buss D M，Abbott M，Angleitner A，et al. International Preferences in Selecting Mates：A Study of 37 Cultures［J］. Journal of Cross-Cultural Psychology，1990，21（1）：5-47.

［8］Buss D M，Schmitt D P. Sexual strategies theory：an evolutionary perspective on human mating［J］. Psychological Review，1993，100（2）：204-232.

［9］Cerra M M L. Evolved mate preferences in women：psychological adaptations for assessing a man's willingness to invest in offspring［J］. Dissertation Abstracts International，1995，55（9-b）：41-49.

［10］Kenrick D T，Keefe R C. Age preferences in mates reflect sex differences in human reproductive strategies［J］. Behavioral & Brain Sciences，1992，15（01）：75-91.

［11］Kenrick D T，Gabrielidis C，Keefe R C，et al. Adolescents' age preferences for dating partners：support for an evolutionary model of life-history strategies［J］. Child Development，1996，67（4）：1499-1511.

［12］罗伯特·斯滕伯格，凯琳·斯滕伯格. 爱情心理学［M］. 李朝旭，译. 北京：世界图书出版公司，2010.

［13］Frank R H. Passions within reason：The strategic role of the emotions［M］. New York：Norton，1988.

［14］Wade T J，Auer G，Roth T M. What is love：further investigation of love acts［J］. Journal of Social，2009，3（4）：290-304.

［15］Haselton M，Buss D M，Oubaid V，et al. Sex，lies，and strategic interference：the psychology of deception between the sexes［J］. Personality & social psychology bulletin，2005.

［16］Gould S J. The structure of evolutionary theory［M］. Cambridge，Massachusetts：Belknap Press of Harvard University Press，2002.

第六章

你"作"吗？

婴儿和母亲之间的关系是独一无二、无可比拟的，作

为最早，也是最稳固的爱的对象，以及今后所有爱的关系

的模式，母婴关系一旦建立，就一生不变。

　　　　　　　　——西格蒙德·弗洛伊德（Sigmund Freud）

女："你真的爱我吗？"

男："爱啊，干吗这么问？"

女："那你爱我哪一点？"

男："一定要说吗？我喜欢你小小的嘴巴还有光滑的背脊，你烧的菜很好吃，喜欢小动物，和我一样……"

女："那如果有一天我变老变丑了呢？煮的菜不好吃了呢？甚至开始虐待小动物了呢？而且你不是喜欢胸部大的女生吗？"

男孩心想糟糕了，这下又要没完没了了。

这是中国台湾心理科普作家海苔熊在《"你真的爱我吗？"爱情里，永远证不完的证明题》一文中所引用的常见情侣对话。注意，这仅仅是一种方便举例。如果将对话的角色进行互换，男生一样会有类似模式的提问，诸如"你到底爱不爱我""我究竟哪里比较好""如果我……你会不会就不爱我了"，等等。只不过男生的"表达"有些时候更为委婉、隐晦，一时不便举例罢了。这些不是重点，重点是上述对话中的男生已经回答了问题，为什么女生还要追问呢？而且追问的方向似乎是想证明对方并不爱自己？难道这个女生心里期望对方不爱自己？

其实，只是口头上问一下还比较容易对付，如果将这种提问付诸行动，在生活中不断设置"考题"来检验恋人是否真爱自己的话，故事中女生"作"的程度会直线上升。对女生而言，让自己一下子变丑就像一下子变美一样不容易。所以，考验对方最简单的做法就是变得不再温柔，开始无理取闹。于是，女生随便找个碴儿跟男友吵架。然而男友并不接招，只是耐着性子承受着，而且一直尝试哄她开心。也许这一次吵架平稳地过去了，但考验却只是开始了"万里长征的第一步"。正如诸位所猜测的，女生并不觉得这样可以证明对方真爱自己，她只会觉得自己闹得不够大。好了，那就加大考验力度。比如说，找到一件男友挚爱的球星签名的球衣，拿剪刀剪坏它，然后质问男友："在你心中，是科比重要，还是我重要？"没想到男友真的很不错，继续选择包容她的无理取闹，但是她同样不会觉得男友真爱自己，而只是认为在男友心中科比真的不重要……后面的情节可想而知，这个女生一直在努力试探底线、考验对方，直到男友受不了的那一天。毕竟，谁谈恋爱也不是为了一直接受"考验"。于是，男友对她说："我觉得我们性格不合适，还是分手吧。"这时候女生"踏实"了："你看，我不温柔的时候，他就不爱我了，可见他当初也不是真的爱我。"

故事中的女生验证了自己最初的假设——男友并不是真的爱自己。然而，我们却无法为她这种"成功"感到高兴。就像是一种诅咒，女生最初的假设注定了后面感情失败的结局。即使将考验对方的时间延长至 5 年、10 年，剩下的时间呢？只要男友还活着，谁也无法保证他不会变心，这个假设便永远无法被推翻。如此一来，只有关系结束或者男友死掉才能结束这场无休止的"真爱考验"。而且在与男友相处的所有时间里，这个女生都会处于担心、猜疑的状态之中，既难以体会真爱的感觉，还会把对方"作"得死去活来。

当然，也有人的最初假设是"对方真爱我"，他／她一样也可以在生活中证明这个假设，而且这种证明的过程和结果都会让他们的爱情生活十分幸福、愉快。那么，为什么不同的人在爱情生活中选择截然不同的信念假设呢？这与人们的"安全感"有关，可以追溯到小时候与母亲的关系。

母婴依恋

如上一章所言,"早产"的人类婴儿毫无生活自理能力,只有依靠父母的共同照顾才能生存下来。值得注意的是,学者一致认为婴儿所需要的不仅仅是维持生存所需的食物,而更多是与抚养者之间的情感联结。为探讨婴儿的需求及其与母亲的关系,美国心理学家哈利·哈洛在20世纪50年代开展了著名的"恒河猴实验"(又称"母爱剥夺实验")[1]。研究者将出生后的小猴子与母猴分离,交由两个人造的"猴妈妈"来抚养。其中一个代母用铁丝做成,胸前安置了一个可以提供奶水的橡皮奶头,是一个"有着无限耐心,可以24小时提供奶水的母亲";而另一个代母则用绒布包裹,是一个"柔软、温暖的母亲"。结果发现,小猴子一天24小时之中有近18个小时与那只没有奶水却可以提供接触感的"绒布妈妈"在一起,而趴在可以提供奶水的"铁丝妈妈"怀里的时间仅有3个小时,其他时间则在两边跑来跑去。显然,幼小的恒河猴并没有觉得"有奶就是娘";而且它们在遭遇危险(比如木制大蜘蛛的威胁)时,更是会跑到"绒布妈妈"身上紧紧抱住来获得一种"安全感"。

与恒河猴有94%基因同源性的人类婴儿更是"有过之而无不及",虽然科学家不可能以人类婴儿为研究对象开展如此残酷的实验,但新近的研究也发现,仅仅是使用软毛刷以每秒3厘米的速度轻轻抚摸婴儿的皮肤,都可以减缓他们的疼痛感觉[2]。人类婴幼儿对于皮肤接触、情感联结的需要强度由此可见一斑。在长久而残酷的"自然选择"之后,婴儿一出生就能够做出一些"天然卖萌"的行为,包括微笑、发出一些声音、注视和引人注意的哭泣等;同时成年人也相应地"配备"了一个照顾行为系统,对上述婴儿发出的信号十分敏感[3]。然而一旦这个相互匹配的行为系统"失灵",婴儿开始感知到即将失去父母的陪伴与照顾时，他们就会千方百计（如使用哭泣、吵闹、黏人等行为）来避免与抚养者的分离。

　　作为儿童依恋研究领域的领军人物，英国心理学家约翰·鲍尔比（John Bowlby）将这种"抚养者与儿童之间强烈、持久的情感联结"界定为依恋（attachment），而在人类繁衍之中得以强化和传递下来并且具有进化适应性意义的相关本能行为则称为"依恋行为系统"（attachment behavioral system）。该行为系统由这样一些问题所激活——依恋对象是否就在附近？是否可以接触到？是否注意到自己？是否对自己有反应？如果儿童对上述问题的回答为"是"，他们就会体验到被爱、感觉到安全，而且更有信心去探索周围的环境、与他人玩耍。相反的话，他们就会因这种分离而感到痛苦焦虑，从而表现出常见的依恋行为，既有可能只是用眼睛寻找或是用嘴巴呼喊依恋对象，也有可能是其他更为积极主动的寻找行为[4]。理论上，小孩子的这些行为会一直发生下去直到再次获得依恋对象，而且与父母重聚后他们还有可能表现出黏人、拒绝等依恋行为。然而在抚养者长久离开或是永久离开的情境下，儿童也会因为疲倦（wears down）而停止依恋行为，只不过他们会因此体验到深深的绝望与抑郁。一般而言，儿童早期的依恋关系具有缓解焦虑和身体保护等功能，对其日后的社会性发展具有重要意义，几乎被看作是此后所有人际关系特征的心理基础。鲍尔比在1951年提交给世界卫生组织的报告中就这样指出，"如果没有早期关系中的'安全依恋'，儿童将会磕磕绊绊地成长为一个'伤痕累累'的个体"[5]。

　　自20世纪50年代就在伦敦与鲍尔比合作的心理学家玛丽·安斯沃思（Mary Ainsworth），是第一个对儿童依恋开展实证研究的学者。尤其是在回到美国之后，安斯沃思设计了著名的"陌生情境程序"（Strange Situation Procedure）来探索幼儿在陌生环境中与母亲分离后的行为与情绪表现[6]。"陌生情境"主要包括 4 个环节：首先由母亲带着一岁左右的幼儿进入房间；片刻（约 3 分钟）后实验人员进入，但不干涉母子之间的互动；母亲独自离开，留下幼儿与实验人员；再片刻后母亲返回。实验人员在整个过程中观察幼儿的行为与情绪表现，尤其是母亲离开和母亲返回这 2 个环节。

　　研究者根据幼儿在实验中的表现，将其依恋行为大致分为 3 种。第一幼儿在母亲离开后表现出明显的痛苦情绪，但在母亲回来后能主动寻求安慰并很快恢复平静，被称为"安全型依恋"（secure attachment）；第二种幼儿在母亲离开后体验到相当高水平的痛苦情绪，即便母亲回来后也难于安抚，而且常常表现出一种矛盾的状态，既想得到母亲的安慰，又想通过自己的拒绝行为来"惩罚"母亲的离开，这种表现被称为"焦虑 – 阻抗型依恋"（anxious-resistant attachment）；第三种幼儿则表现得比较"佛系"，母亲离开后没有强烈的情绪反应，母亲回来后也没有主动寻求安慰的行为，基本上都在玩耍实验场所地板上的玩具，被称为"回避型依恋"（avoidant）。幼儿的这 3 种依恋行为类型，在美国的研究群体中呈标准分布，即 66% 安全型，12% 回避型，22% 焦虑 – 阻抗型。

 ## 成人依恋

　　鲍尔比曾经明确指出，虽然依恋行为在婴幼儿、儿童时期比较突出，但人类"从摇篮到坟墓"的一生体验中都存在着依恋。自 20 世纪 80 年代开始，研究者将目光集中于成年之后的依恋行为——成人依恋（adult attachment），而且这股研究风潮一发不可收拾，大有超越儿童依恋的趋势。可以说，森迪·哈赞（Cindy Hazan）与菲利普·谢佛（Phillip Shaver）是最早对成人浪漫关系中的依恋开展研究的学者[7]。他们发现成人浪漫关系与母婴关系中存在一些十分相似的行为表现，比如，二者都有身体上的亲密接触，在一起时会表现出相互的迷恋和专注并因对方的回应感到安全，而分离或者对方难以接近时则会感到强烈的不安与焦虑，可能会增加寻求亲近的行为，也可能产生防御性心理距离。

有趣的是，哈赞等人还编制了心理测验刊登在当时的《洛杉矶新闻报》（*Los Angeles News*）上面，并且发现成人中不同依恋类型的比例与安斯沃思所发现的幼儿依恋类型比例大抵相似。后来，麦克森（Mickelson）等将研究规模扩大，调查了美国 48 个州 8098 名 15～54 岁美国人的依恋类型，同样发现了与幼儿依恋类型比例相似的结果：其中有 59% 属于安全型，25.2% 属于回避型，而 11.3% 属于焦虑－阻抗型（另有 4.5% 无法分类）[8]。这种母婴依恋与成人依恋在人群中比例的延续性，也间接地证明了哈赞等人的假设——成人依恋与母婴依恋同属一个生物进化动力系统。也许真的如一些进化心理学家所言，成人浪漫关系可能只是具有进化意义的母婴依恋关系延续至成年之后的"残留"罢了。

金·巴塞洛缪（Kim Bartholomew）在对上述三种依恋类型进行分析后指出，回避型依恋可以进一步分为"恐惧－回避型"和"缺失－回避型"[9]。其中，前一种类型的个体期待人际亲密，但由于害怕被拒绝或欺骗而表现得不愿与人亲近，被称为"恐惧型"（fearful attachment）；后一种则完全没有与人亲密或相互依赖的愿望，被称为"疏离型"或"冷漠型"（dismissing attachment）。这两种类型再加上安全型，以及被更名为"痴迷型"（preoccupied attachment）的焦虑－阻抗型，共同构成了当前比较流行的四种依恋类型。此后，相关学者进一步从情感与行为调节的角度提出"焦虑遗弃"和"回避亲密"两个维度来完善对这四种依恋类型的理论解释[10]。如图 6-1 所示，回避亲密与焦虑遗弃感受程度均较低的个体属于安全型依恋，而与之相对的回避亲密与焦虑遗弃感受均高的个体则属于恐惧型;回避亲密程度低,但焦虑遗弃程度高的个体属于痴迷型,与之相对的高回避低焦虑的个体则属于疏离型。

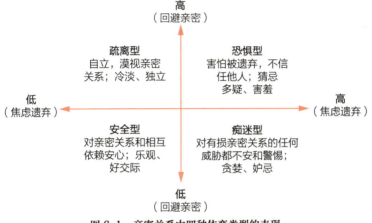

图 6-1 亲密关系中四种依恋类型的表现

下面对四种依恋类型及其在亲密关系中的表现进行详细解释。

安全型

安全型依恋的人在亲密关系中焦虑遗弃和回避亲密的感受都比较低,正如哈赞等人在《洛杉矶新闻报》上所描述的那样:"我很容易与人接近,信任他们,或者让他们信任,这真是世界上最开心的事情了,我不担心会被抛弃,因为这很少(或几乎不)会发生,我也不害怕别人亲近我,我觉得那是他们信任我、依赖我的表示。"该类型的成年人在亲密关系中体验到较高的满意水平及安全感,虽然不排斥恋人的身体接触却也不需要总是与其保持身体亲近。他们的亲密关系往往具有诚实、支持、独立及深层情感联结等特点。

痴迷型

顾名思义，痴迷型的人迫切渴望得到对方的爱，渴望与对方没有任何距离地交流，在亲密关系中呈现一种情感上的饥渴状态。有研究发现，为了能够不断吸引对方的注意和兴趣，痴迷型的人在约会中甚至会发送更多的色情短信[11]。但是，他们就像本章开头案例中的女主角一样常常担心对方并不是真的爱自己，也常常怀疑对方并不想跟自己在一起。由于这种对关系破裂的焦虑，痴迷型的人在亲密关系中会表现出过分依赖、黏人、高要求、嫉妒，以及容易被小事影响等特点。吊诡的是，他们想要和对方"融为一体"的强烈愿望或是防止被遗弃的"纠缠"行为，却常常将对方推得更远。这样的结果，又会进一步强化其在亲密关系中焦虑遗弃的感受。

疏离型

疏离型依恋者的表现看起来与痴迷型恰恰相反，他们不担心被遗弃，反而常常倾向于与对方保持距离。这是因为他们很难相信和依赖别人，即便是恋人的亲近，也会让其很紧张、手足无措，不知道该说些什么或做些什么来回报对方的亲近。与安全型的"独立"不同，疏离型的表现只能算是一种"伪独立"，冷漠与不在意其实是为了抵抗自己在亲密关系中的压力感。相对于其他类型的依恋，疏离型的人在关系危机时倾向于回避情感冲突，也会因为其对亲密关系的低度渴求而陷入假性亲密关系之中[12]。

恐惧型

恐惧型的特点是在亲密关系中既高度焦虑被遗弃，又高度回避亲密联结，这种强烈的矛盾性是前三种类型所没有的。痴迷型"想爱就去爱"，疏离型"怕受伤不去爱"，而恐惧型的依恋者则是"想爱又怕受伤害"，显得更加"作"。他们渴望开始一段亲密关系，却又十分害怕在关系中受到伤害，要么是对亲密关系抱有不切实际的幻想（拜王子公主童话所赐），要么就是不断预想自己被抛弃、背叛的可能性，最后因为这种人为制造的恐惧而无法真正开始一段感情。即便进入亲密关系之后，当恋人不在身边时，恐惧型的人会感到不安、忧虑；而当恋人回来后，他们又会感到厌烦、排斥亲密。这种在依赖与独立之间不断徘徊的"作"会让这段感情变得十分戏剧化，而双方也因此很难保持有意义的、健康的亲密关系。

　　文末附有目前最为权威的依恋类型心理测验及计分说明，诸位不妨先翻到后面完成测验以便更为准确地了解自己的依恋类型，下面的阅读也会更有"代入感"。

成人依恋对亲密关系的影响

　　作为亲密关系研究中最为热门的领域，国内外成人依恋与亲密关系质量的相关研究可谓卷帙浩繁。简单总结一下，多数研究结果都支持安全型依恋对于婚恋关系的促进作用，而且安全型依恋者对其他类型具有最大的吸引力。与此相反，研究者发现那些焦虑遗弃水平高的人（如痴迷型）虽然在快速约会实验中表现得比较博爱（less choosy），却并不如其他参与者受欢迎，其配对成功率极低[13]。进入亲密关系之后，伴侣双方越接近安全型依恋（焦虑遗弃和回避亲密的程度越低），其对关系的态度也就越积极且越有希望，承诺和情感卷入水平也越高，越倾向于采用积极的沟通和交往模式，因此其关系满意度更高，也更为稳定[14]。

国内外研究一致发现，焦虑遗弃与回避亲密均会对亲密关系的质量产生负面影响[15]。这就意味着痴迷型依恋（焦虑遗弃的程度高）、疏离型依恋（回避亲密的程度高）、恐惧型依恋（焦虑遗弃与回避亲密的程度均高）三种类型的婚恋满意度均不及安全型，它们也因此被统称为"不安全型"。更有研究对 207 对夫妻过去一个月的性生活进行调查后发现，回避亲密与焦虑遗弃水平高的人性爱频率都会比较低，其对婚姻的满意度也相应更低[16]。

依照上述研究结果，安全型依恋的读者自然"婚恋无忧"。可是，还有四成（欧美国家如此，亚洲国家要超过半数）读者属于其他三种"不安全型"呢。如果没能与"安全型"组合，这些"不安全型"依恋者相互组合后的亲密关系质量又会怎样呢？国内外学者都曾经对这个问题进行过系统探索[17]，而且其研究结果也颇具实用主义的意味。毕竟对于不安全型的人而言，知道自己与哪种类型结合更有利于婚恋关系质量，才能避免因为"所托非人"而毁掉自己后半生的幸福。图 6-2 展示的是国内学者闫煜蕾[18]通过对 400 个家庭中 16 种依恋类型的夫妻组合进行婚姻满意度调查后所发现的结果。

图 6-2 中，纵坐标是婚姻关系满意度得分，横坐标上的数字组合代表的是不同依恋类型的夫妻组合：其中第一位数字代表男性的依恋类型，第二位数字代表女性的依恋类型。1 代表安全型，2 代表恐惧型，3 代表痴迷型，4 代表疏离型。如此，"11"是男性安全型与女性安全型组合，"12"是男性安全型与女性恐惧型组合。依此类推，"21"是男性恐惧型与女性安全型组合，"32"是男性痴迷型与女性恐惧型组合……

比较明显，婚姻满意度最高的是双安全型的组合，这一点在前文已经进行了解释。值得警惕的是，男性痴迷型与女性恐惧型的夫妻组合婚姻满意度最低，而且远远低于其他各种组合。如果你是男性痴迷

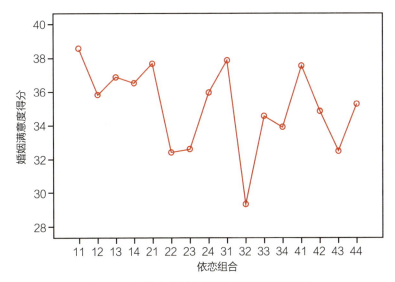

图 6-2 不同依恋类型夫妻组合的婚姻满意度得分

型或者女性恐惧型依恋者，那就要注意避免"踩坑"哦。

其实，基本上所有的夫妻组合都可以根据其婚姻满意度简单地分为三类：

第一类，夫妻有一方是安全型的，即组合中带有 1 的，其婚姻满意度都比较高，其中最高的就是前面提到的双安全型组合；

第二类，夫妻有一方是疏离型的，即组合中带有 4 的，其婚姻满意度属于中等水平。其中，男性疏离型与女性痴迷型组合的婚姻满意度处于这一档的最低水平。

第三类，夫妻是痴迷型与恐惧型的两两组合，其婚姻满意度都很低。只不过两个痴迷型的人在一起（22 组合）会好一些，双方相互迷恋，至少"看上去很美"。

综上，我们可以不严谨地总结一套"依恋择偶指南"。如果你是安全型依恋，没啥可说了，恭喜你；如果你不是安全型，最好找一个安全型依恋的人。如果找不到安全型的呢，退而求其次也要找一个疏离型的。不过痴迷型的人最好不要找疏离型，这实在是给自己添堵。

依恋风格可否改变？

以上论述似乎都带有一种"宿命感"，安全型的人婚恋无忧，而不安全型的则万事皆休，只能尽量让自己的婚恋生活过得不至于太差。问题是，依恋类型是否如早期依恋理论学家所主张的那样，在形成之后便无法改变？不安全型的人能否通过主观努力改变自己的依恋类型？还是说只能在婚恋关系中听天由命？

一方面，不少学者相信弗洛伊德、鲍尔比的观点，坚定地认为依恋在很大程度上依赖于个体童年早期的经历，这种能力在"一经确立"之后不太可能发生显著改变。甚至有研究将依恋学说延伸至遗传分子水平，发现了所谓的依恋风格基因——拥有成对多巴胺受体基因的人，比起只有单一或没有该基因的人更容易发展成焦虑遗弃的依恋者；而拥有成对血清素受体基因的人，比起其他人更容易成为回避亲密的依恋者[19]。如果依恋风格是因为基因而"先天注定"的话，其改变的可能性就更加渺茫了。另一方面，学者们也积极采用了不同测验工具和检验方法对依恋类型稳定性进行探索。虽然不同研究的结果存在一定差异，但均发现依恋的稳定性基本在 0.3 到 0.7 之间波动，也就是说一个人的依恋类型在一生中存在中等程度的稳定性[20]。注意，这里的"中等程度"就给依恋类型的改变留出了一定的空间。

比如说，依恋的安全性可能会因为重大生活事件或者生活环境的重大改变而发生改变。一项对 301 对情侣的追踪研究发现，经历过关系破裂、分手之后的男女性都会更加偏向不安全型依恋，而关系复合又会使他们的依恋变得更加安全[21]。如果这种关系破裂是因为其中一方破坏、违背或达不到关系中的预期，进而造成对方情感或心理上的创伤，就成了所谓的"依恋损伤"[22]。即便原本是安全型依恋的一方，也会因为这种依恋损伤而性情大变，在新的一段关系中变得疑神疑鬼、无法信任对方，成了不安全依恋者。照此逻辑，既然依恋类型会因为关系中的创伤而变得更加不安全，那亲密关系中的"疗愈"应该可以让一个人变得更加安全。于是，这就产生了改善依恋风格的第一个专家建议——找一个可以稳定给你支持的人，而这个人最好是安全依恋类型的人[23]。这个"能够读懂你的需要，并且用成熟的方式对待你的人"，也能够帮助你读懂自己和改变自己。他／她可以是恋人，可以是老师或长辈，也可以是心理咨询师。不管他／她是谁，重要的是他／她能够跟你长期而稳定地维持支持的关系，只要你感觉到自己是值得被关爱的，安全感就会在这样的滋养之中渐渐生长出来。

也有一些学者认为依恋风格其实更多的是一种认知模式，即不同依恋类型的人会以不同的方式看待世界，尤其是自己的亲密关系。安全依恋者常常对世界秉持一种开放的态度，能够辩证地看到事情的正反两面，也更愿意采取正向、积极的视角来解释亲密关系中发生的冲突事件。而不安全依恋者恰恰与之相反，常常采用负面、消极的视角来理解世界，难以在亲密关系中感知到恋人的支持行为与爱意[24]；而且一旦关系中发生让自己难过的负面事件时，他们更倾向于逃避、防卫或者封闭自己[25]。稍作留意便会发现，情侣吵架时捂住耳朵不听对方解释，或者关闭手机不接电话的往往都是不安全依恋的人。同样的道理，如果能够"打开"不安全依恋者的信息接收渠道，改变其认知解释模式，他们的依恋风格自然也会随之改善。专家的建议是——多沟通，在互相了解依恋类型的基础上坦诚地解释自己行为背后的独特想法。作为不安全依恋者，这样做本身就意味着自己的信息接收渠道打开，开始开放、积极地理解与伴侣的关系。作为不安全依恋者的伴侣，这样做可以使对方更多地理解与感知自己行为背后的支持与爱意。即便他们一时无法改变认知模式，不安全依恋者的伴侣也可以先试着去理解他们的行为、感恩他们的支持行为。研究发现，感知到伴侣对自己的感恩之情，也可以减少一个人的依恋焦虑程度[26]。其实，无论是哪种依恋类型的人，都可以通过坦诚、频繁的沟通来增加对伴侣支持行为的理解，从而提升婚恋关系的质量。

了解依恋类型对于亲密关系的影响固然重要，但对诸位来讲更为迫切的是如何改善自己的依恋风格。考虑到依恋类型在人生各个阶段中等程度的稳定性，改变一个人的依恋类型并非易事。除了前面提到"凭借外力"的专家建议，你也可以试着一个人或者在心理咨询师的陪伴下去真正地梳理自己过去的生命经历，去理解这些经历（尤其是童年经历）对现在亲密行为的影响。这条路"漫漫其修远兮"，但只有通过亲身探索的方式找到亲密关系中不安全感的真正根源，你才有可能修复过去的创伤，不再被依恋类型的"枷锁"所控制，在与伴侣的亲密互动之中表现出更为积极、理智、健康的行为。

❤ 父母皆祸害？

作为亲密关系研究领域的"显学"，产生于欧美文化中的成人依恋理论大有风靡世界之势头。虽然有些学者开始反思依恋理论的文化适应性，但安全型依恋仍然因其在亲密关系研究中的突出表现而被推崇到无以复加的程度。似乎不安全型依恋的人便无法在婚恋关系中得以善终，除非他们想办法让自己"安全"起来。比较不幸的是，一项对

56 个国家人群开展的研究显示，在欧洲、美国以外的大部分地区，特别是南亚、东南亚地区，安全型依恋的人数都不到 50%[27]。虽然这个研究并未包括中国的数据，但在国内开展的依恋类型调查中，也很少有研究发现安全型在人群中超过 50%。如此一来，半数以上"爱情堪忧"的读者不免要追问："我是怎么成为不安全型的呢？"

这完全可以在依恋理论中找到答案——早年主要抚养者的照顾质量与养育方式会对成年后的依恋类型产生深远影响。如前所述，母婴依恋是婴儿对于父母养育行为的一种反应模式，而成人依恋则是这种模式的延续。具体来讲，在婴儿需要照顾时，父母（尤其是母亲）总在其身边给予精准的回应，婴儿感受到稳定、持续的关爱就会发展出安全型依恋；如果父母的照顾时有时无，婴儿因为无法确定父母何时会回应自己而感到紧张、焦虑，表现出"黏人"等行为，进而发展成痴迷型依恋；如果父母总是不出现，或者表现出冷漠、拒绝的态度，被忽视的婴儿会认为父母无法信赖，由于持续感到失望和对他人的怀疑而拒绝亲密，最终发展出疏离型依恋或者恐惧型依恋。无论如何，小孩子都是无辜的，而作为主要抚养者的父母就成了不安全依恋的"罪魁祸首"。这种说法在坊间的流行，很容易让不安全依恋者产生对父母当年养育的指责与抱怨，以至于创建"父母皆祸害"豆瓣网络小组来痛说幼年被父母抚养时的悲惨经历。我们没有因为中国人安全型依恋的比例不高而否定这个理论，但依恋理论却很有可能因此严重影响成年人与原生家庭的关系，成为某些成年人回避自己问题、逃避责任的冠冕堂皇的借口。虽然本章对不安全依恋的着墨较多，但"不安全依恋"绝非无法摆脱的身份标签，更不是自己在亲密关系中不理智行为的借口。将责任一股脑儿地推给父母，要求对方为自己负责，这恰恰是痴迷型依恋者的心理特点。如果依恋理论一味地将问题归咎于父母的话，岂不是成了一种"痴迷型"的理论？

其实，这种理论上的"归咎父母"是早期心理学线性思维的必然结果。按照线性逻辑的思路，现存心理问题的原因一定发生在过去，而过去的原因又在更加久远的过去……不断追溯下去的话，根源就在出生之后的那几年。"那几年"对一个人后天影响最大的自然就是父母，即便是孩子的先天问题，也是父母遗传。在与线性逻辑不同的系统观点被提出之前，无论怎样分析，父母都难辞其咎。当然，最早这样推论的不是依恋理论，而是著名的精神分析理论。

成人依恋类型测试

由布伦南（Brennan）等人于 1998 年编制的亲密关系经历量表（Experiences in Close Relationships，ECR）是目前最为权威的依恋类型测试工具。该问卷的中文版于 2006 年由北京大学心理学系李同归和日本九州大学的加藤和生进行修订，在 371 名中国大学生的施测中体现出了较好的信效度水平，包括依恋焦虑和依恋回避两个维度共 36 个题项，是中国成人依恋研究领域使用最为广泛的测量问卷[28]。以下是该问卷的指导语、题项及计分说明。

指导语

以下陈述与你在恋爱关系中的感受有关。如果你尚未有恋爱经历，请根据与你亲近的朋友的交往情况作答。每一个陈述有七种选择，即非常不赞成 =1，比较不赞成 =2，有点不赞成 =3，不确定 =4，有点赞成 =5，比较赞成 =6，非常赞成 =7。请你仔细阅读问卷中的每一道题，然后根据你的实际情况选择一个合适的分数。

题项

1. 无论我的心情多么低落，我都不喜欢向恋人表露。

2. 我担心会被抛弃。

3. 和恋人亲密相处，我感到非常舒服。

4. 我很担心我的人际关系状况。

5. 当恋人开始亲近我时，我不由自主地想逃避。

6. 我担心恋人不会像我在乎他（她）那样在乎我。

7. 当恋人很想亲近我时，我会感到不舒服。

8. 我非常担心会失去我的恋人。

9. 当我对恋人敞开心扉时，我感到不舒服。

10. 我常常希望恋人对我的感情和我对他（她）的感情一样强烈。

11. 我想亲近我的恋人，但我又总是退缩。

12. 我经常有想要与恋人融为一体的感觉，但这常常会把他（她）吓跑。

13. 当恋人与我太近时，我会紧张。

14. 我害怕一个人独处。

15. 和恋人分享我的个人感受和想法时，我感到很舒服。

16. 我想与人亲近的强烈欲望有时会把人们吓跑。

17. 我尽量避免与恋人过于亲近。

18. 我需要大量被恋人所爱的保证，这样我才感到安心。

19. 我感到与恋人亲近是比较容易的。

20. 我感到我有时会强迫恋人对我表示出更多的情感和责任。

21. 我感到要让我依赖恋人是很困难的。

22. 我并不担心会被抛弃。

23. 我不喜欢和恋人过于亲近。

24. 如果我不能使恋人对我感兴趣，我就会感到不安或生气。

25. 我与恋人无所不谈。

26. 我感到恋人不像我想要亲近她（他）那样想要亲近我。

27. 我通常和我的恋人探讨我的问题和担忧。

28. 当我不与他人交往时，我就感到有点焦虑和不安全。

29. 我感觉依赖人很舒服。

30. 当恋人不像我想的那样在我身边时，我感到很受挫。

31. 我不介意向恋人寻求安慰、建议和帮助。

32. 如果我需要恋人但他（她）却不在身边时，我感到很受挫。

33. 在我有需要的时候向恋人求助是有用的。

34. 当恋人不赞同我时，我感觉自己糟透了。

35. 我会因为许多事向恋人寻求帮助，包括安慰和宽心。

36. 当恋人有一段时间不在我身边度过时，我会感到很愤怒。

计分说明（有些繁复且需要借助电子计算设备，请仔细阅读）：

首先，第 3 题、第 15 题、第 19 题、第 22 题、第 25 题、第 27 题、第 29 题、第 31 题、第 33 题、第 35 题反向计分，即该题项所得分数用 8 去减。

其次，所有奇数号题项得分加总为回避维度得分，偶数号题项得分加总为焦虑维度得分，用维度总分除以 18 得到两个维度的平均分（回避维度均分 =A，焦虑维度均分 =B）。如果你嫌麻烦的话，得到自己的"回避分"与"焦虑分"就差不多足够了。现在学术界更加倾向于认为每个人的依恋类型都是绝对的，可能存在两种类型的交叉，也可能存在一些人不属于任何一种依恋类型。因此，研究者越来越不主张区分某个人属于哪种"类型"，而是更多地去评估哪种"倾向"比较高。毕竟一个人会同时具有焦虑和逃避两种情绪倾向，只不过那些低逃避、低焦虑的人会更为接近安全型依恋。

最后，依照费舍尔线性判别公式进行运算：

安全型得分 =A×3.2893296+B×5.4725318−11.5307833

恐惧型得分 =A×7.2371075+B×8.1776448−32.3553266

痴迷型得分 =A×3.9246754+B×9.7102446−28.4573220

疏离型得分 =A×7.3654621+B×4.9392039−22.2281088

一般而言，哪个类型的得分高，你就属于哪种依恋类型。

参考文献

［1］Harlow H F. Love in infant monkeys［J］. Scientific American, 1959, 200：68−86.

［2］Gursul D, Goksan S, Hartley C, et al. Stroking modulates noxious-evoked brain activity in human infants［J］. Current Biology, 2018, 28（24）：1380−1381.

［3］Papousek H, Papousek M. Intuitive parenting［C］. // Handbook of parenting. Vol.：2：Biology and ecology of parenting. Mahwah, NJ：Lawrence Erlbaum, 1995：117−136.

［4］Fraley R C, Shaver P R. Adult Romantic Attachment：Theoretical Developments, Emerging Controversies, and Unanswered Questions［J］. Review of General Psychology, 2000, 4（2）：132−154.

［5］Bowlby J. Maternal Child Care and Mental Health［J］. Bulletin of the World Health Organization, 1951, 3（3）：355−533.

［6］Ainsworth M D S, Blehar M C, Waters E, et al. Patterns of attachment：

A psychological study of the strange situation [M]. Hillsdale N J: Erlbaum, 1978.

[7] Hazan C, Shaver P. Romantic love conceptualized as an attachment process [J]. Journal of Personality and Social Psychology, 1987, 52: 511–524.

[8] Mickelson, Kristin D, Kessler, et al. Adult attachment in a nationally representative sample [J]. Journal of Personality & Social Psychology, 1997, 73 (5): 1092–1106.

[9] Bartholomew K, Horowitz L M. Attachment styles among young adults. Journal of Personality & Social Psychology, 1991, 61 (2): 226–244.

[10] Brennan K A, Shaver P R. Dimensions of adult attachment, affect regulation, and romantic relationship functioning. Personality & Social Psychology Bulletin, 1995, 21 (3): 267–283.

[11] Weisskirch R S, Drouin M, Delevi R. Relational anxiety and sexting. The Journal of Sex Research, 2016: 1–9.

[12] Dekel S, Farber B A. Models of intimacy of securely and avoidantly attached young adults: A narrative approach [J]. The Journal of nervous and mental disease, 2012, 200 (2): 156–162.

[13] McClure M J, Lydon J E, Baccus J R, et al. A signal detection analysis of chronic attachment anxiety at speed dating: being unpopular is only the first part of the problem [J]. Personality & Social Psychology Bulletin, 2010: 36 (8): 1024–1036.

[14] Mikulincer, Mario, Hirschberger, et al. The affective component of the secure base schema: affective priming with representations of attachment security [J]. Journal of Personality & Social Psychology, 2002, 81 (2): 305–321.

[15] 赵珊玲, 李承宗. 成人依恋与婚姻质量的关系研究综述 [J]. 社会心理科学, 2013, (08): 12–16.

[16] Little K C, Mcnulty J K, Russell V M. Sex buffers intimates against the negative implications of attachment insecurity [J]. Personality and Social Psychology Bulletin, 2010, 36 (4): 484-498.

[17] Banse R. Adult attachment and marital satisfaction: evidence for dyadic configuration effects [J]. Journal of Social & Personal Relationships, 2004, 21 (2): 273-282.

[18] 闫煜蕾. 配偶依恋类型组合与婚姻质量的相关研究 [D]. 北京: 北京师范大学, 2009.

[19] Gillath O, Shaver P R, Baek J M, et al. Genetic correlates of adult attachment style [J]. Personality & Social Psychology Bulletin, 2008, 34 (10): 1396-1405.

[20] 王岩, 王大华. 成人依恋的稳定性 [J]. 心理发展与教育, 2012, 4: 108-114.

[21] Ruvolo A P, Fabin L A, Ruvolo C M. Relationship experiences and change in attachment characteristics of young adults: The role of relationship breakups and conflict avoidance [J]. Personal Relationships, 2001, 8 (3): 265-281.

[22] Johnson S M, Makinen J A, Millikin J W. Attachment injuries in couple relationships: A new Perspective on impasses in couple therapy [J]. Journal of Marital and Family Therapy, 2001, 27 (2): 145-155.

[23] Collins N L, Ford M B. Responding to the needs of others: the caregiving behavioral system in intimate relationships [J]. Journal of Social & Personal Relationships, 2010, 27 (2): 235-244.

[24] Turan B, Vicary A M. Who recognizes and chooses behaviors that are best for a relationship? the separate roles of knowledge, attachment, and motivation [J]. Personality & Social Psychology Bulletin, 2010, 36 (1): 119-131.

[25] Dykas M J, Cassidy J. Attachment and the processing of social inform-ation across the life span: theory an d evidence [J]. Psychological Bulletin, 2011,

137（1）：19-46.

［26］Park Y，Johnson M D，MacDonald G，et al. Perceiving Gratitude From a Romantic Partner Predicts Decreases in Attachment Anxiety［J］. Developmental Psychology，2019：2692-2700.

［27］Schmitt D P. Evolutionary perspectives on romantic attachment and culture how ecological stressors influence dismissing orientations across genders and geographies［J］. Cross-Cultural Research，2008，42（3）：220-247.

［28］李同归，加藤和生. 成人依恋的测量：亲密关系经历量表（ecr）中文版. 心理学报，2006，38（3）：399-406.

第七章

一见钟情的秘密

关于爱情，我们了解的实在太少太少。

——弗洛伊德临终之言

"你喜欢什么样的人？"

这是一个看起来简单，却很难认真回答的问题，尤其这里的"喜欢"还是指爱情的那种喜欢。如果你曾经被问过，一定会有这样的切身感受——虽然安全型的"高富帅"或是"白富美"很有魅力，但我们却不见得一定会爱上他们。即便有人能够讲出很多个性化、细致精准的择偶条件，但也并不意味着他/她一定会爱上那个满足自己所有条件的人。所以那些聪明人被如此提问时，大多会回答"看感觉"这样一句搪塞敷衍之言。很多时候，能够说出来的条件几乎都是"底线要求"，而爱情发生的真正原因却似乎"一说就错"，但凡可以说得出来的原因，都不是爱情的真正原因。那么，意识层面无法触及的爱情根源，很有可能存在于意识不到、无法言明的无意识之中。

提到无意识，就不能绕开那位举世闻名的心理学家——西格蒙德·弗洛伊德（Sigmund Freud）。

爱情 = 性欲

作为 20 世纪影响世界的三位犹太人之一（其他两位分别是马克思和爱因斯坦），弗洛伊德所创立的经典精神分析理论影响了整个社会科学领域，包括但不限于心理学、社会学、文学、艺术，等等。素来以"泛性论"闻名于坊间的经典精神分析理论，自然不会放过这本来就跟性有关的爱情。在弗洛伊德的眼中，压根就不存在所谓"圣洁"的爱情，人们津津乐道的爱情只不过是性欲望不能肆无忌惮地宣泄时的升华罢了[1]。也就是说，爱情无非是经过精美包装的性欲。

不信？请看下面这个来自精神分析视角的爱情故事。

某成年男子看到一名颇有性魅力的女性，其无意识中的强烈本能驱力会催促着他赶紧想办法把这个女性"抢回家"。然而，这种想法在如今文明社会中是行不通的，是不道德的，是要被打或者被关进监狱的。于是这些原始冲动便会隐藏在意识之下，虽然不为当事人所觉察，却一直在"蠢蠢欲动"等待被满足。就这样，这名男子被莫名的力量（也许会被他视为爱情的力量）所驱使，开始去找人打听对方的联系方式，开始做兼职赚钱，开始找机会跟她搭讪，约她吃饭、看电影，试着去表白，开始送花、送礼物……直到某一天，两个人看电影到很晚，这位男子对对方说："这时候一个人回家太晚了，我听说附近有家新开的宾馆，要不我们去那里对付一宿？"剩下的情节就"少儿不宜"了。

是不是觉得还挺深刻、挺有道理的？也许一般人看到的是表面浪漫爱情的发展过程，而弗洛伊德看到的却是深层无意识中性欲望的满足过程。只不过这里的"性欲"并非常识中狭义的"性爱欲望"，而更多的是指一种具有驱力作用的"快感"，而且它也不是自青春期性成熟之后才出现的，而是从一出生就伴随着我们。依照弗洛伊德的观点，性心理的发展自出生起可以划分为五个阶段，分别是口欲期、肛欲期、俄狄浦斯期、潜伏期与生殖期。其中前三个阶段在精神分析理论之中十分重要，学者的着墨也比较多，限于篇幅本章只介绍与爱情关系最为密切的，也是儿童性心理发展中最关键的俄狄浦斯期。

 俄狄浦斯情结

俄狄浦斯期的名字来源于古希腊剧作家索福克勒斯所创作的经典

悲剧《俄狄浦斯王》，其大概情节如下。

在富庶的忒拜城邦，老国王因为诱奸少女而遭到神明诅咒——其儿子长大后注定弑父娶母。出于对神明诅咒的恐惧，老国王在儿子出生三天后便命人将襁褓中的儿子脚跟刺穿后丢弃荒野。然而，执行命令的仆人心发恻隐，没有扔掉婴儿，反将其送给邻近城邦的牧人，而牧人又将婴儿转送给没有子嗣的科任托斯国王。邻邦国王收留婴儿为养子，并为其取名俄狄浦斯（Oedipus，意为肿痛的脚）。

俄狄浦斯在邻邦长大成人，听说了自己必将"弑父娶母"的神谕，便开始逃国流浪，最终又回到自己真正的故乡——忒拜城邦。他在一个三岔路口与一名老者发生冲突，并失手将其打死。巧合的是，这名老者正是俄狄浦斯的生父，忒拜城邦的老国王。随后，俄狄浦斯因为消灭了狮身人面女妖斯芬克斯而被推举为忒拜城邦的新国王，迎娶了老国王的遗孀，也就是他的生身之母。虽然弑父娶母的诅咒已经应验，但俄狄浦斯尚不知情。他在忒拜城执政16年，与生母育有两个儿子和两个女儿。第17年，忒拜城发生严重的瘟疫和饥荒。在向神明祈祷时获得先知的提示，俄狄浦斯方才知晓自己是忒拜城老国王的儿子，曾经亲手杀死父亲迎娶母亲并给这个城邦带来无限灾祸。真相大白之后，母亲羞愧地上吊自杀，悲愤不已的俄狄浦斯则用胸针刺瞎双眼，跌跌撞撞地向城外走去……

弗洛伊德强调的不是悲剧所传达的宿命感，而是这个阶段男孩心中"弑父娶母"的心理愿望。经过了性心理发展的"口欲期"（快感集中于口唇）与"肛欲期"（快感集中于肛门）之后，孩子们的快感开始从自身转移出去，投向与自己关系最为亲近的父母，尤其是异性父母。根据弗洛伊德的观察，孩子长到五六岁后会开始嫉妒父母之间的情感，反感父母之间的亲密行为。在男孩心中，就会产生故事中所描述的"俄狄浦斯"愿望——"干掉"父亲而独霸母亲。然而，无论是对父母亲密的嫉妒，还是取代父亲的愿望，都是为父母所严厉禁止的，而且男孩们也会意识到父亲的地位实际上无法被取代。于是，这些"邪恶念头"会被男孩深深地压抑到无意识之中，他们开始寻找一种父母都可以接受的"博得母爱"的方式。由于母亲真正爱的是父亲，那如果能够像父亲一样，母亲也许就会像爱父亲一样爱自己，而且这样也不会招致父亲的反对。基于这种推测，男孩开始模仿父亲的行为举止、脾气秉性及兴趣爱好，久而久之就长成了像父亲一样的"小男子汉"。如此，男孩便可以顺利度过俄狄浦斯期，成功习得男性气质。如果这一阶段的发展问题未能顺利解决，他们投注在异性父母身上的心理能量会产生固结，也就是所谓的"俄狄浦斯情结"或者"恋母情结"。

"恋母情结"的男性即便在成年后也很难将心理能量从母亲那里转移到其他女性身上，这可能会导致他们迟迟找不到合适的爱情对象，成为"大龄剩男"，而更有可能的表现则是寻找与母亲相似的伴侣。这种"相似"可以表现在年龄方面，如明朝第八任皇帝朱见深，就深爱着比自己年长十九岁的万贵妃，上演了一出情真意切的"姐弟恋"。这种"相似"还可以表现在一些比较奇怪的方面，如"名花有主"。弗洛伊德在其《爱情心理学》一书中提到这样一种男人，他们"绝不会爱上那些无所属的女子，如少女或寡妇。他们所爱的女人，永远是那些被别的男人爱过或占有着的"[1]。明朝第十任皇帝朱厚照，好像也继承了其祖父朱见深的"恋母情结"，据说不但喜欢怀孕的妇女，还在宫内兴建豹房宠幸妓女。显然，怀孕的妇女是其他男人所拥有的女人，这与"母亲属于父亲"这一特征是相似的。而妓女正是无意识中"圣洁感"与"不洁感"相融合的母亲形象的反映，只不过这种"相似"只有弗洛伊德这种不世出的天才能够想出来。

对五六岁的女孩而言，则是"取代母亲、占有父亲"的无意识心理欲望。同样由于父母的严厉禁止，女孩将那种"爱列屈拉"（Electra）[①]式的愿望深埋心底，转而模仿母亲的行动举止以博取父亲的爱，最终顺利度过这个阶段而习得女性气质。如果这个阶段未能顺利度过，则会因为心理能量固结而产生所谓"爱列屈拉情结"或"恋父情结"。这里的"恋父"并不直接指向生身之父，也不意味着在亲密关系里称呼对方为"爸爸"，而更多地体现为一种所谓的"大叔控"，偏爱那些富有男子气概、拥有权势的年长男性。当然，喜欢"大叔"除了他们常常拥有更多的社会资源外，恋父情结也是个重要的原因。此外，一些因为与父亲的关系过度纠缠或疏离而造成"恋父情结"的女性，无法在原生家庭中学会一种与男性交往的合理界限，成年后便常常在两性关系方面表现出如男性伴侣很多、约会对象不断、比较随意的性关系或者在社交媒体中发布暴露照片等行为。

作为心理治疗的指导理论，精神分析学说中的举例通常都是严重性心理障碍的极端个案。在实际生活中，"恋母/父情结"更多表现为喜欢与异性父母性格相似的对象。那么，如果喜欢的人恰恰与异性父母相反，是不是意味着没有恋母/父情结呢？正如弗洛伊德临终所说的，爱情并没有我们想象的那样简单。

 ## 强迫性重复

下面是一个半杜撰的故事，来说明"恋父情结"的一种隐蔽形式。

---

①　爱列屈拉，古希腊神话中希腊联军统帅阿伽门农的女儿。特洛伊战争之后，阿伽门农被妻子伙同奸夫杀害。爱列屈拉知道此事后，说服弟弟一起进宫将母亲和奸夫杀死为父报仇。

一个女孩成长在家庭暴力的家庭，爸爸总是无故殴打妈妈。长大后，她发誓一定要找一个温文尔雅的"另一半"。无论如何，不能有家庭暴力，这对她而言是亲密关系最后的底线。不久之后她真的恋爱了，而且真的找到了一个看起来比较温柔的男生。但在这段关系中她一直有一个小小的遗憾——男朋友有点不够爷们儿，男人味不是很强。两人交往了一年多，在某次激烈的争吵后男友动手打了她。男人打女人，这对她来讲是零容忍的，所以必须分手。又过了一段时间，她开始了第二段恋情，男友同样是看起来温文尔雅的。差不多也是一年左右，第二任男友在吵架之后打了她。没有商量的余地，必须分手，再换一个看起来更加温柔的男友。令人无奈的是，第三任男友也很快重蹈了两位"前辈"的覆辙。一次又一次"打脸"的恋情，让这个女生开始怀疑自己是不是真的要找一个温柔的恋人。基于这种自我怀疑，她开始求助心理咨询。

经过心理咨询师的协助，这个女孩发现自己在亲密关系中无意识地追求一种"家的感觉"，也就是家所带来的熟悉感。因为没有在其他家庭中生活过，她所熟悉的"家的感觉"，无非就是爸爸打妈妈的家庭暴力所带来的一种感受。与此同时，由于意识中对于家庭暴力的深切厌恶，她所交往的男友都是看起来比较温柔的男生。然而无意识对"家的感觉"的追求会让她对温柔男友并不真心满意，进而归咎于他们没有男人味。在她的生活中，最熟悉的男人自然是父亲，其男人味的主要表现是"打人"。然而，当男友慢慢开始满足其无意识期待，表现出暴力行为而显得有"男人味"时，又与其意识层面对暴力的零容忍相矛盾。也许，她的爱情注定无解。

在这个女孩身上，似乎可以看到一种类似于俄狄浦斯王的"诅咒"。只不过这不是神明所下的诅咒，而是因其在原生家庭的成长经历而难以走出的迷宫。在意识层面，她极力摆脱家庭暴力，交往的男友都是看起来与父亲截然相反的"温柔男子";在无意识层面,那种对"家的感觉"的追求使得她所寻找的仍然是与父亲相似的男生,只不过这种"相似"更为隐蔽罢了。所以温柔的男生那么多,吸引她的却只有那么几个骨子里有暴力潜质的男生。

　　这种现象在精神分析学说中有一个专门的术语,叫作"强迫性重复"(repetition compulsion)。弗洛伊德曾经在 2 岁幼儿身上观察到一种现象,小孩子会把自己最喜欢的玩具从床上扔出去,再哭闹着把玩具要回来,然后不断重复这个过程[2]。游戏本来是为了追求快乐,可是幼儿却几乎无法自控地重复着这种痛苦的"游戏"。这是因为在幼儿的无意识之中,最喜爱的玩具被当作妈妈的替代品,而不断将玩具扔出去的过程实际上是在重复妈妈不断离开的创伤。现实中妈妈的离开既是不可控的,也是痛苦的,但这个无意识模拟妈妈离开的游戏中至少充满了自己的控制感。即便长大成人后,无意识之中也常常出现这样一种想要回到事情最初状态的渴望,希望能够变被动为主动,掌控那些在过去无法控制的东西,从而达到"重写历史"的目的。回想一下,很多人的生活中都会有这样的经历。在跟人激烈吵架之后,余气未消,等稍有喘息的时间就开始在头脑中反复"播放"整个吵架的历程,想象着自己更为"豪横"地回击对方,同时也后悔当时自己怎么就没有想象中的这么"硬气"。如果所经历的事情(如车祸、自然灾害等)让人更为害怕、无助或恐慌的话,很多人还会表现出创伤之后的应激症状,如侵入性的闪回,即创伤事件不受控制地重回到当事人的记忆或者梦境之中。

　　相对于上述想象层面的重复,人际关系中的强迫性重复常常体现为在新的关系实践之中重复原来的互动方式、制造出原来的人际处境。由于小时候在原生家庭中与父母的交往对孩子而言十分重要,故而童年与父母的互动模式常常会复现于长大后的亲密关系之中。故事中那个女孩与具有暴力潜质的男生交往，无意识中也是在重复当年与父亲的交往模式。由于与男友的交往是一段崭新的过程，似乎一切都回到了"最初"，明明可以重新开始与家庭暴力说"拜拜"，她却还是一而再、再而三地被无意识拉回家庭暴力的"旋涡"之中。是因为在这个过程中她不但可以获得童年所没有的"掌控感"，还可以得到与原生家庭相关的熟悉感，更为重要的是因为新关系中的家庭暴力能提供给她一种尝试疗愈过去创伤的机会。所谓"在哪里跌倒，就在哪里爬起来"，当年父亲的家庭暴力已经成为"过去时"，但如果当事人可以在新的关系中成功改造"家庭暴力"的话，这无疑完成了她从小以来的夙愿。只不过，无意识的强迫性重复对这个女孩而言太过痛苦，以至于她无法真正面对过去的创伤及无意识的种种诉求。

这种"原生家庭影响婚恋生活"的观点，上一章的依恋理论中已经有所介绍。俗语中说"三岁看老"，弗洛伊德虽然将年龄扩大到五六岁，却也将童年经历赋予无出其右的重要性。似乎，童年生活比较美好的话，成年后便重复美好的生活；童年如果不幸的话，成年后则不断重复不幸的生活[3]。虽然意识层面谁也不愿意重复过往的痛苦，可无意识中"渴望疗愈童年生活"的驱力却一遍又一遍地让我们以各种形式重新体会童年的创伤。看到这里，估计有人已经被吓得冒冷汗了。问题是，这种难以摆脱的强迫性重复有没有化解之法呢？

最好的办法就是父母在孩子童年时给他爱与支持，同时尊重孩子的独立性，给予他足够的信任。那么，孩子就会学到爱、信任、独立和自强，并把这些好的东西不断在他的人生中进行一遍又一遍的重复[3]。

这是从武志红所著的《为何爱会伤人》一书中摘抄的一段话。众所周知，美好的童年也许是父母能够送给孩子的最有意义的生命礼物。

但由于受到精神分析学说等西方心理治疗理论及依恋理论的影响，上述对父母的要求几乎成为当前社会中唯一的养育标准，甚至被赋予了某种道德或价值评价的意味[4]。且不论美好的童年能否一直为往后余生"保驾护航"，这种枉顾父母所处之境地与需求而一味提出要求的做法，只会令当前已然"压力山大"的年轻父母觉得动辄得咎，越发感到焦虑、恐慌、内疚。这些在"养育标准"之下战战兢兢的父母，恐怕更加难以培养出健康、优秀的孩子。而对于那些已经经历不幸童年的成年人，希望这段话不会成为他们指责、抱怨父母的理由和说辞。"翻旧账"除了加剧成年后的亲子关系矛盾，或者让当事人再次陷入创伤之中，于问题的真正解决是毫无助益的。根据创伤治疗专家巴塞尔（Bessel）的建议，这些"不幸"的人应该在心理咨询师的协助下去回溯源头的创伤、体验人与人之间的安全依恋、建立对当前处境的新认知，从而逐渐摆脱"强迫性重复"的负面影响[5]。

　　当然，如果你目前没有准备好步入心理咨询室，也可以尝试着对生命中的重要事件或者重要关系进行有意识的探索。静下心来观察那件事或者那段关系是如何开始、如何发展、如何达到高潮，又是如何结束、结束后又是如何发展的，尤其要留意自己在整个过程中的感受与想法。一旦那些被"尘封"的往事，以及不自觉的行为模式浮现于意识之中，个体的重复行为便会因为意识层面控制而变得不再那么有"强迫性"。毕竟，反思与自控是人性中最为闪光的部分，你我他人人皆拥有之。

缺失感 VS. 熟悉感

　　至此，一见钟情或者爱上一个人的心理机制可以有一种解释——熟悉感。两个人相处日久或者互相了解也会产生熟悉感，但这种"熟悉感"可能反而会让人因为太熟悉而没有感觉。一见钟情的"熟悉感"更多的是一种朦朦胧胧的、直觉上的似曾相识之感。对这种熟悉感描述得最为贴切的是《红楼梦》中"宝黛初会"一段。初次见面时，林黛玉与贾宝玉的各自反应如下：

黛玉一见，便吃一大惊，心下想道："好生奇怪，倒像在那里见过一般，何等眼熟到如此！"

宝玉看罢，因笑道："这个妹妹我曾见过的。"

显然宝玉有"财／才"而黛玉有"貌"，但二人初会时却对此只字未提。这不是因为"富贵温柔乡"里的宝黛不在乎这些，而是因为纯粹爱情的产生往往与现实的考虑无涉。即便是现实世界中的"俗人"，那些爱情发生的瞬间也总是让不在场的人感到莫名其妙。这是一些网友描述的自己爱上对方的瞬间：

给我讲题目的时候，我一抬头看见阳光照在他脸上，睫毛好长好长，当时心就化了。

吸烟的时候，那眼神简直"秒杀"我。

……

根据精神分析的观点，"阳光照射下的长睫毛""吸烟时的眼神"之所以能够打动人心，是因为其与童年生活中的异性父母有关，是一种渗入骨髓的熟悉感。这有点像是"纯粹拥有效应"[①]，除了这些特点曾经让我们十分熟悉外，几乎再没有什么具有说服力的理由了。但凡可以说出理由的喜欢，都源自意识层面的"缺失感"。

世间的家庭千差万别，但无论生活于哪种家庭的孩子，在其成长过程中或长大后一定都会对父母有所不满。虽说"天下无不是的父

---

①   纯粹拥有效应，是指人们会将自己的感情倾注其所拥有的东西，进而变得更加喜欢那个东西。比如，仅仅因为我是山东人，我就对山东有更多的好感。

母"，但谁也无法真正找到一个毫无缺点的父母。且不说家庭暴力或者性格缺陷的父母，即便是些性格良好的父母，也会有其多面性。比如一位外向开朗的母亲可以带给孩子阳光般的快乐，却有可能因为热衷社会交往而不能顾及孩子细腻、敏感的情绪变化；一位积极乐观的父亲可以树立正向心态的榜样，却有可能因为盲目乐观而给整个家庭带来一些实际损失。这些所谓的"缺点"就会在孩子心中滋生"缺失感"，进而基于缺失感形成一种对于"理想父母"的期待。那些开朗母亲的孩子在童年会觉得缺失一种被细腻照顾的感受，而渴望有一个内向敏感的妈妈；而前述故事中经历家庭暴力的女孩则一直渴望能有一个温文尔雅的爸爸。等他们长大成人之后，这些渴望便成了可以表述的"择偶标准"。

　　严格意义上讲，择偶标准只能算是爱上一个人的"必要非充分条件"。无法达到这些标准的人自然难入法眼，但只有那些达到标准的人可以带来无意识熟悉感的时候，才有可能成为一见钟情的对象。易言之，一见钟情建立在意识层面缺失感的满足与无意识层面熟悉感的前提之下，而且缺失感所造成的择偶期望又常常与熟悉感相互矛盾。如经历家庭暴力的女孩，缺失感使其在意识层面倾向于温柔的男生，但无意识层面又要求这些看起来温柔的男生在骨子里与其父亲一样拥有暴力潜质。如此，要遇到一个既能符合无意识中对熟悉感的需求，又能满足意识中缺失感所带来的愿望，其发生概率之低可想而知。这还是单方面一见钟情的发生条件，若要两个人都产生一见钟情的感受，其发生概率会以几何倍数下降。所以即便城镇化进程造成大量人群聚集在城市之中，想要在千万级别的城市中遭遇两个人的一见钟情，机会也并不会有多高。现实中的多数人也只是在文学或影视作品中见识过一见钟情，生活中要么屈服于"缺失感"，选择了那些符合择偶标准、理智上感觉不错的对象，要么屈服于"熟悉感"，被"渣男／女"致命吸引而不能自拔。

 我爱你，与你无关

我爱你，但是与你无关。

即使是夜晚无尽的思念，也只属于我自己。

这两句德国诗歌本来是为了表达那种无怨无悔的爱情，却也恰恰言中了人类爱情的本质。在精神分析师的眼中，爱情也是一种移情（transference），是当事人过去（多为幼年时期）对父母或重要他人的情感经历的重演[6]，只不过对象换成了恋人。俄狄浦斯期的心理能量固结，会以"熟悉感"的形式在无意识中将当事人打入"情感轮回"，强迫性地重复儿童时期与异性父母的交往模式。生活中常有这样的现象，两个人没有确立恋人关系之前尚可以相敬如宾、彼此欣赏，一旦确立关系，一方就开始想着去"改造"对方，还美其名曰帮助他／她进步。被改造总是痛苦的，所以亲密关系中那些用心良苦的"改造计划"往往都会碰壁，还会让相爱的情侣之间变得"战火纷飞"。这分明不是在改造对方，而是在恋人身上实现童年时改造异性父母的愿望。改造对方的潜台词是，"你变成了我希望的样子我才爱你"。那就等于说，"我不爱你现在的样子"。问题是，我们不就是因为对方现在的样子才爱上他／她的吗？

有人会辩解说，"改造是因为他／她没有达到理想的恋人标准，并不代表不爱他／她"。的确，每个人心里都有所谓"梦中情人"或"白马王子"。弗洛伊德的得意门生卡尔·古斯塔夫·荣格（Carl Gustav Jung），将这种集体无意识中的男性存在的原型意象称为"阿尼玛斯"

（Animus），将女性存在的原型意象称为"阿尼玛"（Anima）[7]。与弗洛伊德理论相一致的是，无论阿尼玛还是阿尼玛斯，都与童年生活中异性父母的形象密切相关。与内在阿尼玛或阿尼玛斯（也就是与异性父母）相似的异性，常常会对自己产生强烈的吸引力。如此，阿尼玛或阿尼玛斯（熟悉感与缺失感）似乎成了一种判断是否喜欢对方的"模板"。现在可以将内在"模板"套在某人身上，就会爱上他／她；过些时间后发现他／她与"模板"不吻合了，就不再爱他／她；对方目前还不能完全被"模板"套进去，就想办法改造一下以"削足适履"。如此，我们所深爱的其实并不是对方，而是那个内在的"模板"——阿尼玛斯或阿尼玛。照此逻辑，"我爱你"确实与你无关，只是因为你不小心被我内在的模版套上了。外表看起来烈火烹油般的爱情交往，可能真的如弗洛伊德所说的那样是一个人的欲望满足，是一个人内在的"独角戏"投射到外在世界的"影像"而已。

这恰如佛教《无量寿经》的一句经文："人在爱欲之中，独生独死，独去独来。"美国新精神分析学派的代表人物埃里希·弗洛姆（Erich Fromm）也认为人类最大的需求是克服孤独，而"在爱中实现人与人的统一"就是满足这种需求最全面、有效的方法[8]。可惜的是，上述的爱上对方或者一见钟情也只能算是单方面"坠入情网"的感受，并非真正成熟的爱情，故而无法摆脱那种宿命一般的孤独。尤其在如今崇尚激情之爱的消费主义时代，由于受到童话、文艺作品、社交媒体等的影响，很多人对爱情存在的认知误区越发加剧了这种"爱情中的孤独"。

🎗 参考文献

[1] 罗峥，杨怡. 爱情心理学［M］. 北京：开明出版社，2012.

［2］廖金花. 昨日重现：来自原生家庭的伤害及反思［J］. 当代教育理论与实践，2015，7（4）：150-152.

［3］武志红. 为何爱会伤人［M］. 北京：北京联合出版公司，2012.

［4］张晨光，蒋柯. 关注依恋理论的文化适应性［N］. 中国社会科学报，2018-12-24（006）.

［5］巴塞尔·范德考克. 身体从未忘记：心理创伤疗愈中的大脑、心智和身体［M］. 李智，译. 北京：机械工业出版社，2016.

［6］江光荣. 心理咨询理论与实务（第2版）［M］. 北京：高等教育出版社，2012.

［7］申荷永. 心理分析入门［M］. 台北：心灵工坊文化，2004.

［8］弗洛姆. 爱的艺术［M］. 李健鸣，译. 上海：上海译文出版社，2008.

第八章

童话里都是骗人的

人们往往把这种如痴如醉的入迷，疯狂的爱恋看作是强烈爱情的表现，而实际上这只是证明了这些男女过去是多么的寂寞。

——埃里希·弗洛姆

不要小看童话，多数人的爱情观念都来源于童话故事或者文艺作品（包括小说、戏剧、电影、流行歌曲等）[1]。其中，童话故事的影响更为深远，毕竟那是人生早期所接受的"爱情种子"。这颗"种子"自种下之后便随着我们一同成长，直到现在变得根深蒂固。也许是限于篇幅，爱情童话中的男女主角基本都是一见钟情，而且在克服了源自外界的阻力之后，故事结尾也基本都是"王子和公主从此过上了幸福的生活"。回忆一下那些"出镜率"比较高的童话——白雪公主、睡美人、灰姑娘……其中的爱情故事好像都是这种发展模式。

童话里的爱情陷阱

流行歌曲中有这样一句歌词："你哭着对我说，童话里都是骗人的。"虽说这是情人之间情至浓处的"撒娇"，但这种对童话中"幸福和快乐是结局"的声泪控诉也不是完全没有道理，至少幼年的童话在不少人的心中埋下了三个有关于爱情的"坑"。

第一坑：王子和公主从此过上了幸福的生活

这个深入人心的童话经典结尾将"爱情"与人类的终极追求——"幸福"联系在了一起。如此一来，爱情自然就成了人生最重要的追求，因为它是走向人生幸福的充分必要条件。问题是，这种情况可能在实际生活中发生吗？也就是说，有了爱情真的就可以从此过上幸福的生活吗？

其实，这种表述类似于"考上清华北大、哈佛耶鲁，从此过上了幸福的生活"。单纯从其核心逻辑来讲，考上名校只是大学生活的开始；同样，遇到白马王子／白雪公主也只是爱情生活的开始。此后的爱情生活究竟如何，仍然需要关系确立后两个人的努力经营。然而这种说法只是鼓励我们踏上爱情之路，却没有告知这条路上的"真实景象"，以至于很多人无法为自己未来的爱情生活做好准备。试想一下，如今社会，自由恋爱的婚姻已极为普遍，多数人都将浪漫爱情作为婚姻的前提条件，那是不是意味着这些人"从此过上幸福的生活"呢？不用列举科学调查的结果，相信大家都可以凭借见闻或亲身经历的各种爱情经验做出判断。我们以为有了爱情，生活就搞定了；但真相往往是，有了生活，爱情就搞坏了。

会不会有一种可能，被生活搞坏的都不是真正的爱情？换句话说，过不上幸福生活的就不是白马王子／梦中情人？也许一时无法反驳这种循环论证，但这种思维恰恰也是童话故事挖下的坑。

第二坑：爱情天注定

童话故事里爱情那么美好，作为爱情的对象——白马王子／梦中情人自然也不能儿戏。一般而言，白马王子／梦中情人只能有一个，又被叫作"真命天子／女""Mr./Ms. Right""灵魂伴侣"或者"另一半"。其实，这种说法可以追溯到古希腊哲学家柏拉图——在其著名的《会饮篇》中，柏拉图借阿里斯托芬之口讲了一个浪漫而凄美的故事。故事的大意是说"最初的人"都长得圆圆的，手足五官乃至于生殖器都是现在人的两倍，体力和精力都十分强壮，所以自高自大，乃至于意图向诸神造反。诸神自然不能坐视不管，但又不能灭绝人类，于是想了一个绝妙的方法——将"最初的人"一劈两半，既保存了人类，又能大幅度削弱其力量，还能多收一倍的供品。可人就惨了，自从被截成两半之后，终其一生就是想着去找寻自己的"另一半"，再合拢在一起。自那时候开始，这种渴望"合二为一"的强烈爱欲就根植于人类心底。

　　故事中爱情对象的唯一性，反衬出爱情那种"得之我幸，不得我命"的命定感。这种命定感在中国被称为"缘分"，取决于传说中月老手中的"红绳"或者"三生石"上的记录。无论其故事设定如何，爱情都是上天注定的，人们能做的似乎只有被动等待"缘分的降临"。恰恰是这种可遇不可求的宿命感和神秘感，使得爱情更加接近于心理上的"赌博"。行为学派的心理学家早就发现，赌博这种"不定时不定比强化"[①] 对人类行为的强化效果最好。于是，爱情也因此吸引力倍增，为人们所追捧，乃至于奉为人生的终极目标。将爱情类比于博彩，找到自己的"缘分"就像"中彩票"一样，一旦"下注"之后，我们所做的任何努力于结果都没有什么影响。如此一来，爱情变成这个世界上最容易同时又最困难的事情。容易的是，只要真命天子／女出现，我们几乎什么都不需要做；困难的是，真命天子／女没有出现，我们做什么都没有用。

第三坑：唯一的真命天子／女

　　真的如故事中讲的那样，有一个真命天子／女在某处等着我们吗？

　　以当前科学技术发展的水平，这种问题几乎无法直接予以检验，但科学家并没有完全放弃。近期发表于《美国国家科学院院刊》上的一篇研究报告[2]中，来自加拿大的研究者要求332名被试与其现任和前任伴侣一起参加研究，分别对自己的性格特征进行评估。结果发现，现任伴侣与前任在性格方面存在较大的相似性，而这种相似性甚至高

---

　　① 强化，是行为主义学者斯金纳（B. F. Skinner）提出的重要概念，意指通过某一事物增强某种行为的过程。强化的种类众多，"不定时不定比强化"是指某一行为发生后得到强化的间隔时间与间隔频率都是不定的。赌博赢钱是一种强化，可以提高赌博行为的发生频率，但赌博多久可以赢钱、赌博几次可以赢钱都是不一定的，故而称为"不定时不定比强化"。行为心理学的研究发现，这种形式的强化效果最好。

于自己与伴侣在性格方面的相似性。该研究由此推断，也许可能跟我们产生爱情的不是一个人，而是一类人。

好，我们退一步。是不是找对了"那一类人"，爱情问题乃至于幸福问题就解决了呢？其实，这里面还有一个误区——人们倾向于将爱情问题简单地视为一种"对象问题"[3]。爱情的好坏有无，取决于"真命天子／女"们；然而他们又不是可以靠努力找到的，很多时候都是"踏破铁鞋无觅处，得来全不费工夫"。当一个人还没有遇到爱情时，他／她可以安慰自己"缘分未到"，可只是这样等下去，缘分啥时候能到呢，难不成去求神问卜？当一个人的爱情出问题时，他／她也可以安慰自己"真正的缘分未到"，于是决定结束关系去等待"真正"的"真命天子／女"。不幸的是，刚刚提到的那个研究告诉我们，下一任伴侣与前任并不会有很大差异。

当然，这不是说爱情对象不重要，但爱情对象肯定不是唯一重要的因素。这种被动等待的心态很容易让人联想到电影《大话西游》中那句台词："我的意中人是个盖世英雄，有一天他会踩着七色云彩来娶我。"注意，人家后面还有半句："我猜中了前头，可是我却猜不中这结局。"

 ## 消费主义时代的爱情困境

浪漫而美妙的童话故事将"爱情"与"幸福"联系在一起，在直接提升爱情重要性的同时，也间接提高了"爱情对象"的重要性。爱情是幸福生活的充分必要条件，真命天子／女又是爱情的充分必要条件，顺势推理下去，爱情对象的重要性不言而喻。所以，年轻人在选择对象方面花费的时间、精力越来越多，以至于那些平时就"选择困难"的人们迟迟无法做出"爱的抉择"。更为可怕的是，现代社会快速发展，能够以真实或虚拟的方式出现在适龄男女视野中的备选对象越来越多，这无疑是在给那种痛苦的选择"火上浇油"。

选择自由的悖论

有一家公司，需要给即将退休的员工开出退休保险计划的清单。他们发现一个很有趣的现象：公司在清单中每增加 10 个备选方案，员工的参与率反而下降 2%。假如公司人力部门的职工十分能干，可以在清单中开列出 50 种备选方案的话，员工的参与率将会下降 10%。这是因为那些员工很难区分这 50 个方案孰优孰劣，索性采取拖延策略。可真的到了要拍板的那一天，他们还是很难对这么多的方案进行理性选择，最后只能仓促选择了事。

这是美国学者巴里·施瓦茨（Barry Schwartz）在其著名的《选择的悖论》一书中讲的一件真实案例[4]。依照常识，自然是选择越多越好，就像是麦当劳的广告语，"更多选择，更多欢乐"。可是案例中却呈现出一种相反的态势，当选择的多样化超出一定范围后，更多的选择不再赋予人们自由，反而限制甚至压制了人们的选择权。爱情领域的一系列相关研究也发现了类似的现象，当徘徊于数个追求者之间，不得不择一为伴的时候，研究参与者往往会陷入选择困境。这也从另外的视角解释了所谓"三高剩女"的社会现象，高颜值、高收入、高学历的女性通常可以吸引更多的追求者，但她们却在众多的追求者之间"挑花了眼"，就像是案例中挑选保险方案一样，要么暂时不做选择，要么受到时间压力而草率为之。

同样与常识相反的是，在诸多备选对象中进行挑选的漫长思考过程，会使得最后无论选择了哪一个都感觉"差强人意"。一方面难以选择的备选对象越多，最后择一而定的时候"缺憾感"就会越强。毕竟那些难以抉择的备选对象都各有千秋，选择一个就会失去另一个的"好处"，备选对象的数量越多，选择后失去的"好处"也就会越多。而且人们通常对失去的东西耿耿于怀，这就越发衬托出对已选对象的不满意。另一方面，经过长时间思考过程而做出的选择也有可能影响最终决策的准确性。在一项决策研究中，研究者请大学生品尝五种不同品牌的草莓酱，其中一组被试只是挑选出自己最喜欢的草莓酱就可以完成任务，而另一组则要额外写出自己喜欢的理由。结果发现，只选择而不写选择理由的那一组被试的意见与专家意见更为接近。由此可见，一些很难说清楚的事情——如不同草莓酱之间的区别——如果非要绞尽脑汁去思考的话，这种思考过程反而使我们的选择更加不准确。显然，爱情就是一件不容易说清楚的事情，很多时候朦朦胧胧的才好，如果非要对自己的爱情反复思考、研究清楚的话反而不妙。曾经有学者以刚坠入爱河的大学生情侣为对象开展为期四周的爱情心理研究，其中一组学生被要求每周花一小时时间思考自己的恋情，另一组学生也需要完成思考任务，只是内容与恋情无关。四周后，两组被试分别回答关于各自恋情的一系列问题。结果发现，没有思考恋情的那组学生与思考过恋情的学生相比，其态度和感受反而会更加准确地反映他们恋情的未来走向[5]。

诸位可能要自省一下，你选择阅读这本书也是为了搞清楚自己的爱情吗？如果是的话，你可能要小心了。

反悔自由的悖论

电影《失恋 33 天》中有这样一个桥段，一位金婚的老奶奶语重心长地跟刚刚失恋的女主角分享自己的婚姻生活经验：

买台冰箱，保修期才三年。你嫁个人，还要求这个人一辈子不出问题吗？坏了就修啊，修修补补一辈子就这么过来了。

只是现在生活条件好了，一般的家电坏了也很少有人会送去修理，通常都是直接换新的。毕竟随着科技的进步，商品种类不断丰富的同时也相对比较廉价，再加上电商物流的便捷、商家开展的"以旧换新"等促销活动，普通家电的维修资金和时间成本可能会接近购买一个新商品的成本。与此相对应的，生活在城市里的现代年轻人身边的适龄爱情备选对象也十分丰富，而无论是婚姻制度还是社会舆论，都将其更换伴侣的成本降低了很多。在这种情况下，如果一段亲密关系出现问题，而"修理"这段关系又需要付出很多精力时，人们会如何选择呢？我们会不会像换家电一样轻易就更换爱情伴侣呢？

答案基本上是肯定的，由现在高居不下的离婚率也可见一斑。当然，如果更换伴侣可以获得更为长久的幸福生活，自然没必要囿于传统观念而在婚姻里面死撑着。但只是就婚恋生活中这种反悔的自由而言，真的就可以让人们挑选到更满意的对象，过上更幸福的生活吗？有研究者要求大学生在众多的照片之中选择出一张最满意的，作为证件照存放在学校档案馆。其中一组学生在选择提交之后不能改变，另一组学生可以有三次反悔的机会，允许用自认为更满意的照片更换已经提交的照片。最后要求两组学生分别对自己存放在学校档案馆的照片进行满意度的评价。研究结果发现，可以自由更换的学生满意度反而更低。虽然研究者不可能效仿商场的"×天无条件退货"而设计出一个"无条件离婚/分手"的实验，但相关研究和生活经验却显示出这样一种规律：离婚后再婚，以及再婚后的再婚，其间隔的时间会越来越短；而且随着婚姻次数的增加，人们对其婚姻的满意度会不断下降。在仍然保留有包办婚姻的印度斋浦尔（Jaipur）地区，学者们调查了50

对夫妻的爱情状况，其中自由恋爱的夫妻在结婚 5 年后爱情的感觉越来越少，而包办婚姻的夫妻则会在新婚之后随时间推移产生更多的爱情体验[6]。另一项研究显示，即便是生活在美国的印度裔包办婚姻当事人，其婚姻满意度也比美国人自由婚姻的要高[7]。目前的婚姻制度赋予了人们更多的结婚与离婚的自由，其初衷也许是让婚姻只为爱情而存在，但就目前的情况来看，似乎有一些南辕北辙。

总之，在爱情这件事情上，奉劝大家要做知足者，不要做贪婪者，因为研究结果告诉你，如果你执着于贪婪地不停选择，最后无论你选了谁，都是要后悔的，而且选的越多后悔就越强！当然，笔者无意反对这种社会、科技进步带来的选择自由，只是在这种选择众多、更换自由的消费主义思潮下，婚恋选择的自由很容易使婚姻与爱情只剩下一个标准——个人满足，而对个人满足的过度关注又会使人们很容易放弃为爱努力的意愿。随着时代的发展，我们在婚恋方面的自由只会越来越大，若想跳脱这种消费主义的"悖论陷阱"，也许需要更换一种看待爱情的视角——将爱视为一种行为或能力，而非一种被动获得的感觉。

成熟之爱

美国心理畅销书作家斯科特·派克（Scott Peck）认为，前述的爱上对方或者一见钟情只能算作一种"坠入情网"的感受。在爱上对方的那一刻，人们坚固的自我界限会出现"破口"，内在的情感也就会如决堤的洪流一般涌向所爱的人。这种情况下，当事人会有一种与对方合二为一的感觉，长久以来的孤独、寂寞消失了，代之以难以言喻的狂喜之感[8]。在派克看来，这其实类似于精神分析学说中的"退行"①，是一种心灵退化的现象。那种短暂的与爱人结合在一起的感受，呼应着婴儿阶段由于没有自我界限而与父母（尤其是母亲）合二为一的记忆，仿佛一下子回到了那个自我感觉"无所不能"的童年。所以，那些坠入情网的人通常会觉得真爱无比强大，能够征服一切，而且前途光明——自己和对方因为爱可以冲破现实中一切障碍，从此过上幸福的生活。可惜的是，坠入情网，以及它所带来的这些感觉在某种意义上讲都是虚幻的，而且通常与现实脱节。

坠入情网的强烈感受可以在短时间内克服人们的孤独、寂寞之感，然而随着不断发生的日常琐事及二人更为深入、全面的了解，他们会逐渐痛苦地意识到自己并没有真正与对方融为一体。于是在这种失落与幻灭的感觉中，两个人的自我界限又会恢复原状，即便没有劳燕分飞，终究也难以摆脱上一章最后说的那种与生俱来的孤独感。在人们越来越脱离原始纽带、疏离自然世界之后，孤独感俨然成为关乎生存的重要议题，而克服孤独感也因此成为人类最大的需求。美国心理学家弗洛姆认为，小时候的孤独感尚可以通过与母亲乳房或肌肤的接触而得到缓和；然而在人们离开原生家庭开始发展个性的自己之后，爱则是摆脱孤独感的首要途径。这里的"爱"并非坠入情网那种被动的感受，而更多地体现为一种积极的活动[3]，它具有以下五个重要特征。

给予

提问："我不爱他 / 她了，怎么办？"

回答："去爱他 / 她啊！"

---

①　退行，是精神分析理论中不成熟自我防御机制的一种，是指人们在面临现实生活的挫折或应激时放弃已经掌握的成熟应对方式，退行回到生命早期而采用那个阶段的行为方式，以原始、幼稚的方法来应付当前情景，从而降低自己现实中的焦虑。

　　敏锐的人会发觉"提问"与"回答"中爱的含义不同，而恰恰在这种概念偷换之后，看似难以解决的难题就迎刃而解了。在说"我不爱他／她了"时，这个"爱"其实是表达那种自己期待在亲密关系中被动获得的感觉。因为这种爱情的感觉只能被动等待，所以"不爱"了就一筹莫展。但是在说"爱祖国、爱人民"时，"爱"是表达一种主动为祖国、人民的福祉而做出努力的意愿或行动。相对于被动等待的"被爱的感觉"，爱的意愿与行动的主动权则在我们手里，想爱就可以去爱。这绝非在玩文字游戏，而是在强调一种看待爱情的视角。一般来讲，一见钟情或者坠入情网的感受虽然来势汹涌，却也变化多端，通常都是难以控制的。一味地想要控制那些几乎无法控制的事情，显然不是明智之举。与其将爱情建筑在"感受"这种瞬息万变、捉摸不定的"空中楼阁"之上，不如将爱情视为一种主动给予的意愿和行动，毕竟这才是我们可以控制的。

　　常识认为，得到才是最快乐的。然而来自美国心理学家的研究却发现，为别人花 20 美元要比为自己花 20 美元更为快乐[9]。除了"为别人花钱"这种亲社会行为所带来的人际助益和奖赏，给予行为本身也是一个人力量与价值的体现。就金钱而言，能够给别人钱或者为别人花钱才是真正富裕的表现；而那些一毛不拔的吝啬鬼、守财奴，无论他们拥有多少物质方面的财富，在心理上都是一个贫穷而可怜的人。将金钱换成生命中具有价值的其他东西，也是同样的道理。一个能够将自己的欢乐、兴趣、知识、幽默等同别人分享的人，不但可以提高自己的生命价值，也唤醒了对方身上有生命力的东西。就像是哲学家卡尔·雅斯贝尔斯说的那样："一棵树摇动另一棵树，一朵云推动另一朵云，一个灵魂唤醒另一个灵魂。"

关心

关心，作为一种精神层面的给予，是任何形式的爱都无法脱离的核心要素。严格意义上讲，一旦没有了关心，两个人之间的关系在本质上也就趋于消亡了。所以，漠不关心才是关系的终结者，而让人感觉更不舒服的厌恶与愤恨只不过是消极形式的关心，存在向积极转变的可能。生活中，由爱转恨、由厌恶转喜爱的例子不胜枚举。

爱作为一种积极的关心，通常情况下都是需要条件的。社会学家乔治·霍曼斯（George Homans）就声称，社会中的所有人际关系都是一种"交换关系"（exchange relationships），人与人之间所发生的无非是物质、心理或社会层面的交换 / 交易[10]。在当今消费主义思潮的影响下，这种人际观点在社会中大行其道，婚恋关系中的"付出感"及居高不下的离婚率便与这种心态有关。然而理想的亲密关系则属于"共有关系"（communal relationships），一种长期的联结纽带，在这种关系中个体对别人拥有特殊的责任感，个体始终会感到有责任去满足对方的需要，而且不关注是否得到偿还[11]。成熟 / 真正的爱不以对方的回报为前提，是一种无条件的爱。虽然我们所给予的关心往往会得到对方的回报，但这种爱的关心并不是为了"获得"。也正是爱情中这种不求回报的无条件关爱，使对方成为一个给予关爱的人，而且双方都因为这种在内心唤醒的力量而充满快乐。如果是基于交换关系付出的"爱"，也只会得到那种显性或隐性索求回报的"爱"，而婚恋双方就真的如流行歌曲所唱的那样，成了"爱情买卖"。

责任

在爱情关系建立之初，有人会对对方提出："你要对我负责任。"

负，是背负之意，一般只有沉重的东西才需要背负，可见责任不是轻而易举的事情。所以，这句话常常会令听到的人体会到一种外界附加于自己身上的压力。其实，成熟爱情中的责任是一件完全自觉的行动，是对另一个生命表达出来或尚未表达出来的愿望的应答[3]。有的学者为了避免这种意义上的混淆，将其称之为"共有应答性"（communal responsibility）[12]。当一方表露自己的需要与渴望时，另一方会以促进其需要和渴望满足的方式做出反应。有的时候即便一方没有表达自己的愿望，另一方也有可能根据自己的经验做出判断进而主动采取行动。比如说，在你还没有感觉冷的时候，你妈妈就已经嘱咐你穿秋裤了。也许是因为习惯了这种来自母亲的"主动"的爱，有些人也会期待配偶在自己表露需求之前就能够主动满足自己的愿望，认为一旦明确说出自己的需要，对方再做出行动就没有感觉了。

无论是前面提到的共有关系，还是这里的共有应答性，都有"共有"二字，很容易让人联想到一种病态的亲密关系——共生关系（co-dependent relationship）。就像是怀孕母亲与胎儿之间的关系，共生关系中双方相互依赖、融合而无法在心理层面真正独立，常常表现为"服从者"与"控制者"（受虐狂与施虐狂）的组合。其中，服从者会做出一些类似无条件关心与责任的行为，如尽力读懂对方心思，并时时刻刻无条件满足对方任何需求，甚至包括那些极为自私或苛刻的要求。这样一来，一方会因为另一方的付出而感到满足，而付出方也因为自己能够取悦对方而感到快乐。这种看起来皆大欢喜的局面与真正成熟的爱情存在着天壤之别。成熟之爱的责任是自觉、自愿的，可以自主选择停止应答行为，而共生关系中的服从者则是迫于关系不得去，没有选择余地；成熟之爱的给予与关心可以激发对方的无条件关爱，而共生关系中的控制者则只会变本加厉地提出更多的需求。所以，现实生活中共生关系的爱情常常容易因为一方的需求越来越难以满足，而另一方的付出得不到肯定而结束。这是因为，共生关系中的双方均不是独立的，相互之间没有真正的尊重可言。

尊重

尊重，不只是那种表现于外的"相敬如宾"，更多的是指自己内在能够正视对方独特的个性，包容对方与我们的差异，即所谓"爱他／她本来的样子"。只有在"合二为一"的亲密关系中保持自己的独立性，同时又尊重对方的独立性，我们才会希望所爱的人以其自己的方式和为了自己去成长、发展，而不是变成我们所希望的样子。很多用心良苦的母亲会在孩子青春期遭遇强烈的敌对情绪，大概率是因为她们虽然毫无索取地关心自己的孩子，却没有真正做到"尊重"孩子。作为孩子的生育者与养育者，很多父母常常视孩子为自己的附属物，他们总是期望孩子可以成为自己所希望的样子（好好学习、懂事、不谈恋爱等），却对孩子自己的成长愿望不屑一顾。为了避免无私的母爱／父爱沦为心理控制而遭到孩子的逆反，黎巴嫩诗人纪伯伦（Gibran）曾经这样告诫父母——孩子只是"借助你来到这世界，却非因你而来；他们在你身旁，却并不属于你"。

即便没有亲子之间的恩养关系，恋人们也会因为那种强烈的情感依恋而失去"尊重"。一旦确立爱情关系，双方都会觉得自己需要为对方负责，而这种"负责"又常常因为用力过猛而适得其反。如果不能尊重对方的独立性，再多出于爱的关心也终将沦为"情感勒索"（emotional blackmail），以爱的名义强迫对方顺从自己的想法做事[13]。比如，亲密关系中常见的改造对方，显然是要求对方变成自己所希望的样子，这与当年妈妈对我们的期待又有何区别呢？只不过作为成年人的对方，不会像小孩子那般轻易妥协，于是婚恋生活中独立性较差的一方便经常会上演"一哭二闹三上吊"的戏码。也许有些人情感生活中情感勒索的形式没有这么直白、剧烈，但如果你在生活中经常说或者听到这些类似的话，可能需要反思一下爱情中的尊重与独立性议题了。

我还能害你吗？你得听我的。

我已经这么惨了，很累了，想要求一点……过分吗？

如果你真的爱我／如果你真的重视我／如果你还想继续在一起，你就……

了解

如果没有认识与了解，尊重便只是虚头假脑的外交礼仪。真正的尊重要如其所是地爱，要爱他／她本来的样子，自然需要搞清楚"其所是"的样貌，搞清楚他／她本来的样子如何，也就是要去了解、认识对方。站在自己的角度、依靠一些刻板印象去推测对方，这种"不要你以为，我要我以为"的了解方式之中只有刚愎自用的武断，与爱无关。成熟之爱中的了解需要站在对方的立场来看待他／她的情绪与行为反应。来自两个截然不同原生家庭的伴侣双方，其性格、看待世界的方式及生活习惯都会存在较多的差异。如果不去了解对方的成长环境与生命经历，你可能会觉得对方"挤牙膏必须从尾部一点点卷起"的行为十分矫情，你也可能会觉得对方"睡觉时必须要留一盏小灯亮着"的行为特别莫名其妙。不要小看这些琐碎的行为，如今因为挤牙膏方式或者早晨争厕所而离婚的大有人在。

如果能够"异地以处"地了解对方的原生家庭、成长经历及这些对其性格的影响，我们便可以更容易地接纳这些生活琐事，乃至于行为秉性上的差异。有的时候，即便是暂时无法接受的事情或人物，在真正地了解之后也会因为"理解之同情"而发生关系方面的转机。不信你可以尝试一下：选择一个你比较讨厌的人，为他／她编写一部小说，最好能够写清楚他／她小时候的经历是如何悲惨，才塑造出了这样扭曲的性格。等你完成这样的虚构创作之后，或许就会发现对那个人的讨厌之感没有那么强烈了。也就是说，连人为虚构出来的"了解"都可以提升对一个人或者一件事的接纳程度。

综上，了解作为成熟之爱的基础，不但可以促进关系中真正的尊重，还可以让关心变得"如其所愿"而更具有针对性和有效性；尊重可以让责任不至于沦落为心理控制与情感剥削；责任则可以保证给予和关心是发自当事人内心的自觉与自愿，并非基于某些外界压力而被迫采取的反应。就这样，给予、关心、责任、尊重、了解有机地整合出成熟之爱。本书下面几章会就"如何促进成熟之爱"提供一些必要的理论知识，然而这些通常意义上的知识并不能让我们认识完整的人与真实的爱情。只有通过人与人的结合，也就是真正的爱情，才可以让身处其中的人们完成那个"认识你自己"的人生使命。就像弗洛姆所说的："在爱情中，在献身中，在深入对方中，我找到了自己，发现了自己，发现了我们双方，发现了人。"[3]

❤ 参考文献

[1] 泰·田代. 永远幸福的科学 [M]. 靳婷婷，译. 北京：中信出版社，2016.

[2] Park Y, MacDonald G. Consistency between individuals' past and current romantic partners' own reports of their personalities [J]. Proceedings of

the National Academy of Sciences，2019，116（26）：12793-12797.

［3］弗洛姆. 爱的艺术［M］. 李健鸣，译. 上海：上海译文出版社，2008.

［4］巴里·施瓦茨. 选择的悖论［M］. 梁嘉歆，黄子威，彭珊怡，译. 杭州：浙江人民出版社，2013.

［5］安德鲁·特里斯. 恋爱是这么回事［M］. 麻争旗，译. 北京：华夏出版社，2011.

［6］Gupta U，Singh P. An exploratory study of love and liking and type of marriages［J］. Indian Journal of Applied Psychology，1982，19（2）：92-97.

［7］Madathil J，Benshoff J M. Importance of marital characteristics and marital satisfaction：a comparison of asian indians in arranged marriages and Americans in marriages of choice［J］. Family Journal，2008，16（3）：222-230.

［8］斯科特·派克. 少有人走的路［M］. 于海生，译. 吉林：吉林文史出版社，2007.

［9］Aknin L B，Dunn E W. Wealth and subjective well-being：Spending money on others leads to higher happiness than spending on yourself［C］. // Activities for teaching positive psychology：A guide for instructors. American Psychological Association，2012：93-97.

［10］Homans G C. Social Behavior：Its Elementary Forms［M］. New York：Harcourt Brace Jovamovich，1974.

［11］Clark M S，Aragón O R. Communal（and other）relationships：History，theory development，recent findings，and future directions［C］. // The Oxford handbook of close relationships，2013：255-280.

［12］罗伯特·斯滕伯格，凯琳·斯滕伯格. 爱情心理学［M］. 李朝旭，译. 北京：世界图书出版公司，2010.

［13］余建诚，蔡丹. 以爱之名的控制——人际关系中的"情绪勒索"［J］. 大众心理学，2019（5）：44-45.

第九章

如其所是的爱

我允许别人如他所是。

我允许，他会有这样的所思所想，如此的评判我，如此的对待我。

——伯特·海灵格（Bert Hellinger）

场景一：

故事主角是工作繁忙的夫妻二人。某一天，丈夫在公司被领导狠狠地批评了，而且是当着下属的面，所以心情很是不好。下班回到家他就一屁股坐在沙发上，打开电视机。无奈受到情绪的影响，他压根没有心情看电视，于是就拿着遥控器不断地更换频道。诸位，一般来讲，男性不停地换台通常是因为心情比较焦躁。这时候，刚从厨房出来的妻子很快就察觉到丈夫的情绪状态。她便放下手头的活儿，很温柔地坐在丈夫的身边，轻声细语地说道："你今天的情绪不对啊。"十有八九丈夫会回答："没事。"妻子听到这种搪塞的回答之后，不肯罢休，"怎么会没事呢，你看你的脸色，都快能滴下水来了。"搪塞未果且心情烦躁的丈夫有些不耐烦了，"真的没事。"妻子自然也不会轻易放弃，还想继续询问，可没等她说出口，丈夫就把电视一关，遥控器往茶几上一摔，转身去了书房。

贤惠的妻子虽然有些不爽，但还是觉得丈夫的事情似乎更为严重，就乖乖去厨房泡了一杯咖啡，小心翼翼地端到书房，放在书桌上。然后继续乖乖地站在丈夫背后，帮他轻揉肩膀的同时又忍不住开始说——

"你肯定是单位有事了，要不然不会这样。"

"真的没事，你让我静一静。"

"真的，有事的话说一说就好了，我听心理老师说了，有什么事说出来就好了，你不说我怎么知道呢，你说嘛！"

……

最后，丈夫的情绪绷不住了，"你能不能让我安静安静！"

妻子的委屈也绷不住了，"你到底要干吗，合着我是好心做了驴肝肺？"

场景二：

还是那对夫妻。又有一天，妻子在公司与同事搞得很不愉快，气鼓鼓地回家了。恰好这一天丈夫回家比较早，坐在沙发上看电视。妻子把包包一扔，一屁股坐在沙发上，从丈夫手里把遥控器抢过来，关了电视，掐着腰跟丈夫说："你说我们公司的 ×× 怎么那么讨厌呢，我不去惹她吧……"

丈夫没有因为电视被关掉而生气，反而马上转过身来，看着妻子的眼睛很仔细地听她讲述自己在公司里的不愉快经历。半个多小时过去了，丈夫感觉信息已经收集得足够多了，就把手一挥，对妻子说："我知道了，下一次你再遇到这种情况，就这样这样，1……2……3……4……5……"本来丈夫打算逐条讲出自己的建议，却被妻子直接打断："唉，你说的那些根本就不管用，我早就用过啦。"丈夫一听妻子开始否定自己，心情立马就变坏了，也没有多少心情继续听了。而妻子一看丈夫一副很敷衍的样子，气就更不打一处来了，矛头就不知怎么地转向了丈夫："还不是你，挣那么点钱，害得我还得去外面拼，才不断遇到这样的事情，我的命怎么那么苦啊！"

上述夫妻两个似乎都在尽自己可能地主动关心对方，结果却适得其反。这些让人感到挫败、无力的场景，皆是由于他们的爱只能算作"如己所愿的爱"（用自己喜欢的方式去爱对方），而非"如其所是的爱"（用对方喜欢的方式去爱对方）。要想摆脱这种困境，真正做到"如其所是"，就需要先搞清楚我们所爱的对方与我们存在哪些不同。

金星、火星说

20 世纪 90 年代，坊间流传一本"情感圣经"——《男人来自火星，女人来自金星》。该书的作者，美国畅销书作家约翰·格雷（John Gray）认为，男女不只是沟通的方式不同，想法、感觉、认知、反应、爱情、需求、表达、感激的态度等也大不相同；他们几乎是从不同的星球来，说不同的语言，需要不同的营养。[1]严格意义上讲，生理差异、父母教养、学校教育、社会历史文化影响等都有可能带来男女性之间的各种差异。但要追溯男女差异的根源，进化心理学提供了一个颇具解释力的理论假说。

进化心理学家认为，如今生活在地球上的人类其实携带着一个"远古的大脑"。那些在远古和现代都具有生存意义的生理或心理特征自然会在千万年的进化之中代代相传；即便有些生理或心理特征在当前生活情境中不再具有适应功能，基于进化的滞后效应也会被保留下来。如此一来，现代人类的许多特点和习性都可以在远古时代找到生存价值。而男女差异的根源肯定不会在火星或者金星上面，也许存在于远古时代男女性所生存、生活的环境之中。

狩猎者的任务导向

首先来设想一下洪荒时代男性的生活处境，狩猎是他们的主要生活内容和生存手段。在严酷的大自然面前，捕捉猎物的能力及捕获猎物的成功率都将决定他们的家庭能否存活下去，也因此决定这名男性的基因能否在进化之中传递下去。那些无法捕获足够猎物的男性，其后代便无法继续存活，更谈不上继续繁衍；而现存于地球上的男性，定然是那些可以成功捕获足够猎物的男性的后代。于是，成功捕获猎物相关的基因便通过进化过程留在了所有男性的体内。在远古时代，完成狩猎任务是男性在求生存、繁衍时优先考虑的事情；在不允许打猎、也不需要打猎的今天，更为宽泛的"完成目标任务"则被男性视为重要的存在价值，而完成任务的能力也就成了一名男性立足世界的"根基"。当现代人喊出"更高、更快、更强"的奥林匹克格言时，本质上还是一种典型的男性价值，毕竟"更高、更快、更强"才能捕获更多的猎物。

对于多数男性而言，独立完成一项任务不但是其存在价值的体现，更是其成就感的主要来源。在这样的情况下，其他人的参与势必会减弱其成就感，也会被其视为对自己能力的怀疑——"你来帮助我的原因是你觉得我不能独立完成"。正因为这样，男性的主动求助十分难得。一旦男性迫不得已求助，他一定会找比自己能力强的"能人"，而这位"能人"也会因为这种肯定而深以为荣。

回到前面的场景二，当女人滔滔不绝地倾诉自己的问题时，男性很容易将其解读为"求助"行为。在"任务导向"的思维之中，丈夫面对妻子倾诉的潜台词是"如果不是让我帮助你解决问题、完成任务，说那么多还有什么意义"。无论是出于对妻子的真爱，还是那种给出帮助"做能人"的荣誉感，丈夫便开始按照其任务导向的思维给出自己的"解决措施"。可惜的是，妻子分享自己的困扰只是期望被倾听，而丈夫提出的"解决措施"会让自己无法继续倾诉。于是，妻子断然拒绝丈夫的建议，准备继续"倒苦水"。然而不幸的是，建议被拒绝对男性而言意味着对方不认可自己的建议，而不认可自己的建议等同于不认可自己完成任务的能力，这一下就否定了其存在的价值。感觉被彻底否定了的丈夫自然心情大坏，也懒得再继续倾听了。

抚养者的关系导向

再来设想一下远古时代女性的生活处境，男人们都出去狩猎了，剩下一群女人聚在一起缝补着兽皮、照顾着孩子……无论是与部落中其他人长期相处，还是抚养孩子，都需要那个时代的女性能够与他人建立良好的人际关系。与男性一样的进化逻辑，擅长建立良好关系的女性最终在漫长的进化过程中得以繁衍下去。虽然现在科技如此昌明，男人们几乎不再依靠狩猎来维系生存，但人与人之间的良好关系仍然是女性生存中首要考虑的事情。长此以来，女性先天地拥有一种追求关系品质的行为倾向，很多时候分享感觉远比完成目标更重要。最典型的生活中的例子就是上厕所——而对于男性来讲，厕所只是排泄粪便的地方，"拉屎撒尿"这样的事情一般都可以独立完成，所以很少有男性呼朋唤友去上厕所；而对于女性来说，去厕所被赋予了更丰富的内涵和功能，因此女性经常会招呼着伙伴一起去。

因为建立良好人际关系的需要，女性察言观色的能力通常比较强，很容易意识到对方的需求。而且由于长期以来扮演着抚养者的角色，女性也更容易"母爱爆发"从而主动给予对方帮助，其心里的潜台词是"我爱你才来帮助你的"。回到前面的场景一，当丈夫面色不好的时候，妻子很容易觉察出丈夫的烦恼并且"爱心泛滥"地去请对方倾诉，因为她认为倾诉对自己是有帮助的，对丈夫的心情缓解也一定有效。然而，倾诉并非男性所习惯或者喜欢的情绪缓解方式，这种"强人所难"本身就会带来压力。更为不幸的是，"不请自来"的爱心通常会被男性误解。在以独立完成任务为荣的男人心中，在自己未提出请求之前主动给予帮助，是认为自己不具备独立解决问题的能力，也就是说"不请自来的帮助是说我无能"。上一小节已经提到，对男性能力的怀疑直接威胁到他们的生存价值，最容易让他们情绪恶化而产生防御行为。于是，丈夫断然冷漠地拒绝对方的示爱。这反过来又会深深地刺伤妻子，因为在女性心中"拒绝我的帮助就是拒绝我的爱，拒绝我的爱就是拒绝我这个人"。

简单总结一下：由于受到进化历程中生存环境的影响，男性通常以工作与完成目标任务为肯定自己的方式，其思维与行为具有明显的任务导向；女性则往往以人际关系作为自我肯定的方式，其思维与行为体现出明显的关系导向[2]。进化心理学相关的研究也发现，在面临压力情境时，男性基于其"任务导向"表现出更多的"战或逃"反应（fight-or-flight response），而女性基于其"关系导向"则表现出更多的"互助友善"反应（tend-and-befriend response）[3]。

带着这些知识再次回到前面的两个场景。当男性心情不爽的时候，不需要做很多事情去打搅他，给出足够的时间和空间让他可以有机会独立解决问题。除非他主动求助，否则女性只需要"冷处理"即可，这反而会让他觉得受到尊重。如果在丈夫独立解决问题，"仰天大笑出门去"的时候，妻子能够给他一个拥抱，满怀崇拜地说一句"老公，你真棒！"丈夫定然会深受感动，为有这样的红颜知己而庆幸不已。而当女性难过的时候，男性千万不要急于给出建议，只需要安静地倾听，适时地用简短的语气词予以回应，必要时递上纸巾，基本就万事大吉了。就像男性需要空间来解决问题，女性也需要有人陪伴来疏导情绪。在妻子说累了或者不哭了的时候，丈夫如果可以站起来给她一个大大的"熊抱"，深情且心疼地说一句"老婆，让你受委屈了！"妻子心里也一定会舒服多了。如果能够"如其所是"地关爱对方，坏心情非但不会成为吵架的引爆点，反而可以变成关系巩固的机会，让夫妻二人更为相爱。

　　看到没有，"知识就是力量"。当我们了解到上述两个场景中夫妻吵架的原因之后，自然就可以四两拨千斤地转"危"为"机"了。考虑到诸位后半生的幸福，下面以"狩猎者的任务导向"和"抚养者的关系导向"为提纲，继续介绍一些男女两性在感觉知觉、语言表达、情绪感受等方面的不同。

感觉知觉

　　一项针对民族心理的研究发现，长期过着狩猎生活的鄂伦春族的后代（不再从事狩猎活动）在视空间工作记忆方面的表现要显著优于汉族人[4]。由此可见，一个民族千百年来的生存环境与生产方式，即使在后代生存环境与生产方式已经改变的情况下仍然可以显著地影响他们的心理特征。而远古时代的长时间野外狩猎生活也一定可以为现代男性提供强于女性的空间认知能力。男女在空间认知上的差异十分明显，以至于一本介绍男女差异的书就被命名为《为什么男人不听，女人不看地图》。注意，"因为不看地图就说女性都是路痴"是武断而没有充分道理的。更准确的说法应该是，女性在认路时更多地依靠颜色与地标，而男性则更多通过距离和方位规划路线。自然，以距离和方位为主的地图颇受男性青睐，而女性则因为地图缺乏丰富的颜色和地标而不能很好地利用它。当然，男性也有因为看不懂地图而迷路的时候，只不过他们"煮熟的鸭子——嘴硬"，即便反复走冤枉路也不想开口问路。

　　说起颜色，就到了女性的"主场"。研究发现，女性视网膜上的圆锥状细胞①比男性要多，大脑视觉中枢中处理颜色的区域也更大。排除

_____
　　①　人类的视网膜上分布着条状细胞和圆锥状细胞，其中条状细胞负责处理黑白两色，而圆锥状细胞则负责处理彩色。

从事与颜色有关的工作（绘画、设计等）的专业人士，在普通人中一般女性辨识各种颜色的能力要强于男性。这也许与女性在远古时代负责缝制美观的兽衣、通过颜色辨识水果是否成熟的生活经历有关。而在如今时代，这种颜色识别上的差异也造成了女装颜色多彩、款式丰富而男装颜色款式单一的局面。一件粉色的连衣裙在女性眼中常常可以看出各种"惊心动魄"的地方——可爱的粉色、惊艳的褶皱、飘逸的缎带……而在男人们的眼中，无非是一块裁剪成类似体形的粉红布料罢了。这样诸位就能理解为什么女性十分喜欢逛街，而男性则视逛街如噩梦了吧。

视角方面，男性出于狩猎的需要，必须有找准远距离目标的视力，久而久之便趋向于管状视野。女性为了照顾孩子，必须对周围近距离的危险保持觉察，长此以往便成了广角视野。在马路上发生的交通事故中，男孩罹难的比率几乎是女孩的 2 倍。也许这与男孩生性偏好冒险的心态与行为有关，但也与男性"不好使"的视觉功能有关。男性的管状视野目光集中，虽然可以盯住远处的目标，却不能很好地注意身边的车辆；但女性广角视野比较宽阔，能够及时避开危险的车辆。在日常生活中，受限于较为狭窄的视角，男人们在冰箱或者衣柜寻找东西时头部是上下左右轻微摆动的，而且妻子很容易找到的东西，丈夫可能花上好久的时间也难以找到。

语言表达

几乎所有的已婚女人都抱怨过，自己的丈夫通常不怎么会说话。更有调查发现，74% 的职业女性及 98% 的家庭主妇，对其丈夫或男友最不满意的是他们不愿意说话，尤其是晚上，嘴巴撬也撬不开。现在有个新名词——下班沉默症，说的就是这些"臭男人"！

表达能力

男性的狩猎工作，基本不怎么用说话，就是说也只是"上去""小心"之类简短的短语，往往为了捕捉猎物需要安静地待上很久；而女性出于照顾孩子和团结邻里的需要，会不断地说话。如此一来，女性从几万年前就开始练习说话了，而男性则一直缺少这种练习的机会。这就直接造成女性在语言方面的表现远远优于男性，她们不但能说会道，也更为爱说。研究发现，女孩不仅比男孩早学会说话，2 岁女孩所掌握的字句量也要比 3 岁男孩多，所说的话也比较清楚易懂。上学之后，女孩学习外语也比男孩更快，其语法、发音与拼写能力普遍优于男孩。所以，外国语大学或者一般大学的外语学院都是以女生为主。

有学者统计发现，女性平均每天可以说 6000 到 8000 字，还会使用额外的 2000 到 3000 种音调及 8000 到 10000 种姿势，再加上面部表情、头部动作和其他肢体语言的辅助，共计 20000 字左右；而男性平均每天只说 2000 到 4000 字，使用 1000 到 2000 种音调，2000 到 3000 种肢体语言，共计 7000 字左右，几乎只有女性的三分之一。那些抱怨丈夫"下班沉默症"的女性需要留意这组数据，对方不说话很可能是因为他今天的说话"指标"——7000 字——已经在工作中消耗掉了，而非存心不想理你。即便对方出于其他原因不想跟你说话，抱怨也是无济于事的，反而会增加男性的心理压力。男性在压力下常常会将自己封闭起来思考如何解决问题，这无疑会加剧"男人不说——女人要说"的矛盾。当然，男性有些时候也无法注意到女性对于说话的强烈需求。曾经有男性约会时选择与女孩一同钓鱼，这简直就是在折磨对方。对于在远古时代蹲守猎物的男性而言，钓鱼这种独立完成、无须语言交流的活动是其所乐于从事的；但一句话都不说地待上半天，对大部分女性来说都是一种折磨，毕竟人家跟你出来是为了培养感情的，不说话怎么培养感情呢？

沟通风格

美国学者德博拉·坦南（Deborah Tannen）提出了所谓的性别方言理论（Genderlect Theory）[5]，用来阐释男女两性在语言表达和沟通方面的思维差异。其中，男性的语言沟通因其任务导向而呈现一种"报告式"（report talk）风格，通常以陈述事实为主，意在吸引他人注意力、获取更多信息、赢得对话主动权并建立自己的身份地位。而女性基于关系导向的心理倾向，语言沟通则表现为"亲切谈话式"（rapport talk）风格，通常以表达情感为主，意在通过分享私人情感、带有"共情"态度的倾听，拉近并建立、保持与对方的紧密关系。

由于男性的沟通重在陈述事实，其语言表达更为倚重"字意"，个别时候甚至局限为"字面含义"。曾有学者在谈及男女差异时，讲过这样一个戏剧化的例子。妻子在厨房忙着做饭，对丈夫喊了一句："把那些土豆一半削皮放在锅子里面煮。"等妻子忙完手头的活儿，揭开锅盖一看，锅里煮着的每一个土豆都只削了一半的皮。"一半削皮"，男性理解其字面含义就是"每个土豆只削一半的皮"。如果妻子当时说的是"把一半的土豆削皮后放在锅子里面煮"的话，也许就不会闹出这样的"乌龙"了。所以，跟男性讲话要小心字意，尤其是涉及"能"这样的字眼。下一次再给男性安排任务的时候不要用"你能不能把垃圾倒了"或者"你能不能把扣子扣好"这样的祈使句。因为男性会关注到句子中的"能"字，如果他们感觉到自己连倒垃圾、扣扣子的能力都被你怀疑的话，肯定不会平心静气地接受你的安排。最好把"能"换为"愿意"，在承认对方倒垃圾能力的前提下询问"你愿不愿意把垃圾倒了"。

　　女性"关系式"的沟通风格则更为关注语言表达的过程，她们也更多地依靠声调的变换和肢体语言来辨别意义与情绪。相对于男性简短、明确、直接的表达风格，女性说话则显得有些绕圈子、拐弯抹角，甚至是"啰唆"。比如，妻子向丈夫抱怨"我们成天宅在家里，都快发霉了，你从来没有带我出去好好旅游过"。在"有话不直说"的妻子这里，她想表达的是丈夫很少带她出去旅游，进而希望丈夫能够在近期带她出去一趟。但在关注字意的丈夫那里，这样的表达是在冤枉他，因为他们认识以来还是出去旅游过一两次的，绝不是什么"从来没有"！下一次吵架的时候，如果妻子或女友已经气得不行，说"我们分手吧"或者"你走吧"的时候，男性一定要好好思考一下，因为她们也许并不是真的希望你走，这样说其实是在强调她们"很生气"，如果再不过来哄一下的话，"后果很严重"。

　　还有一点，女性还可以做到一边做其他事情一边说话，这一点男性绝对望尘莫及。说话这件事，男性几乎需要拿出所有的注意力才能完成，所以他们看电视的时候如果来了电话，多数男性都会选择静音或者关闭电视去接电话。女性则可以在看电视的同时接电话，她们甚至可以一边打毛衣，一边聊天，一边看电视。基于这个原理，给女性同胞出一个"损招"。如果你男友或丈夫惹你生气了，就在他用铁锤钉钉子的时候和他说话！

 ## 情绪感受

　　婚姻生活中常常会出现这样一幕：两口子晚上吵架之后，妻子还在生闷气，丈夫却早就呼呼大睡了。这一方面是因为男性比较不容易觉察到对方的情绪状态，以为不讲话就代表"事情过去了"，自己可以放心去睡了；另一方面，男性制造血清素（serotonin）的速度比女性快52%，而快速分泌的血清素可以让他们短时间内平复心情，沉沉睡去。然而妻子看到这样"没心没肺"的丈夫，觉得对方心里压根没有自己，就会越发生气，甚至要把他们摇醒了问个明白。

情绪觉察

远古时代的男性在狩猎时无须对猎物的状态进行体察，管它高兴还是悲伤，打死了带回家是正经。但那个时代负责抚养孩子的女性则需要对不会说话的孩子进行细致观察才能做一个好妈妈，而且团结邻里关系也需要她们花更多的心思去察言观色。就这样，女性练就的觉察能力远胜于男性。亚伦·皮斯（Allen Pease）等曾经在1978年的电视节目中做过一个实验，他们从一家妇产医院收集的录像带中挑出十秒婴儿哭闹的画面（只有画面，没有声音）让家人观看，要求家人们对婴儿的状态进行判断。其中，多数母亲可以据此判断婴儿的情绪反应，是饿了，不舒服，还是在喘气，或者累了；而能区别出婴儿两种以上状态的父亲只有不到10%，而且多是瞎蒙。如果让祖父母去完成这个任务的话，祖母的成功率在50% ~ 70%，祖父甚至完全分辨不出哪个是他的孙子[2]。

在女人们强大观察力的笼罩下，男人们撒谎的小伎俩往往是行不通的。实在迫不得已需要撒谎的时候，千万不要面对面，最好选择打电话的方式。即便只有语音，女性也很有可能通过音调的转变听出一些端倪。研究发现，女性可以听出5种以上的音调变化，而男性只能听出3种。生活中经常看到有些女生指着自己的男友十分生气地说："别用那种语气和我说话！"可怜的男生根本没有觉察到自己语调的变化，只能一脸委屈地说："我用什么语气了？"还有一种情况诸位或许经历过。大约在初中阶段，当女老师训斥女学生的时候，女孩低下头，老师一般是允许的。可是如果被训斥的是男孩，他低下头的话，几乎所有的女老师都会很生气地说："看着我！"虽然老师们说不出来，可她们心里知道，这些男生如果低下头，基本就听不懂老师的话了。所以，不要奢望自己男友能够猜出你的心思，就算你明确说出自己的需求，他能够听明白就不错了。

情绪处理

想象这样一个场景：深夜雨中，一个人开车到了前不着村后不着店的地方，轮胎爆了。如果当事人是男性，他很可能会先骂天、后骂娘，然后闭上嘴咬着牙下车冒着雨换好轮胎继续赶路。如果当事人是女性，她很可能会一怨天、二尤人，然后委屈得哭着下车冒雨去换轮胎，一边抽泣一边换，换好了轮胎继续赶路。

"男儿有泪不轻弹"这句话除了鼓励男性要坚强以外，也是因为"男儿流泪"的代价比较高。在上面那种深夜爆胎的情境之中，男性如果哭泣的话，八成是无法更换轮胎的，他们只能等情绪平复后才能继续前行。相对于女性，男性更害怕与情绪（尤其是消极情绪）共处，也更倾向于"消除情绪"。也许正是这个原因，男性不但自己快速制造血清素以平复情绪，也希望对方能够在短时间内解决情绪问题。当消除对方情绪的努力失败时，很多男人都会感到沮丧，甚至会生气地叫她不要太情绪化。因为一个劲儿地哭，会让男人体会到强烈的无能感。可这种"粗暴制止哭泣"的行为，又会让女性觉得对方一点都不包容自己，连哭都不允许，于是就会哭得更伤心了。

其实，情绪发泄对于女性而言更像是一种沟通方式，借着这种方式她可以很快地恢复，并且忘记烦心的事。所以面对消极情绪时，女人并没有那么焦虑、害怕，她们更希望自己的情绪得到"协调"[6]。也就是说，女人希望自己在表达情绪时能够得到关注、倾听、理解和共情，而不是快速消除情绪的建议和方法。不幸的是，女性的情绪运作比较复杂，常常给男性的"情绪协调"努力带来更大的挑战。比如，下面这个例子。

某天，男友接电话晚了一点，女生看在他身边有其他人，给他留个面子说"没事"。

过了几天，男生因为打篮球而约会迟到，她压了压心头火，说"没事"。

又过了几天，男生陪女朋友逛街的时候心不在焉，她觉得没必要小题大做，还说"没事"。

……

之后的某一天（或许这天恰好处于女生的生理期），轧马路的时候男生让女朋友走在了自己的左边（更容易被车撞到的一边），于是女生"爆发"了："你总是这样，一点不知道呵护我、关心我，让我走在马路中间，是想撞死我你好换一个女朋友的吗？"

男生一下子被"击溃"了，完全是一脸懵圈，然后通常都会委屈地问出一个"万劫不复"的问题："你怎么了？"

这个发自本能的问题，让对方很难回答。如果这个女生还能记得过去一个多月中男朋友让自己不高兴的十几次经历，这时候一桩桩一件件罗列出来并不现实，还会显得自己过于小肚鸡肠。通常情况下，女生只会记住那种不舒服的感觉，却记不清具体发生了哪些事情。但是她们肯定不会回答"我也不记得了"，这样会显得自己太过无理取闹。鉴于女性在语言表达方面的优势，她们常常会反客为主地质问对方："你说怎么啦？"

对那些习惯于寻求原因解决问题的男生而言，他们开始在脑海中搜索女友情绪爆发的原因——"刚才我抠鼻子啦？随地吐痰了？又偷看别的女生了？……不能够啊。"当男生处于这种百思不得其解的沉默思索之中时，女朋友会更加生气，"搞不清楚生气的原因也就罢了，还问我，问我也就罢了，还不理我！"

　　男同胞们一定要记住——协调情绪。首先不能通过讲道理来妄图消除对方的情绪，且不说你大概率讲不过对方，即便你的道理听起来很有道理，处于"劣势"的对方也会因此变得更加生气而选择不跟你继续讲道理。其次，也没有必要急于寻找原因，那些"扯不断理还乱"的琐事只会让自己陷入一种徒劳无功的境地。一般来讲，当情绪已经爆发时，原因就没有那么重要了。重要的是一种"协调情绪"的态度，虽然不知道自己错在哪里，但可以试图理解、接受对方因自己犯错而表达的愤怒。也许，这个时候最有效的反应就是诚恳而平静地看着对方，说："一定是我做了什么让你这么不开心，如果你愿意的话，可以跟我说说吗？"到这种程度，一般女生也就过去了。

 ## 重要的补充说明

　　坊间关于男女差异的知识介绍十分丰富，而本章所涉及的只能算是男女差异的"冰山一角"，主要集中在感知觉、语言思维及情绪感受等方面。如果只是从外观来看的话，男女两性最为明显的差异其实是在外生殖器方面，而且性与生殖也的确是男女差异最为突出的方面。本书第五章已经对男女在长期择偶、短期择偶[7]等方面的差异进行了理论分析，下一章会进一步介绍两性在具体性行为方面的诸多差异。然而在继续下面的内容之前，必须补充说明一些问题。因为即便是这样蜻蜓点水、挂一漏万地介绍一些所谓的"男女差异"，都冒着相当大的风险。

虽然学术界有关性别差异的研究如火如荼，而且男女差异的各种知识也因为媒体炒作而深入普通民众之心。但实际情况是，流行的男女差异相关知识并没有可靠的科学研究支持，那些号称发现差异的研究也常常充斥着不够严谨、错误解读、发表偏倚、统计功效差、控制不恰当和其他更严重的问题[8]。在当前脑神经科学研究的风潮之下，多数男女差异的研究都试图溯源到人类大脑与神经内分泌层面。然而即便生理形态上存在客观的差异，比如男性大脑要比女性重10%左右，也并不意味着二者大脑的运作方式必然不同[9]。毕竟男性的心脏和肝脏在平均意义上也比女性的要大，但这同样并不能说明男女在心脏和肝脏的运作方式上是不同的。

没有充分的科学证据，也不能说明男女之间不存在心理方面的差异。只不过这些差异很有可能不是生理层面和与生俱来的，而是在后天成长过程中被社会历史文化所熏染而成的。一项研究发现，就在男女平等已经成为大势所趋、人心所向的今天，才华横溢的女性还常常被认为是"工作机器"，而男性却被看作是"不羁的天才"[10]。也许，男性追求事业而女性照顾家庭并非源自其大脑功能的差异，而是因为长期浸染其中的文化不断地鼓励男性发展事业、女性回归家庭。同理，男性更倾向于表达攻击与愤怒，很有可能也是源自社会文化对男性攻击、愤怒的鼓励与包容。正如认知神经学家吉娜·里彭（Gina Rippon）所说："一个性别化的世界会孕育出性别化的大脑。"如果学术界或者媒体继续宣传男女差异的相关知识，由这些性别差异研究与文章所构成的文化便会进一步固化男女差异，而研究者又可以不断验证男女之间的心理差异并将这些发现传播给普通民众。这俨然变成研究之中的"循环论证"，而且性别偏见也在这样的过程中被不断加深。

再退一步，承认男女的确存在差异，但这种"存在"也只是一种统计意义上的存在。也就是说，研究所发现的男女差异是基于一定概率水平的，并非所有的男女皆是如此。以力量为例，相信诸位都认可男性的力量要强于女性。但是男性群体之中的力量差异要远远大于男女之间的平均力量差异，而且手无缚鸡之力的书生比起女举重运动员，力量也要逊色很多。所以，不要指望看过这两章或者这本书就能够精准掌握对方的心理，这些知识很有可能只是一些刻板印象而已。与你交往的伴侣常常会出其不意，只有你付出更多的耐心、更悉心体会，才有可能收获满意的爱情。记住，你的目标不是成为全世界最伟大的恋人，而是成为伴侣心中最伟大的恋人。当对方的表现与本书内容相左时，请认真听取伴侣的意见。

 ## 大脑性向测验

本章的内容基本都是"男女二分"进行比较，但现实中人们的表现往往呈现一种连续体的状态。也就是说，多数人不会极端男性化，在生活中只管任务完成而无视人际关系；也不会极端女性化，只想着维系人际关系而枉顾任务完成。的确，仅仅依靠生理上二分的性别来推断心理特征是草率而武断的。要想更为精准地了解自己或对方，除了在生活、交往之中留心观察和体会，还可以尝试完成下面这个测验。你也可以"安利"这个测试给你的恋人，既能够帮助他／她更为了解自己，还可以给你一个了解对方的机会。当然，该测验最好的"服用方式"是伴侣两人分别完成之后逐项讨论，定然可以大幅度增进二人之间的相互了解。

这个有趣的测验摘录自《为什么男人不听，女人不看地图》一书的57 到 64 页，共有 30 道情境题，主要用以评估你的思维模式是偏于男性化，还是偏于女性化。注意，这个测验的答案没有对错、好坏之分，请一定结合自己的实际情况真实作答。为了让这套测验更适用于当前中国文化背景下的读者，笔者对其中一些语句做了微调，具体题目如下。

1. 在看地图或者街上的指示时，你会（　　）。

a. 会有困难，而找人协助

b. 把地图转过来，面对你要走的方向

c. 没有任何困难

2. 你一边收听收音机一边在准备一道做法复杂的菜，恰好朋友来电，你会（　　）。

a. 三件事同时进行

b. 关掉收音机，但嘴巴和手都没有停

c. 告诉朋友，你做好菜后马上回电话给他

3. 朋友要来参观你的新家，问你该怎么走，你会（　　）。

a. 画一张标示清楚的地图寄给他们，或是请别人替你说明该如何走

b. 问他们有没有熟悉的地标，然后告诉他们该怎么走

c. 口头上告诉他们该怎么走

4. 解释一个想法或概念时，你很可能会（　　）。

a. 利用铅笔、纸和肢体语言

b. 口头解释加上肢体语言

c. 口头上清楚简单的解释

5. 看完一场很棒的电影回家后，你喜欢（　　　）。

a. 在脑海里回想电影的画面

b. 把画面及角色的台词说出来

c. 主要引述电影里的对话

6. 在电影院里你最喜欢坐在（　　　）。

a. 电影院的右边

b. 不在意坐在哪里

c. 电影院的左边

7. 一个朋友使用的某个机器出了问题，你会（　　　）。

a. 深表同情，并和他们讨论他们的感觉

b. 介绍一个值得信任的人去修理

c. 弄清楚它的构造，想帮他们修理好

8. 在不熟悉的地方，有人问你北方是哪个方向，你会（　　　）。

a. 坦白说你不知道

b. 思考一会儿后，推测大约的方向

c. 毫无困难地指出北方方向

9. 你找到一个停车位，可是空间很小，必须倒车才能停进去，你会
（　　　）。

a. 宁愿找另一个车位

b. 试图小心地停进去

c. 很顺利地倒车停进去

10. 在看电视时，电话响了，你会（   ）。

a. 接电话，电视开着

b. 把音量转小后才接电话

c. 关掉电视，叫其他人安静后才接电话

11. 听到一首新歌，是你喜欢的歌手唱的，通常你会（   ）。

a. 听完后，可以毫无困难地跟着唱

b. 如果是首很简单的歌，听过后可以跟着哼唱一小段

c. 很难记住歌曲的旋律，但是可以回想起部分歌词

12. 你对事情的结局如何会有强烈的预感，是借着（   ）。

a. 直觉

b. 可靠的资讯和大胆的假设做出判断

c. 事实统计数字和资料

13. 忘了把钥匙放在哪里，你会（   ）。

a. 先做别的事，等到自然想起为止

b. 做别的事，但同时试着回想你把钥匙放在哪里

c. 在心里回想刚刚做了哪些事，借此想起放在何处

14. 在饭店里听到远处传来警报声，你会（   ）。

a. 指出声音来源

b. 如果足够专心，可以指出声音来源

c. 没办法知道声音来源

15. 参加一个社交宴会时，有人向你介绍七八位新朋友，隔天你会
（　　　　）。

a. 可以轻易想起他们的长相

b. 只能记得其中几个的长相

c. 比较可能记住他们的名字

16. 你想去乡间度假，但是你的伴侣想去海边的度假胜地。你要怎么说服他／她呢?

a. 和颜悦色地说你的感觉：你喜欢乡间的悠闲，小孩和家人也会在乡间过得很快乐

b. 告诉他／她如果能去乡间度假，你会感到很愉快，下次你会很乐意去海边

c. 说出事实：乡间度假区比较近，比较便宜，有规划适当的休闲设施

17. 规划日常生活时，通常你会（　　　　）。

a. 列张清单，这样一来该做什么事一目了然

b. 考虑你该做哪些事

c. 在心里想你会见到哪些人，会到哪些地方，以及得处理哪些事

18. 一个朋友有了困难，他／她来找你商量，你会（　　　　）。

a. 表示同情，还有你能理解他／她的困难

b. 说事情并不如他／她想的严重，并加以解释

c. 给他／她建议或是合理的忠告，告诉他／她该如何解决

19. 两个已婚的朋友有了外遇，你会如何发现？

a. 你会很早就察觉

b. 经过一段时间后才察觉

c. 根本不会察觉

20. 你的生活态度如何？

a. 交很多朋友，和周围的人和谐相处

b. 友善地对待他人，但保持个人隐私

c. 完成某个伟大目标，赢得别人的尊敬、名望及收获晋升

21. 如果可以，你会选择什么样的工作？

a. 和可以相处的人一起工作

b. 有其他同事，但也保有自己的空间

c. 独自工作

22. 你喜欢读什么样的书？

a. 小说等虚构类文学作品

b. 传记、散文等非虚构类文学作品

c. 科普、科技类通俗作品

23. 购物时，你倾向（   ）。

a. 常常是一时冲动，尤其是特殊物品

b. 有个粗略的计划，可是心血来潮时也会买

c. 读标签，比较价格

24. 睡觉、起床、吃饭，你比较喜欢怎么做？

a. 随心所欲

b. 依据一定的计划，但弹性很大

c. 每天几乎有固定的时间

25. 开始一项新的工作，认识了许多新同事，其中一个打电话给你，你会（   ）。

a. 轻易地认出他的声音

b. 谈了一会儿话后，才知道他是谁

c. 无法从声音辨认他到底是谁

26. 和别人有争论时，什么事会令你很生气？

a. 沉默或是没有反应

b. 他们不了解你的观点

c. 追根究底地问问题，或是提出质疑，或是评论

27. 你对学校的拼写测验及作文课有何感觉？

a. 觉得两项都很简单

b. 其中一项还可以，另一项不是很好

c. 两项都不好

28. 碰到固定的舞步或是爵士舞时，你会？

a. 听到音乐就会想起学过的舞步

b. 只能跳一点点，大多想不起来

c. 抓不准时间和旋律

29. 你擅长分辨动物的声音，并模仿动物的声音吗？

a. 不太擅长

b. 还可以

c. 很棒

30. 一天结束后，你喜欢？

a. 和朋友或家人谈谈你这一天过得如何

b. 听别人谈他这一天过得如何

c. 看报纸电视，不会聊天

请根据这个公式来计算自己的测验得分：总分＝选 a 的题数 ×15+选 b 的题数 ×5− 选 c 的题数 ×5。如果有些题目所涉及的情境与你的生活无关，或者你不确定该如何回答某个题目，按照选 b 处理，加 5 分。

一般来讲，偏于男性化的人所得总分会低于 150，而偏于女性化的人得分会超过 180。测验分数越低，其男性化倾向会越强烈，他 / 她们具有更为突出的任务导向，空间认知与逻辑思维能力强，拒绝受到情绪的影响，也更少关注人际关系的和谐。测验分数越高，其女性化倾向也就越明显，他 / 她们的行为具有更为强烈的关系导向，擅长语言表达与沟通，觉察他人情绪的能力强，愿意接受情绪的影响并凭借直觉做出决定，却更少关注任务的完成程度。测验分数处于 150 与 180之间，是那些思维方式拥有两性特质的人。他们对男女均没有固执的偏见，在生活各方面都会表现得比较灵活，也更容易找到问题的最佳解决方法。而测验分数低于 0 与分数高于 300 的两种人，也许就如约翰·格雷所说的那样，一个来自金星，一个来自火星。

❤ 参考文献

［1］约翰·格雷. 男人来自火星，女人来自金星［M］. 苏晴，译. 北京：中央编译出版社，1996.

［2］艾伦·皮斯，芭芭拉·皮斯. 为什么男人不听，女人不看地图［M］. 罗玲妃，王甜甜，译. 北京：中国城市出版社，2009.

［3］Taylor S E，Klein L C，Lewis B P，et al. Biobehavioral responses to stress in females：tend-and-befriend，not fight-or-flight［J］. Psychological Review，2000，107（3）：411-429.

［4］王婷，关宇霞，关红英，等. 鄂伦春族的视空间工作记忆能力优势：生态环境和生产方式的影响. 心理学报，2018，50（10）：28-38.

［5］Tannen D. You just don't understand：Women and men in conversation［M］. New York：HarperCollins，1990.

［6］约翰·戈特曼，朱莉·施瓦茨·戈特曼，杜格拉·阿伯哈，等. 爱的沟通［M］. 冷爱，译. 杭州：浙江人民出版社，2018.

［7］张秋棠. 短期择偶的性别差异研究——基于进化心理学视角［J］. 知识经济，2010（22）：49-50.

［8］Rippon G. The Gendered Brain：The new neuroscience that shatters the myth of the female brain［M］. New York：Vintage Publishing，2019.

［9］Eliot L. Pink brain，blue brain：how small differences grow into troublesome gaps-and what we can do about it［J］. Booklist，2010，327（5964）：414.

［10］Bian L，Leslie S J，Cimpian A. Evidence of bias against girls and women in contexts that emphasize intellectual ability［J］. American Psychologist，2018，73（9）：1139-1153.

第十章
性爱，不只
使用性器官

色授魂与，尤胜颠倒衣裳矣。

——蒲松龄

如何让一个女人快乐？

关心、赞美、疼爱、按摩、修理东西、唱情歌，支持她、喂她、安抚她、逗逗她、激励她、抚摸她、拥抱她、无视她身上的赘肉、保护她、打电话给她、表现参与感、与她亲热、谅解她、打扮她、帮她忙、让她神魂颠倒、信任她、崇拜她、迷恋她、溺爱她……

如何让一个男人快乐？

到他家时裸体。

这是网络上流传的一个段子，诸位读者不用过于当真。其实，每个人的需求都十分复杂多样，如果你愿意的话，完全也可以列出"让男人快乐"的几十条要求。在美国婚姻教皇约翰·戈特曼（John Gottman）的爱情实验室中，男人们在婚姻中并没有那么容易满足，他们常常抱怨"争吵太多，做爱太少"[1]。之所以抱怨"做爱太少"，很有可能与男性的性欲较为强烈有关。坊间流传的"男人 7 秒想一次性"的说法显然过于夸张，但来自俄亥俄州立大学的调查发现，男性被试每天联想到性相关问题的次数的中位数 ① 是 18 次，而女性仅有 10 次，其中精力最为旺盛的男性被试一天中有 388 次想到了性[2]。无论是基于进化中传播基因的需要，还是旺盛分泌的睾丸素，还是社会历史文化的"纵容"，男性所表现的性欲望都较女性更为强烈，他们"几乎可以在任何时间、任何地点做爱"。

---

① 中位数是按顺序排列的一组数据中居于中间位置的数，即在这组数据中，有一半的数据比它大，有一半的数据比它小。

💙 性爱技巧

相较于女性，男性不但性欲更为强烈，进入性爱更为容易，他们获得性爱高潮的时间也更短。一般来讲，健康男子平均需要的时间是 2.5 分钟，而健康女性则需要 13 分钟。因此，女性需要更长时间的准备才可以进入令人满意的性爱，这些准备阶段常常被称为"性爱前戏"。

提到"前戏"，很容易让人，尤其是男人联想到肉体方面的性爱技巧。对男性而言，无论是性爱技巧还是性爱时长，都具有明显的"任务"属性，这也是他们更倾向于关注的议题。有些男性在性爱时询问对方"到没到高潮""爽不爽"，很大程度上也是一种"任务导向"思维的表现。表面看起来是关心对方在性爱时的感受，而本质上却仍然只是关心"让对方高潮"这项任务是否完成。而作为性爱主要"工具"的阴茎，也常常被男性赋予十分重要的地位。不得不说，他们对自己阴茎长度、粗度的关注，远远超过对伴侣身体的关注。虽然初中时诸位都学习过生理卫生，但如果要求男性指出女性外生殖器不同部位的名称，结果一定会让人大跌眼镜（当然，女性也有可能如此）。试想，如果连对方的身体都不了解，何谈在性爱之中满足对方？！

只要花一些时间去了解对方的身体，以及其在性爱时的敏感区域，男士们就会发现女性除了阴道以外，还有阴蒂，还有 G 点、A 点、U 点……有兴趣的读者可以继续翻阅资料或者网络检索来了解这些"×点"的具体所指。毋庸赘言，在性爱时能够更有技巧地与对方互动，对于获得令人满意的性爱肯定有所帮助。潘绥铭等在全国范围内开展的"中国人的性"调查 ① 结果显示，性爱技巧可以明显地增加男性和女性的性高潮发生概率。研究者将各种性技巧合并为"性技巧总分"，其中分值越高代表使用过的性爱技巧种类越多，发现性技巧与性高潮及"性福"感（性爱满意感）的关系如图 10-1 所示。

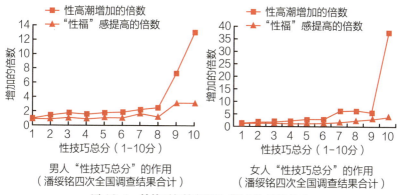

图 10-1 性技巧与性高潮及"性福"感的关系

明显可见，性高潮与"性福"感的提升需要性爱技巧积累到一定程度，而且男女两性对于性技巧的需要也不相同。对于男性而言，当性爱技巧总分达到 8 分以后其性高潮会有大幅度提高，直接从 2 倍左右提高到 6 倍、13 倍；对女性而言，性爱技巧的总分达到 7 分时，性高潮即可增加 5 倍左右，再达到 9 分以后则会产生更为明显的效果，直接提高 37 倍。更为有趣的一点是，在性爱技巧达到一定水平（如男性 8 分，女性 9 分）之后，"性福"感的提升幅度明显低于性高潮：当性技巧达到 10 分时，男性性高潮可以有 13 倍的提高，其"性福"感却只是

① 在潘绥铭教授的主持下，中国人民大学性社会学研究所分别于 2000 年、2006 年、2010 年和 2015 年完成"中国人的性"总人口随机抽样调查，被调查对象是中国境内 18 岁到 61 岁的、能识汉字的成年人，四次调查总计样本规模为 23147 人。

提高了 3 倍；同样 10 分的性技巧情况下，女性的性高潮提高 37 倍，其"性福"感的提高却不到 5 倍。整体来看，性爱技巧的提升对女性性高潮的作用似乎更为显著，这也呼应了前述的观点，女性要获得性高潮不但需要更长的时间，也需要更为"高超"的性爱技巧。然而如果只是一味地提高性爱技巧的水平，固然可以提高性爱高潮的发生率，性爱满意度的提高却大大有限。这其实不难理解，性高潮作为一种生理反应，单纯的性爱技巧可以直接提高其发生概率，但"性福"感（性爱满意度）作为一种心理感受，虽然与性生理反应密切相关，却也受到很多心理因素的影响，如两个人的亲密关系质量。即便在性爱这件与肉体关系十分密切的活动上，也只有在了解对方大脑和心灵的前提下，在与其心灵良好互动的基础上才能更好地与他/她的身体互动。

 ## 情感联结

如本章开头的网络段子所言，男性仅仅依靠视觉刺激就可以激发性欲，这几乎可以在瞬间完成。但是女性的性欲激发却需要"情感联结"的体验，这种体验显然需要更长时间的相处才能获得。以进化心理学的理论视角观之，男性的性爱成本较低（精子再加 2.5 分钟时间），而女性的性爱成本较高（卵子外加怀孕、哺育孩子的几年时间）。因此，男性可以贸然行动，女性的性爱却需要更多的"安全感"，上述的"情感联结"就是一种安全感的情感保障。也许某个男子拥有不错的颜值、高超的"撩妹"与性爱技巧，但没有"情感联结"作为前提的话，也只是会被女性视为"情场高手""浪子"甚至"渣男"。还是在前文提到的爱情实验室之中，研究者发现女性常见的抱怨恰恰是"我们之间不够亲密，没有建立足够的联结"[1]。如此，那些抱怨"争吵太多，做爱太少"的男性应该付出更多的精力去思考如何增加与对方的"情感联结"，而非只是学习一些性爱技巧或者搭讪艺术。毕竟，生活中情感联结的时刻多了，争吵自然就会少一些；没必要的争吵少了，令人满意的性爱就会增加。

在性爱前戏时，"欣赏她的身体"是与女性产生情感联结的首要前提。身体外形已经被当今社会文化渲染成女性"不安全感"的来源之一，尤其是不少商业广告都在不断地"贩卖"这种对于体形的焦虑。如果你了解现在的女性有多么在意自己的体形，你就应当知道你对她身体的调侃会多么深刻地伤害到她，你也就应当知道你的欣赏和赞美对她来讲有多么愉悦，会让她体验到一种强烈渴望的安全感。对女性身体的欣赏与迷恋，会让男性全身心地投入性爱之中。只有在欣赏与全身心投入的前提下，性爱技巧才能发挥其应有的作用，否则再多的技巧也只是激活生理反应而已。无论是全身心地注视她，还是全身心地爱抚她，这种激情的投入都会让女性对自己的身体充满自信，也更愿意放开身心投入性爱之中。当女性不再因为担心"丑"或"胖"而分神时，她们也就更容易获得性爱高潮与强烈的"性福"感。

有一种说法，女人最敏感的性器官是她的大脑。当她们自认为对伴侣很有吸引力，在性爱时能够感受到对方的激情与投入，并且体验到与对方持久的情感联结之时，才会激发出性爱欲望，获得强烈的性高潮与性爱满意感。而男性也会因为性爱过程中女性的这些表现，体验到比性高潮快感更为强烈的成就感与性爱满足感。所以，要获得令双方满意的性爱，绝非只是依靠男性娴熟的性技巧与雄伟的性器官，还需要充足的"广义性爱前戏"。这里说的"前戏"不是从两个人躺在床上脱衣服的时候才开始，而是在日常生活中就必须开始了。不夸张地说，这本书后半部分所论述的内容都可以视为广义的"性爱前戏"。

电影《非诚勿扰》中有句台词："没有性，那不是爱情，是交情。"同样，没有"爱"这种心理层面的感受，行为层面的性活动也只能算作"交配"而不配被称为"性爱"或者"做爱"。限于本书的爱情主题，本章无意介绍具体的性爱技巧，而是试图传递一种理念——爱是性的前提，性则为爱的升华，性爱不只是性器官的事情，更关乎人们的身体和心灵。如果只是行为层面的性活动，虽然需要一些性技巧，却也不是特别困难的事情，然而一旦涉及日常生活中两个人的爱情，立刻就复杂而麻烦起来。也许是为了逃避这种两个人合作的麻烦，即便是婚姻内或者同居的人，也会选择一个人完成的性行为——性自慰。前面提到的"中国人的性"四次调查发现，已婚或同居的男性在过去一年中有过自慰行为的比例在逐年增加，到 2015 年达到 42.6%，女性有过自慰行为的比例也曾达到过 18.1%。

有人会觉得，"单身狗"性自慰也就罢了，婚姻或同居中的人性自慰，简直就是对伴侣的不尊重，是一种对感情的背叛，几乎可以与"出轨"划等号。再加上坊间流传的一些关于性自慰负面影响的说法，很多人将性自慰视为"豺狼虎豹"。那事实究竟如何呢？相信下面的内容对于单身性自慰和婚内（同居）性自慰的人都会有些帮助。

❤ 性自慰／手淫

先听个古老的故事，主角叫俄南（Onan），是一名男性。故事情节很简单，俄南的兄长被神处死了，按照当时的习俗，他的父亲犹大要求俄南与其嫂子同房，从而可以生下儿子为兄长传宗接代。俄南知道生下来的孩子不但不属于自己，而且会继承兄长的财产，所以与嫂子同房时将精液排在地上。神认为这是罪恶，就把俄南处死了。这个记载在《圣经·创世记》第38章的故事，是18世纪之前基督教家长告诫孩子不要手淫的重要依据，以至于英语手淫（onanism）就来源于俄南的名字。

请注意，这里有个小问题：故事中俄南被神处死，是因为不让嫂子怀孕，是其贪婪的心态使然，而且这也破坏了神所制定的规则。再退一步，人家俄南的体外射精是为了避孕。那么，俄南之罪应该指的是人工避孕，真正该指责的是安全套才对。不管如何，由俄南故事推出性自慰或手淫是有罪的，无疑会给人一种"欲加之罪，何患无辞"之感。

18世纪之后，这种源自宗教的对自慰的罪恶谴责已经式微，但人们对自慰的态度反而变本加厉。1758年，瑞士医生塞缪尔·蒂索（Samuel Tissot）出版了《手淫：手淫引起的疾病研究或是过度手淫带来的严重影响》一书。蒂索批判自慰的主要理由与中医"一滴精，十滴血"的说法很像——精液是人体内珍贵的东西，损失1盎司（1盎司约等于28.3克）的精液比损失40盎司的血液所导致的后果都严重。在这种"手淫致病论"的影响下，人们普遍认为性自慰不但导致阳痿、早泄等问题，还会带来肺结核、癫痫甚至失明。那个时候的父母为了防止青春期的孩子性自慰，发明了很多"刑具"，诸如锁阴茎的小盒子、睡觉时的手铐、防止女孩子叉开双腿的脚绊等。

请注意，这里还有一个问题。且不论"精液是人体内珍贵的东西"这个前提是否成立，性自慰与性交虽然形式不同，可最后的结果都是射出同样的精液。凭什么自慰后的射精会导致阳痿、癫痫，而与性伴侣性爱之后的射精却没有问题呢？时间走入20世纪，随着科学技术的不断发展，现代医学家发现精液与人体内的其他体液一样，都是需要排泄的，而且正常男性在一生中有成千上万次的射精机会。同为体液，如果吐口水不会致病的话，性自慰也不应该成为"众病之源"。

在这样的质疑与科学证据的推动下，"自慰无害论"慢慢进入时代的主流舆论之中。早在 1948 年，美国性学家阿尔弗雷德·金赛（Alfred Kinsey）就宣称"自慰是一种正常的性行为"。相关西方学者也认为，性自慰是除了两性性交以外传播最广的一种性行为[3]。国际上对于性自慰的社会调查发现，男性自慰比例在 70% 至 97% 之间，女性则在 47% 至 78% 之间[4]。2015 年对于中国民众的调查也显示，男性性自慰的比例高达 64.5%，女性则为 22.6%。除此以外，相关研究还发现婚内性自慰还可以增加夫妻性生活的频率、丰富程度，促使妻子更爱丈夫且有助于双方的爱情表达，从而提高夫妻之间的性生活质量[5]。如此，性自慰非但无害、正常，而且还有可能有一些益处，但本书仍然无意鼓励大家去自慰。毕竟性自慰这件事源自本能，即便不鼓励，也会有人去做的。

上述关于性自慰的介绍，主要是为了帮助一部分人消除对性自慰的误解，尤其是那些因为性自慰而感到担忧、内疚乃至充满负罪感的人。虽然性教育在当代已经不是一个陌生话题，人们获取有关性生理和性心理知识的渠道也十分发达，但"性"仍然是个敏感话题，性自慰并没有真正得以"正名"。在国内颇有专业性和影响力的"知乎"网站上检索"自慰"或"手淫"，不少内容仍然是关于"自慰的危害"及"如何戒除自慰"的。再加上文化习惯的延续性，很多父母在发现孩子性自慰甚至是抚摸性器官的时候，往往会对他们进行惩罚，这样就会在孩子心中形成对性自慰的罪恶感。进入青春期之后，性生理与性心理飞速发展，偏偏又接触到一些关于自慰有害的信息，在性自慰的时候自然会产生负罪感和担忧感。更为可怕的是，他们想办法避免性自慰的努力往往会失败，于是这种对性自慰的罪恶感和担忧感会进一步加深，甚至会波及对自己的整体评价。

　　过往涉及性自慰心理咨询的丰富经验告诉我们，问题往往不在于性自慰本身，而在于对性自慰片面、错误的认识，也就是上面提到的"自慰有罪论"或"自慰有害论"。以至于美国学者帕特丽夏·布鲁克斯（Patricia Brooks）苦口婆心地告诉人们："往往是由于对手淫过后的担忧和焦虑才带来了情感的创伤。"[6]国内学者方刚同样主张"自慰无害……自慰唯一的害处是对'自慰有害'的担心"，但提醒人们"要避免用可能伤害到自己身体的方式自慰"。这个提醒十分有必要，在"中国知网"上检索有关"自慰"或"手淫"的研究文献，不少是关于自慰导致直肠损伤、直肠异物、膀胱异物，乃至意外死亡的医学报告。可见，虽然自慰无害，但同样需要注意性自慰的卫生和方式，保护好身体这个"革命的本钱"。

　　此外，虽然性学家主张"性自慰不会过度"，即便过度也不会对身体产生危害，但医学家则认为性自慰过度可能与慢性前列腺炎[7]、静脉性勃起功能障碍[8]等有关。客观而言，我们很难辨别性学家与医学家的观点孰是孰非。但仅就"过犹不及"的逻辑而言，过度性自慰应该是弊大于利的。

 ## 色情作品

　　已经处于婚姻或者同居关系中的人们选择性自慰，除了可以避免两人合作的麻烦，享受一个人独处的生理满足，还有一个重要的原因——可以在想象之中更换性伴侣。毋庸讳言，即便与特别性感的人成为伴侣，也难免产生"审美疲劳"，这一点在性行为方面表现得尤为突出。

据说，美国第三十任总统卡尔文·柯立芝（Calvin Coolidge）和妻子一同参观一家养鸡场。参观时，柯立芝太太向农场主询问"怎样用这么少数量的公鸡生产出这么多能孵育的鸡蛋"。农场主自豪地向柯立芝太太解释，他的公鸡每天要执行职责几十次。

"请告诉柯立芝先生！"第一夫人大声地对农场主说道。

总统听到后，追问农场主："每次公鸡都只是为同一只母鸡服务吗？"

"不，"农场主回答道，"有许多只不同的母鸡。"

"请转告柯立芝太太！"总统得意扬扬地说道。

1956 年，美国学者弗兰克·比奇（Frank Beach）与其合作者在实验室的雄性大鼠身上也发现了这种柯立芝在养鸡场看到的现象[9]。研究者将一只雄性大鼠和四五只处于发情期的雌性大鼠关在一个笼子里，雄鼠会马上和所有雌鼠交配直至筋疲力尽。这时候，即便雌鼠继续不停地刺激和舔舐雄鼠，它也不为所动。然而，如果再放一只新的雌鼠进来，雄鼠又会马上亢奋起来与新的雌鼠交配。显然，这种研究方法不能使用在人类身上。众所周知，人类男性在性交射精后会有"不应期"，有关研究就发现如果能获得不同的女性，则男性射精后的不应期时间会缩短或者彻底消失[10]。

同样作为本能，相对于饮食，没有发情期的人类在性欲方面似乎表现得更为"贪得无厌"。如果从进化心理学的角度考虑，"柯立芝效应"可以帮助男性在远古时代更为广泛地传播基因，这是所有生物的基本使命。与此同时，"柯立芝效应"也在一定程度上给性欲建立了一座自然的"欲望堤坝"。毕竟在那样的时代，一生能够见到的性感、适龄的异性数量都是有限的，而其中愿意跟我们产生性行为的更是少之又少。性自慰时的想象固然不受限于现实，但在色情作品普及之前，仅仅依靠一个人有限的想象力来不断唤起性欲望，性自慰的发生频率并不是很高。所以在 18 世纪之前，也就只有宗教势力对性自慰的反对最为激烈。但色情作品的普及，尤其现在网络时代这种几乎触手可及的程度，几乎等于给人们提供了无数的虚拟性伴侣。这无疑是对柯立芝效应所设置的"欲望堤坝"的剧烈冲击，给人类的性欲望撕开了一个大口子。于是，色情作品无所不用其极地激发着人们的性欲望，如果这种性欲望一时半会儿找不到合适的宣泄对象的话，就很容易导致性自慰。不得不说，色情作品是性自慰的一大"帮凶"。

在社会规范层面，色情作品的传播在我国是违反法律的。如果只是自己"欣赏"的话，色情作品对人们的影响究竟如何呢？这个问题在学术界仍然存在很大分歧，可以大致分为"色情片有害论"与"色情片无害论"。在主张"色情片有害"的学者之中，美国科普作家加理·威尔逊（Gary Wilson）的影响力很大。他认为人类进化没有为网络色情做好准备，并且创建了一个网站来推广其理念。本书第二章提到，人类对爱情、毒品、性爱等的神经生理反应模式十分相近，都与奖赏系统的多巴胺分泌密切相关。可怕的是，色情片相较于毒品和爱情，具有所谓的"3A"特性——易得性（accessibility）、廉价性（affordability）、匿名性（anonymity）。这使得色情片作为一种非自然刺激，会比毒品更容易"绑架"人类大脑的奖赏系统。

就像是毒品可以损害身体一样，2014 年的一项研究发现，男性观看色情片或图像的时间越长，其纹状体（大脑中与奖赏反应机制和动机性行为有关的区域）体积就越小，纹状体中对性刺激做出反应的区域也更为不活跃[11]。威尔逊与人合作发表的一篇研究综述中指出，当前年轻男子的性无能比例已经高过了任何时代，从互联网出现色情内容之前的 5% 飙升至当前的 33%[12]。这也不难理解，毒品需要不断加大剂量，人们在色情片的不断刺激下对性新奇度的需求也会不断提高。于是，现实中"保守""不变"的性爱，相比之下会变得越来越没有吸引力；而色情片剧情的不断更新，使其与现实性爱的距离越来越远。在色情片传播远远多于正规性教育的今天，这一点需要特别提醒：色情片是为了满足人们对性爱的幻想，而非描述现实、正常的性生活。就这一点来看，色情片很像武侠片，关于牛顿力学的常识可以让我们辨识其虚构情节，但我们不见得拥有足够的性知识来辨识色情片中的"谬误"。所以，婚姻教皇约翰·戈特曼反复叮嘱男性要"忘记在色情电影中看到的一切"。限于篇幅，下面列举一些色情片中常见的性爱认知误区，以防患未然。

> 所有人总是很饥渴；
>
> 每个男人都很"雄伟"，能够迅速勃起，而且一旦勃起，永不疲软；
>
> 95%的性行为是女性对男性的口交和阴道性交；
>
> 剧烈的口交，乃至于肛交十分普遍；
>
> 不存在避孕和性传播疾病的预防；
>
> ……

然而，要在科学研究之中厘清色情片的影响，是一件十分困难的事情。现在几乎无法找到没有看过色情片的被试，这就直接导致很多研究并没有真正的"对照组"。而且当前的色情作品研究局限于横断性的相关探索，缺乏来自追踪研究和实验研究的发现，无法对因果关系进行讨论。也就是说，目前的科学研究无法澄清一件事——究竟是观看色情片改变了大脑，还是拥有这样大脑的人更喜欢观看色情片。2019年发表在《临床医学》杂志上的一篇综述在系统回顾了近200篇有关网络色情的研究报告之后，明确表示"虽然学者们在这个领域做出很大的努力，但我们仍然无法证明观看网络色情作品是病态的”[13]。

如果诸位还记得上一小节关于性自慰的观点，你也许会产生一种类似的质疑："色情片有害"的言论会不会也像"性自慰有害"的言论一样，是一种"杞人忧天"或者"桀犬吠尧"？别说，这还真有可能。1969 年，丹麦成为首个实现色情作品合法化的国家。按照色情片危害论观点来推论，这个国家的年轻人应该从此被"毁掉"了。然而结果恰恰相反，丹麦整个社会的性侵犯率不但较以往降低了[14]，民众的性生活、性知识乃至整个生活也都因为色情作品而得到了改善[15]。来自神经科学的研究发现，观看更多色情作品不但不会降低男性对性爱的敏感性，反而增强了他们和伴侣现实性爱的欲望[16]。相关学者以已婚夫妻为研究对象，要求他们分别独自观看和一起观看色情作品之后报告自己对性唤起程度、性满意度、伴侣的吸引力等方面的评价。该研究发现，不管是独自还是和伴侣一起观看，色情作品都增强了被试与伴侣相处的欲望，以及其对自身性行为的评价[17]。

一点忠告

随着科学研究的进展，那些将性自慰或者色情片视为"洪水猛兽"的观点已经完全经不起考验。如果你曾经有过性自慰或者观看色情作品的经历，完全不必自责或内疚，因为这几乎是"人之常情"，有很多人在做同样的事情，既不违反法律，也与道德无涉。

然而需要警惕的是，科学研究只有在系统地积累到一定程度之后，才能给出确定的结论以指导现实生活。目前虽然有不少研究支持色情片无害，甚至有些研究发现它们的益处，但若从严谨的逻辑上讲，"没有发现害处"并不能代表"没有害处"，更无法推论出"有益处"。所以，我们既没有充分依据去指责观看色情片的行为，也没有充分的理由去"怂恿"人们尝试观看色情片。毕竟性自慰与观看色情片更多的是在简单地满足个人欲望，但亲密关系中的爱却需要两个人共同经营，而不仅仅是一个人的满足。可惜的是，性自慰和色情片与前面提到的消费主义一样，很容易让我们放弃这种去经营性关系、经营爱情的意愿和努力。

❤ 参考文献

［1］约翰·戈特曼，朱莉·施瓦茨·戈特曼，杜格拉·阿伯哈，等. 爱的沟通［M］. 冷爱，译. 杭州：浙江人民出版社，2018.

［2］Fisher T D，Moore Z T，Pittenger M. Sex on the Brain？ An Examination of Frequency of Sexual Cognitions as a Function of Gender，Erotophilia，and Social Desirability［J］. The Journal of Sex Research，2012，49（1）：69-77.

［3］Laqueur T W. Solitary Sex：A Cultural History of Masturbation［M］. New York：Zone Books，2003.

［4］吴志明. 手淫研究：一个社会学角度的综述［J］. 中国性科学，2011，20（3）：43-50.

［5］潘绥铭，黄盈盈. 21世纪以来中国人的自慰［J］. 性教育与生殖健康，2015（1）：5-10.

［6］Brooks P A. Masturbation［J］. The American Journal of Nursing，1967，67：820-823.

［7］郑小陆. 自慰与慢性前列腺炎的因果关系［J］. 中国自然医学杂志，2003（02）：109.

［8］刘勇刚，孙毅海，陶卫琦，等. 性自慰行为与静脉性勃起功能障碍的相关性分析［J］. 中国男科学杂志，2014，28（10）：14-16.

［9］Beach F A，Jordan L. Sexual Exhaustion and Recovery in the Male

Rat［J］. Quarterly Journal of Experimental Psychology, 1956, 8: 121-133.

［10］Hergenhahn B R, Olson, Matthew H. An introduction to theories of personality［M］. N J: Prentice Hall, 2003: 396-397.

［11］Kühn S, Gallinat, Jürgen. Brain structure and functional connectivity associated with pornography consumption［J］. JAMA Psychiatry, 2014, 71(7): 827.

［12］Park B, Wilson G, Berger J, et al. Is Internet Pornography Causing Sexual Dysfunctions? A Review with Clinical Reports［J］. Behavioral Sciences, 2016, 6 (3): 17.

［13］De Alarcón R, de la Iglesia J, Casado N, et al. Online Porn Addiction: What We Know and What We Don't-A Systematic Review［J］. Journal of Clinical Medicine, 2019, 8 (1): 91.

［14］Kutchinsky B. Pornography and rape: theory and practice? evidence from crime data in four countries where pornography is easily available［J］. International Journal of Law and Psychiatry, 1991, 14 (1-2): 47-64.

［15］Hald G M, Malamuth N M. Self-perceived effects of pornography consumption［J］. Archives of Sexual Behavior, 2008, 37: 614-625.

［16］Prause N, Pfaus J. Viewing sexual stimuli associated with greater sexual responsiveness, not erectile dysfunction［J］. Sexual Medicine, 2015, 3 (2): 90-98.

［17］Steele V R, Staley C, Fong T, et al. Sexual desire, not hypersexuality, is related to neurophysiological responses elicited by sexual images［J］. Socioaffective Neuroscience & Psychology, 2013, 3 (1): 207-270.

第十一章
学会为爱存款

夫妇之爱，非骨肉之亲；爱则亲，不爱则疏。

——韩非子

2020 年年初，一场前所未有的瘟疫席卷了全球各地。出于防疫需要的封城、居家隔离等措施，不但极大地影响了社会经济的发展，也给人们的亲密关系带来了很大的冲击。大多数的夫妻被迫过上了"亲密无间"的生活，然而这种意外得来的陪伴时光却没有让某些人的爱情更加甜蜜，反而因为个人空间丧失、外部经济压力等原因加剧了亲密关系中的矛盾与冲突。在疫情肆虐的那段时间，各国的家庭暴力发生比例均较以往有几倍乃至十几倍的增加，以至于联合国出面呼吁各国政府采取紧急措施打击世界范围内激增的家庭暴力行为。在这样的"内忧"（亲密关系恶化）"外患"（疫情与经济压力）之下，不少人跑到网上恨恨地说："疫情过去后第一件事就是去离婚。"城市解封之后，他们好像也没有食言，不少地方的婚姻登记处人满为患，离婚预约甚至排到了一个月之后。

婚姻登记处的繁忙不仅仅是因为离婚，办理结婚登记的人也不在少数。新闻报道，仅 2020 年 5 月 20 日这一天，武汉婚姻登记处就有超过 5034 对新人领证。显然在一些人的亲密关系被疫情击垮的同时，也有不少人的爱情经住了疫情的考验。如此，将婚姻失败或者感情破裂简单地归咎于疫情就没有道理了。疫情只能算作爱情的"试金石"，将关系中的潜在问题提前、集中显露出来，考验着爱情关系的稳固性。这一点与疫情对家庭经济的影响十分相似。在疫情大幅度缩减经济收入的情况下，一些家庭因为充沛的存款而安然无恙，也会有一些家庭因为提前消费的生活习惯而变得捉襟见肘。如果在人们的亲密关系之中也有"银行账户"的话，疫情期间的生活无疑加速了"提款"的过程，而那些原本"存款"不多的关系便很容易发生"赤字"，最终导致关系恶化乃至破裂。

新冠肺炎疫情让人们意识到存款的重要性，即便是习惯了高消费的美国人也开始存款，其储蓄率在疫情严重的 2020 年 4 月达到了历史新高。那么在后疫情时代，我们也应该学会"为爱情存款"，让自己的爱情可以在未知的岁月里经得起各种"动荡"。

 ## 爱情账户

这种将亲密关系比喻为"银行储蓄"的说法，最早是由美国婚姻教皇约翰·戈特曼提出的。戈特曼认为，人们在亲密关系中的所有互动都会对双方心中的"爱情账户"产生影响，要么属于"存款"行为，要么属于"取款"行为。作为一种心理账户，其中已经存储的"情感资金"自然可供以后支取使用。比如，前述的新冠疫情出现或者夫妻面临其他严重的生活压力或冲突时，双方的"存款"行为减少而"取款"需求增加。如果原本爱情账户中的储蓄足够丰厚的话，便可以缓冲外界压力所带来的负面影响，夫妻双方更能够体谅对方，维持对对方的正面看法，婚姻也就不会轻易破裂[1]。否则，原本就囊中羞涩的爱情账户在疫情期间被严重透支，再没有及时存款补充的话，其亲密关系也就岌岌可危了。

一般来讲，恋爱阶段，尤其是热恋期，双方互相欣赏、迷恋，情不自禁地为对方考虑，与对方在一起时专注、热情……这些都是在为爱情账户"疯狂"存款。然而等到结婚或者关系维持一段时间之后，"爱情懒惰症"就开始了，不再用心制造浪漫，一方面不断向对方索取理解和关爱，另一方面又因为生活琐事带来的负面情绪而在心理上疏远对方……这些是在爱情账户中取款。等到取款数量接近存款数量，或者已经超出存款而产生透支时，亲密关系就会因为这种濒临崩溃的状态而变得脆弱起来。你会发现，原来可以巧妙化解尴尬或愤怒的玩笑，现在只会让对方觉得你轻浮而不够认真；原来能够换来对方谅解的傻笑，现在却会让对方觉得你露出的板牙有多么恶心；原来被珍视的诚挚道歉与悔过，现在却被视为说惯了嘴的谎言，是拒绝改正的"挡箭牌"。根据戈特曼的研究，一旦这些尝试修复感情的努力无法奏效，婚姻关系走向失败的可能性便剧增至 90%。留心观察的话，你会发现那些激烈的吵架往往都是由那些不起眼的小事引起的，乃至于分手、离婚很多时候也是如此。就像是"傻笑"可以化解亲密冲突不是因为其说服力一样，争吵与分手的真正原因也不是那些小事，而是早已"债台高筑"的爱情账户，生活中某件琐事无非是压死骆驼的最后一根稻草罢了。

　　一段亲密关系的成败，取决于爱情账户的丰盈情况。但是学会为爱情账户存款，绝非只是为了让关系在时间上得以延续，更多的是为了让浪漫可以延续，让爱情得以保鲜，"天长地久"自然是水到渠成的事情。

学做知己

　　学做知己，是为爱情存款的首要途径。

　　如果说所有的恋人都是"灵魂伴侣"的话，显然有些夸张而不切实际，但恋人至少应该互为知己吧？相信热恋期的伴侣会有比较强烈的知己感，但随着时间的演进，那种知己的感觉会越来越少，不然也不会有人跑去寻找什么"红颜知己""蓝颜知己"。其实，"知己"并不只是对方了解自己，还需要对方赞赏自己。一般来讲，伴侣之间的相互了解会在关系发展中慢慢积累而得以提高，但双方相互赞赏的程度却不见得一定会随之提高。更为严酷的现实是，了解程度也不见得一定随着时间而增加，有些所谓的"了解"也可能只是过往所形成的刻板印象。因此，在亲密关系中"学做知己"需要从"知"（了解）和"赞"（欣赏）两个方面着手。

知

前面两章只是粗浅而没有针对性地介绍了男女两性的一些普遍性差异，然而生活在我们身边的人，还有其更为丰富的个性议题。只有清晰、详细地了解对方生活的各个方面，才有可能与对方保持稳固的情感联结。否则，两个人即便生活在同一世界、同一个屋檐之下，彼此的内心世界也可能平行而无交叉，成了所谓的"同床异梦"。试着回忆一下，你也许还记得对方的生日、纪念日及饮食上的口味偏好，那么，你还记得对方最好的朋友或者最讨厌的人的名字吗？你还记得对方最喜欢的音乐和电影吗？你知道对方现在所面临的压力与烦恼是什么吗？你能够说出对方现在的人生梦想吗？……也许上面一连串问题已经开始让你觉得紧张、汗颜，开始怀疑自己是否真的了解他／她。然而这些问题也只是一个人生活的粗略轮廓，是"可与人言"的社交世界中的部分，并没有涉及那些只能在爱人或知己之间分享的私密、深邃的心理世界。

诸位，知耻而后勇。如果你发现自己连上面的几个问题都不能快速、准确回答的话，那么真的需要你在"了解"方面再多下一些功夫。了解对方的方法与途径很多，但最重要的是你主动了解对方的强烈意愿及所秉持的开放心态。为了"知"，你可以经常邀请对方分享他／她的内在，但也要记得将自己大脑中关于对方的信息与其核对，尽量避免内存性刻板印象所营造的"假性了解"。此外，了解对方没办法一劳永逸，而是一辈子的事情，因为人们的外在、内在均会随时间而改变。

赞

在自由恋爱、自由婚姻的时代背景之下，两个人大多是因为那种相互喜爱而走到一起的。在恋爱时期，即便对方暴露出一些缺点，也不影响我们对他／她的喜爱，所谓"情人眼里出西施"。可是随着关系的发展，这种喜爱慢慢"沉入"心底而疏于表现，抑或逐渐被嫌弃、鄙视所替代。一旦亲密关系中不再"喜爱"对方，只是依靠责任义务或者迫于舆论压力去付出关爱的话，这种辛苦维持的爱情也很难长久。

的确，热恋期的强烈喜爱之情与当时大脑分泌的多巴胺、苯基乙胺等神经递质有关，不能奢求那种感觉可以长时间维持下去。但一定要将那些印象深刻的感受放在心里、时时品味，千万不要因为生活中烦心的琐事而弄丢这些"赞赏的种子"。此外，在相对平静而长久的亲密交往之中，我们还可以试着建立一种更为平淡、深刻的喜爱。心理咨询大师卡尔·罗杰斯（Carl Rogers）将这种"无条件的喜爱"与"欣赏日落的景色"相类比，借以解释这种喜爱的内涵。

我们之所以能够真正欣赏日落，大概就在于我们无法控制它。当我在傍晚观看日落时，我并不会说"右边角上的橙色应该淡些；底子上须再加一点紫色；云彩的颜色还应该用少许淡红。"我不会这样说，因为我决不试图去控制它。当日落展现在我们的面前时，我们以崇敬的心情注视着它。[2]

体会这种欣赏风景的感觉，你会发现身边的人或者与日落的景色一样美，或者与日出的景色一样美，总之所有人都有其别样的美。当然，这种喜爱的"境界"比较高，需要人们较长时间的"修炼"。如果你一时不能做到，还有一个权宜之计，那就是用一些"自欺欺人"的手段，给自己"洗洗脑"，在想象中美化自己的另一半。一项研究发现，即便伴侣并不存在那些优秀特征，但在想象之中将其理想化为完美伴侣，也可以有效增进亲密关系中的满意感，这种"积极的幻想"还能够减缓爱情中幸福感下降的速度[3]。

存之于内的喜爱意义重大，言之于外的赞美也不能忽视。恋爱时男友一大早给送来包子油条，女生会深受感动地说，"有你真好，一起床就可以有早餐吃！"可是后来，同样的恋人下班回家看到对方精心准备的可口饭菜时，却只是闷头吃饭，甚至还可能挑肥拣瘦。如果这个时候，你能像当年恋爱时一样说一句："有你真好，一下班就有可口的饭菜吃！"对方可能很累，却会觉得你真的很"知己"，累死也值了！虽然只是一句话，但你却在爱情账户中大大地存了一笔钱。还有一个婚姻生活中常见的情境，女性买回衣服之后在丈夫面前逐件试穿，并且询问对方的意见。这时候男性出于其任务导向的思维习惯，会觉得这种活动简直是浪费时间，买都买回来了，再提意见还有什么用？其实，对方需要的不是你的意见，而是给你一个机会来表达赞赏与喜爱。记住，下一次一定要好好抓紧这样的机会为你们的爱情账户存款。

有人可能会有种担心，总是说赞美的话，会不会显得"巧言令色鲜矣仁"？如果需要给对方一些建议，难道也要去赞美他/她吗？当然，真正的爱情关系不需要依靠虚伪的赞美来维持，为其考虑的规划与建议在亲密关系中也是十分有必要的。需要注意的是，那些情绪化的规劝与建议，很容易沦为"抱怨"或者"批判"。

请诸位代入生活中被抱怨或批判的情境，相信你的第一反应是愤怒和防御，压根没有心情去评估这个规劝的合理性，更谈不上接受建议而去改变自己了。所以，有效的规劝与建议仍然需要以"赞美"为出发点，当对方感受到的不是指责而是鼓励，不是抱怨而是期待的时候，他们才更有可能接受建议并且付诸实践。记住，当你需要表达不满或者规劝的时候，可以试着转换成一种鼓励的态度，并且提前为对方的改变而表示感激。

还有一种更为棘手的情况，因为压力太大、怒气冲天或者长期积累的抱怨而经常无法回忆起对方值得钦佩的"闪光点"，也无法"自如"地转换沟通态度，这时候就需要一些"强制性"的手段了。本章文末有增进情侣间相互赞赏的练习——"我欣赏……"虽然看起来有一些幼稚或者做作，做起来有些尴尬或不自然，但请务必强迫自己完成并且坚持练习，你的亲密关系在这样不断"存款"过后一定会有所改观。

 ## 制造浪漫

情侣之间没有"浪漫"的话，充其量就是亲密的朋友关系而已。然而浪漫并非可以守株待兔的"上天恩赐"，需要伴侣两人携手共同创造。激情之爱的阶段过去之后，多巴胺等神经递质的分泌大幅度减少，人们也开始疏于或懒于在亲密关系之中制造浪漫。久而久之，伴侣关系越来越平淡，虽然说"平平淡淡才是真"，但这种缺乏浪漫的爱情却常常令人心有不甘，在机会允许的情况下容易去婚姻关系之外寻求"浪漫"。因此，制造浪漫才可以让爱情保鲜，不会在日常的锅碗瓢盆之中"沦为"亲情。

下面将要介绍的"精心的时刻"与"交换礼物"，是美国婚姻辅导专家盖瑞·查普曼（Gary Chapman）提出的"爱的五种语言"[4]之中的两种重要方法。当然，现实或文艺作品中的人们还有很多创造性方法来制造浪漫，诸位不妨有选择地借鉴来为自己的爱情账户存款。

精心的时刻

当前生活节奏不断加快，人们很容易因为工作、家庭等方面的压力而沉沦于日常的琐碎之中，而"精心的时刻"恰好可以跳脱这种"世俗"而创造一种可以为爱情快速存款的机会。为了避免"眼前苟且"的影响，制造浪漫的时刻最好安排在"远方"，国外风情海岛自然是浪漫无比的，但离家不远的温馨咖啡馆也是不错的选择。只要你们创造了一种与日常生活相区别、可以全身心投入的"二人世界"，无论时间长短，其本质就属于"精心的时刻"。

网络上流传一个调侃的说法："周一到周五是出卖灵魂的日子，周六周日是赎回灵魂的日子。"同样的道理，周一到周五是爱情账户"取款"的日子，周六周日则是为爱情"存款"的大好机会。为防止其被生活琐事的"洪流"冲走，"精心的时刻"最好规律性地固定在周末的某个时段。在这个"雷打不动"的时间里，可以开展两个人都乐在其中的活动，如看电影、品美食、爬山、运动或者其他任何你们喜欢的二人活动。当然，伴侣们也可以利用周末"精心的时刻"来一场"减压谈话"[1]，让亲密关系这个"避风港"真正发挥作用，为对方疲惫的心灵充充电。平时虽然忙于工作与家庭事务，但伴侣间那种寻求情感支持的谈话仍然会"见缝插针"地发生，如餐桌上或者孩子睡着之后的床上。就像是民间那句俗话说的，"饭前不训子，睡前不训妻"，这种频繁而突然的短暂交流往往没有效果，反而会因为对方准备不足或者无暇专注倾听而徒增伴侣双方的压力。一个巧妙的方法是将这种零散的谈话集中起来，整合进入一个双方做好充分准备的仪式性"精心的时刻"之中。而且"一周"也是一个不错的时间间隔，既可以在生活中规律性地固定下来，又不会让双方的情绪积累太多而难于解决。

　　一周一次的"减压谈话"只需要半个小时左右的时间，但尽量不要安排在家里或者工作场所，需要保证这半个小时不被打扰，最好是布置比较温馨，播放着轻柔、浪漫音乐的地方。这种环境可以让人们放下生活中的其他身份，只是作为爱人全身心地出现在对方的面前。公平起见，两个人轮流说，每个人15分钟的时间。在这段时间里，倾诉一方可以说任何想说的话，但不能谈及与婚姻或亲密关系相关的担心与困扰。请记住，这是制造浪漫的时刻，不是解决关系困境的时刻。而倾听一方要让自己专注于对方的倾诉，切忌心不在焉或者东张西望，要有眼神交流，要有适当的提问或简短回应，可以表达自己对对方情绪的理解。当对方讲述自己焦虑、愤怒、沮丧、伤心的经历时，你最好对他／她的情绪困扰进行回应，说，"这让你感到特别生气，真是太气人了"或者"这种情况确实糟糕，难怪你这么焦虑"，等等。如果你的情绪识别与表达能力没有那么好，你也可以说，"我知道你为什么会有这样的感受了"或者"我明白你的感受"。如果你还是不知道该如何回应时，至少可以语带怜悯地说，"可怜的孩子！"除非对方已经情绪缓和或者明确表示需要建议时，否则不要主动提供意见或建议，更不要试图做"公正的裁判"。在这种"精心的时刻"，恋人之间没有社会正义可言，你只需要与伴侣"站在一起"，让对方觉得你们"同仇敌忾"。在临近结束时记得拥抱对方，深情地说"我爱你"，或者其他你觉得可以说出口的话，如"难为你了"。

送出礼物

　　送礼物，可以说是最简单、直接为爱情存款的方式。无论何种礼物，其心理本质就是"爱"，而送礼物自然就可以等同于付出爱。而且礼物作为客观事物，其存在的时间更长，在生活中也更为醒目，它可以不断地提醒对方"有人爱他 / 她"。当今时代，在生日、纪念日或者节日送出礼物几乎已经成为"应尽之义务"而无法带来更多的"爱情存款"，而且一不小心还有可能让银行、保险公司捷足先登，先于你表达生日或节日祝福。在如今廉价祝福与礼物"满天飞"的时代，人们只有平时多花心思随机挑选日子送出让对方心仪且又意外的礼物，才有可能制造更多的惊喜与浪漫。

庸俗一些，在特定的节日送出金额为 99、299、520 或 1314 的红包，会让对方心为之一动。名牌的包包、口红等也在媒体广告的渲染之下成了送女性礼物的首选。但表达爱的礼物，不见得一定要付出昂贵的金钱，送礼人所花的心思与精力同样可以让这个礼物魅力四射。举一个笔者朋友的例子，他当时正与女友异地恋。为了缓解相思之情，他将两个人共处时的一些留影照片打印出来，精心做成一本甜蜜时光的纪念册，并在照片一旁写上了一些感人的"情话"，然后把这本纪念册寄给了对方。至此，都只是情人间送礼的老套路，但他多做了一步，就让整个礼物变得不一样了。这个朋友计算好快递运送的时间，在纪念册送达之前赶到对方所在的地方伺机行动。当女友拿到纪念册的时候，给她电话询问是否收到礼物，然后告诉对方还有一件大礼就在她的身后。女友蓦然回首，看到不远处手捧鲜花的他。那一刻，神鬼动容。

生活中多数的琐事都会随时间而消散，但那些带来强烈情绪的事件在记忆中留存的时间就会比较长。当人们评估过去的一段时光时，并不能做出真正客观的评价，而是根据自己记忆比较深刻的几件事情进行评估。如果这几件事情是让人沮丧、愤怒的，这段时光就容易被贴上"难过"的标签；反之，则认为这段时光是幸福、快乐的。也许你会将"精心的时刻"或者"送出礼物"视为一种平淡生活的调剂，但这些散落于生活中的幸福瞬间会像珍珠一样，在我们的记忆中慢慢串成一串"珍珠项链"。这一点与北卡罗来纳大学的芭芭拉·弗雷德里克森（Barbara Fredrickson）新近提出的爱情新观点有些类似——所谓"持续的爱情"是不存在的，只存在一瞬间一瞬间的爱，人们也是通过这一瞬间一瞬间的爱来对自己的关系进行评价[5]。所以，我们为之努力的不是一段抽象的、永恒存在的爱情，而是散发出爱情的光芒的一个个瞬间。

本书不准备再给出具体的送礼策略，毕竟礼物是因人、因时、因地而宜的。你要做的是在充分了解对方的基础上，发挥自己的创造力和想象力，方能让自己送出的礼物在对方心中留下一个又一个惊喜而美妙的爱情体验。

相互靠近

浪漫的海外度假的确可以为爱情增光添彩，但若没有日常生活中的相互靠近，即便是马尔代夫的海边，也可能沦陷为下一个吵架的"战场"。古人形容理想爱情的"连理枝""比翼鸟"，都在描述伴侣之间的这种"靠近"关系。所以，靠近对方是为爱情存款的另一个重要途径，可以分为"身体上的相互靠近"与"心理上的相互靠近"。

身体上的相互靠近

只是就物理意义上的距离而言，身体上的靠近程度由弱到强分别是拉手、拥抱、亲吻、性爱。有意思的是，伴侣间爱情的发生是从身体上靠近程度最弱开始的，"拉手那一刻，分明是心动的感觉"；而伴侣间的情感疏远也是从这个身体接触强度最弱的"拉手"开始的："我拉你的手，像左手拉右手，一点感觉都没有"。人们通常认为，身体上的靠近只是心理上靠近的外在反映，因为心里有爱所以想去拉手，而心里无爱了自然也就懒得拉手了。然而事实是，二者相互促进，即便只是身体上的靠近也可以带来心理上的靠近。韩国短片《你变了，我们离婚吧》中有一对夫妻，妻子在婚姻马上走到尽头时要求丈夫在接下来的一个月里每天拥抱、亲吻自己，拉自己的手，说"我爱你"。一个月后，二人再度找到了初恋的感觉。也许这样的结果显得过于"戏剧化"，但也值得一试，毕竟身体接触也比心理上的靠近更容易做到。

回忆前面讲过的"恒河猴实验"便会发现，身体接触是人类与生俱来的本能需求。尤其在遇到危机或者感到压力的时候，人们常常希望通过身体接触来获得心理安慰与疗愈。诸位去看，很多小孩子哭闹时的第一反应就是找大人抱。可惜的是，大人这时候却因为自己的愤怒情绪而把孩子推开。更为可惜的是，我们所在的华夏文化也比较排斥身体的接触。有些外国人在见面时会拥抱、亲面，最不济也是握手，而我们古代的祖先连手都不想碰，直接拱拱手了事。有时候，即便夫妻或情侣之间，贸然的拥抱或索吻也可能让不习惯身体接触的爱人觉得突兀而不自在。这就需要给身体上的靠近一个过渡的方式，如按摩。这样做既给了对方一个接受身体接触的理由，又能够通过这种为对方服务的行为带来心理上的靠近。

心理上的相互靠近

其实，当身体上靠近对方时，两个人心理上也已经开始了相互靠近。身体接触是对伴侣身体的接纳，而心理上的靠近则更多表现为愿意接纳、贴近对方的内心。最近坊间流传一种"土味情话"，比如"我觉得你今天有点怪，怪好看的""你这个坏人，为什么要害我？为什么要害我这么喜欢你"……这些情话听起来有些"土"，却不失为那种羞于表达赞美的人的一种选择。也许贸然向陌生人这样讲会让双方都有些尴尬，但在情侣之间的这种主动赞美，会在对方心里为你加分，是实打实的在心理上靠近对方。这种土味的"表达赞美"与上一小节的"制造浪漫"，都可以算作一种主动靠近对方的努力。而这一小节则着重于相对被动的心理靠近，即如何应答对方的情绪表达与情绪需求。

积极心理学之父马丁·塞利格曼（Martin Seligman）将人际交往之中的回应分为积极主动式、消极主动式、积极被动式与消极被动式四种类型。其中，积极主动式的回应更容易让伴侣双方在心理上互相靠近。为帮助诸位理解并区分这四种回应类型，下面直接援引塞利格曼在其《持续的幸福》一书中的实例。当伴侣一方说："我升职加薪了！"另一方四种类型的回应如表 11-1 所示[6]。

表 11-1　伴侣回应的四种类型

回应类型	语言 / 非语言回应	具体内容
积极主动式	语言回应	太棒了！我太为你骄傲了。我知道这晋升对你有多重要！快告诉我当时的情况——你的老板在哪儿告诉你的？他说了些什么？你是什么反应？我们应该出去庆祝一下！
	非语言回应	保持目光接触，表达积极的情绪，如真诚的微笑、触摸、大笑。
积极被动式	语言回应	这是个好消息，这样的提升是你应得的。
	非语言回应	很少甚至没有积极的情绪表达。
消极主动式	语言回应	好像要担很多的责任啊，你晚上在家的时间会更少了吧？
	非语言回应	表现出消极情绪，如不快、皱眉。
消极被动式	语言回应	晚饭吃什么？
	非语言回应	几乎没有任何目光接触，转身离开房间。

　　明眼人可以看出，所谓积极主动式的回应，就是投其所好，以对方期待的方式去回应。上面例子中，对方所分享的是好事。如果对方分享的不是好事时，我们又当如何积极主动地予以回应呢？

　　在承认男女存在心理差异的前提下，男性的消极情绪相对比较容易对付，给他时间、空间，给他信心和自尊，或者允许他出去喝酒、打游戏，等他感受到你的理解与认可时情绪问题就已经解决了大半，剩下的只是将实际问题解决。相对于大部分男性的"独立完成"，大部分女性的消极情绪则需要别人的陪伴与协助才能更好地消解，而这正好为男性提供了一个在心理上靠近对方的机会。根据戈特曼的建议，想要为爱情存款的男士们在面对伴侣负面情绪时最好能够做到"协调情绪"（ATTUNE）[7]，具体包括关注、转向、理解、非防御性倾听与共情五个方面。当对方感到悲伤、愤怒或者有情绪表达需要的时候，首先需要放下手机、关掉电视，将眼神收拢回到对方身上，用实际的行动表示对对方的深切关注（attend）。条件允许的话，最好把身体转向（turn toward）对方。男性喜欢"肩并肩作战"，而女性则更倾向于"面对面"交流感情，而且身体转向的同时注意力也在转向。除了外在姿态方面的表现，还要在倾听时努力去理解（understand）对方，可以主动提问，但提问的目的都是为了更好地理解对方，试着将提问的重点从事件本身转移到对方的感受上面。如果对方的表述让你觉得被批评或指责的话，尽量采用非防御性倾听（non-defensively）的方式。无数的生活经验告诉我们，争辩只会激发对方更强烈的指责，所以最好的办法就是"闭上嘴巴好好倾听"。最后还需要学会与对方共情（empathy）——设身处地地理解对方的感受，这样你们之间就会产生一种心贴心的情感联结，而这种"被爱的感受"可以让对方的内心真正平静下来。不得不说，这几乎是对心理咨询师的专业要求。诸位男同胞如果一时做不到也不要苛责自己，将这五点记在心里，"高山仰止，景行行止，虽不能至，然心往之"。

综上所述的三种为爱情存款的途径，究其本质都是在为对方服务，属于"爱的五种语言"的最后一种——服务的行为。而在所有的"服务的行为"之中，做家务是最为明显的一种表现。就为爱情存款而言，做饭、洗衣、拖地、带娃等家务工作在理论上本应该与"学做知己""制造浪漫""相互靠近"同等重要，但家务活儿却由于其日常琐碎的特性而被人们所忽略或厌弃。旧时代的夫妻分工明确，家务活儿均由妻子主要承担。但随着时代的发展，"男主外女主内"的传统分工受到严重挑战，家务活儿不再是妻子一个人的责任。有学者对2014年中国家庭追踪调查的数据进行分析之后发现，青年夫妻中家务依赖妻子的程度越高，他们拥有较低质量婚姻的概率就越大[8]。这样的结果所反映的是家务分工对于亲密关系的影响，已经开始偏离本章的主题。在生活中主动承担家务（对男性尤其如此）本来是一种为爱存款的表现，可以提升伴侣的关系质量。然而若是以"分工"的视角来看待家务工作，势必会给伴侣双方带来"公平感"或者"不公平感"。无论如何，这种基于社会比较的家务分工公平感，其背后都是更为冷酷的权力之争[9]。

谈到公平感，还有一点要提醒诸位。以上的内容都是为你所写，而不是为你的伴侣所写。不少人看到这些为爱情存款的方法，首先想到的是"要是我伴侣这样对我该多好啊"。然而这种想法恰恰与"为爱存款"南辕北辙。如果你拿着这一章的内容让你的伴侣去看，并且要求对方必须这样做的话，本书就成了你操纵对方的"帮凶"。如果你们的爱情账户丰盈，对方也许会接受你的建议，这是他／她愿意为你们的爱情存款的表现。一旦对方的公平感被激起，认为只有你先做到了才有资格要求他／她，那么，好端端的爱情，就被你们搞成了"权力的游戏"。

 活动链接：我欣赏……

本练习摘录自戈特曼所著的《幸福的婚姻》一书，具体做法如下。

从下面罗列的词语中，圈出你认为伴侣具有的三个特征，如果超过三个，你也只能在清单中选三个特征（下次再做练习时，你可以选择另外三个）。如果你很难选出三个，则可以把"特征"一词理解得宽泛一点，哪怕你只记得伴侣做的某一件事与此特征有关，你都可以把这个特征选出来。

钟情	敏感	勇敢	聪明	细心
慷慨	忠诚	诚实	强壮	精力充沛
性感	果断	有创造力	有想象力	有趣
迷人	幽默	支持	滑稽	体贴
多情	有条理	足智多谋	喜欢运动	快乐
善于合作	得体	优雅	和蔼	顽皮
关爱	一位挚友	令人兴奋	节俭	计划满满
腼腆	脆弱	投入	善于表达	活泼
小心谨慎	保守	爱冒险	善于接纳	可靠
负责任	可信任	养育孩子	热心	有男子气概
仁慈	温柔	务实	朝气蓬勃	机智
无拘无束	美丽	英俊	富有	沉着
好伴侣	好父亲／母亲	自信	爱护	可爱
柔弱	强大	灵活	通情达理	整个一糊涂蛋

　　对自己选出的每个特征稍作思考，举出与该特征相符的实际事件，把这个特征和相关事件写在你的笔记本上。待全部完成后，与伴侣分享你的答案，让对方知道这些让你高度重视的特征是什么。还有一点，要记得经常练习，坚持练习，才会在你的亲密关系中产生积极效果。

参考文献

　　[1]约翰·戈特曼，娜恩·西尔弗. 幸福的婚姻［M］. 刘小敏，译. 杭州：浙江人民出版社，2014.

　　[2]马斯洛著，林方主编. 人的潜能与价值［M］. 北京：华夏出版社，1987.

　　[3]Murray SL，Griffin D W，Derrick J L，et al. Tempting fate or inviting happiness? Unrealistic idealization prevents the decline of marital satisfaction［J］. Psychological Science，2011，22（5）：619-626.

　　[4]盖瑞·查普曼. 爱的五种语言［M］. 王云良，译. 中国轻工业出版社，2006.

　　[5]Otero M C，Wells J L，Chen K H，et al. Behavioral indices of positivity resonance associated with long-term marital satisfaction［J］. Emotion，2019，Advance online publication.

　　[6]马丁·塞利格曼. 持续的幸福［M］. 赵昱鲲，译. 杭州：浙江人民出版社，2012.

　　[7]约翰·戈特曼，朱莉·施瓦茨·戈特曼，杜格拉·阿伯哈，等. 爱的沟通［M］. 冷爱，译. 杭州：浙江人民出版社，2018.

　　[8]王妍. 家庭分工对婚姻质量的影响［D］. 南京：南京财经大学，2019.

　　[9]张文青. 家务分工公平感的心理机制研究——社会比较的作用［D］. 北京：北京师范大学，2009.

第十二章

你被 PUA 了吗?

我如果爱你，决不像攀援的凌霄花，借你的高枝炫耀自己。

我必须是你近旁的一株木棉，作为树的形象和你站在一起。

——舒婷《致橡树》

2019 年年末，一则题为《"不寒而栗"的爱情：北大自杀女生的聊天记录》的新闻在坊间引起热议[1]。

2019 年 10 月 9 日，北大法学院的学生包某在一家宾馆中服药自杀，陷入昏迷，从此没能醒来，直到医生宣布"脑死亡"。报案 20 天后，母亲从警方处取回包某的手机，看到了女儿和男友的聊天记录，认为女儿是因为受到男友牟某的精神操纵而自杀。

包某与牟某在校学生会工作期间相识并于 2018 年下半年确定恋爱关系。亲密交往后不久，牟某就开始嫌弃包某不是处女，表示自己"不想当一个接盘的人"。然而牟某并没有选择分手，而是据此要求包某要"用尽一切力气"，为他"放下一切尊严"，"给出全部的爱"，并且希望在自己发脾气的时候包某能"懂得服软"，不是和他"陈述事实"，而是要"用尽办法让我不要生气或难过，在我对你说分手的时候用尽方法求我不要分手，让我真的相信你不能离开我，真的相信你是爱我的……"除此以外，他不断指责对方不自重、说谎，强迫包某讲述与前男友的性爱细节，此后又要求包某将自己的微信备注名改为"主人"，在身体上纹"我是牟某的狗"以表忠心，还要对方拍一组裸照"当作惩罚"，并且威胁如果包某提出分手的话就将裸照发布到网上。当包某不堪其扰而提出分手或者不辞而别之后，牟某则屡次以死相逼，进而要求包某先怀孕再流产并留下病历单、做绝育手术等作为分手之代价。整个亲密交往之过程，包某感觉自己"被洗脑了"。

在被牟某"洗脑"的过程中，包某也曾质疑过男友对自己的爱，"你真的觉得你的感情是爱吗？你只不过是把我当成了满足你私欲的工具，你可以抛掉你的私欲来爱我吗？"牟某对此避而不答，反而质问其

"难道还不能觉悟"，然后话锋再次转移到"第一次"的问题上。

　　短短一两年时间里，包某"性格完全变了"，由一个坚强、乐观、独立的现代女大学生，变成一个会因非处女而产生罪恶感的"小女人"。最终，这名女孩选择服药自杀，在药效尚未发作时编辑了一条仅自己可见的微博——我命由天不由我。

　　读到上文中以着重号"."标识的文字时，诸位可能有似曾相识之感——"给出全部的爱"好像是在强调"成熟之爱"那种无条件给予的属性，对方"发脾气的时候能'懂得服软'，不是和他'陈述事实'"又好像是说在沟通时能以对方期待的方式"协调情绪"，从而利用冲突为爱存款……这些不正是前面几章在谈及"成熟之爱"与"为爱存款"时所反复倡导的吗？好可怕，难不成这本书也试图对读者"精神控制"？

　　当然不是这样！

　　请诸位仔细去看，新闻之中牟某所说的话更多地是在强调"用尽""一切""全部"等极端的字眼。这种极端的要求，一定蕴含着对包某需求的忽略和压抑。在亲密关系中一味地压抑自己的想法而去迎合对方的需求，这是病态的共生关系；而一味地要求对方"毫不利己、专门利人"，百分之一百是在进行精神操纵。健康关系中的真爱，是爱别人时也不忘照顾自己的心。圣经中讲"爱人如己"，不要只看到"爱人"，还要注意"如己"这两个字。"像爱自己一样爱别人"，不爱自己，又何谈爱别人呢？很多时候，观点本身没有问题，但要看谁在说、对谁说、怎么说。本来对很多人具有帮助意义的"无条件给予""努力协调情绪"等观点，放在牟某口中就成了"魔说佛话"。

　　请务必记住，如果你的另一半不断地向你宣讲"成熟的爱"或"为爱存款"的观点，要求你尽力做到而他／她自己却完全无意如此的话，他／她很有可能是在 PUA 你!

PUA 与煤气灯操纵法

　　PUA，是 Pick-up Artist 的简写，字面上的意思是"搭讪艺术家"。这种源于美国的"文化"，最初只是为了帮助男性利用一些心理社交技巧去接近、搭讪自己喜欢的人。随后，PUA 从简单的搭讪扩展到整个两性交往，发展为涉及搭讪（初识）、吸引（互动）、建立联系、升级关系，直到发生亲密接触并确定两性关系的一整套流程。如今坊间出现的 PUA 则等而下之，其所做的是通过各种手段诱使异性与自己交往，通过诱骗洗脑欺骗异性感情，从而达到与异性发生性关系的勾当。且不论真实效果如何，这种做法的出发点就违背道德，乃至于违反法律，更是与爱情攀扯不上任何关系。虽然坊间流传的 PUA 有"高价值展示""肢体进挪"等快速推进关系的套路，也许可以在短时间内制造出"浪漫爱情"的幻象；然而其后续所谓"自尊摧毁""情感虐待"乃至"自杀鼓励"等套路，则完全属于恶性的"精神操纵"。新闻故事中牟某对包某所做的就是 PUA，是一种恶劣的精神操纵。

　　心理学中将这种通过扭曲对方眼中的真实来操纵其情感的做法称为"煤气灯操纵法"（Gaslighting）[2]。这个术语来源于 1944 年的一部美国电影《煤气灯下》，剧中男主角故意将煤气灯调得忽明忽暗，当女主角对灯光的异常变化表示疑惑时，男主角坚定地予以否认并告诉她"那是她的幻觉"，是她过于疑神疑鬼。女主角在这种诱导下不断质疑自己的认知、记忆、感受与理性判断，最终觉得自己"肯定是疯了"。煤气灯操纵法即是通过这种不断地扭曲真实的方法，来损害对方的感知、自我认同，乃至自我价值，使其成为被支配与操纵的对象。

这种精神操纵有可能发生于情侣之间，也有可能出现于亲子关系、职场关系或更大的社会关系之中，诸位不得不慎！为便于更为深入地了解"煤气灯操纵法"，现将普雷斯顿·尼（Preston Ni）所著的《如何成功应对煤气灯操纵者与心理霸凌》（How to Successfully Handle Gaslighters & Stop Psychological Bullying）一书归纳出的精神操纵七个阶段介绍如下。

说谎与夸大（lie and exaggerate）

无论是说谎还是夸大，都会聚焦于对方的"缺点"，即便这个"缺点"是鸡蛋里面挑骨头挑出来的，也一定要想办法将其夸大到无法忍受的程度。新闻报道中的牟某在确立关系之后没几天就开始嫌弃包某不是处女。"处女情结"在如今早已成为老掉牙的话题，年轻人之中已经鲜少有人谈论。可牟某却死死抓住对方这个问题，不断夸大"非处女"给自己带来的伤害——"打破了一直以来给自己的幻想和安慰""不想当一个接盘的人""这会让我成为一个可怜鬼""这样我没办法学习，你让我期末怎么办？我真的好害怕"云云。

不断重复（repeat often）

自 2018 年下半年确立关系到 2019 年 2 月的几个月间，牟某不断指责对方"非处女"，甚至用大篇幅文字强调自己的痛苦——"我凭什么命这么差，连一个完整的女孩子都不曾得到"，他甚至因此"不知道活着的意义"。三人成虎，谎言重复一百次也可能成为真理，电视中天天播放的广告都会深深印在我们的脑海中难以拔除，身边最亲近的人的不断重复指责对我们影响之深可想而知。

被挑战时激烈反抗（escalate when challenged）

这是煤气灯操纵法使用者最为显著的特征。当被操纵者尝试挑战或质疑这种操纵时，他们绝不会妥协，会坚定地反驳一些明明十分有力的证据，或者是反过来继续指责对方。新闻故事中的包某也曾经质疑男友对自己的爱，但牟某的反应却是避而不答，反而质问包某"难道还不能觉悟"，然后话锋再次转移到"第一次"的问题上。

耗竭对方（wear out the victim）

经过这种持续、长期的指责，被操控者最终进入一种被耗竭的虚弱状态，他们会感到沮丧、气馁、恐惧和深深的自我怀疑。在相对早一些的时间，包某在激烈的争吵之后曾尝试提出分手，也会不辞而别或者不接电话；但在牟某不断"以死相逼"的精神操纵之后，包某终于感到"分不动了""心死了"。

形成共生关系（form codependent relationship）

一些精神操纵者可能通过割断对方社会关系的方式，让自己成为对方人际生活的全部。他们经常告诉对方："你实在太单纯、太天真了，所以不懂这个世界有多么危险，人心是多么险恶。"当不断被灌输"其他人都在骗你，只有我愿意跟你说真话"的观念之后，被操控者与亲朋好友的关系便慢慢淡化，因为无法获得其他来源的社会支持，只能相信与依赖操纵者，从而形成病态的共生关系。

给予虚假希望（give false hope）

"胡萝卜加大棒"，操纵者不会一味铁腕，他们也会不时地表达温柔与善意，让对方觉得自己也有对他／她好的时候，相信两个人的关系会慢慢好起来的。这种虚假的希望会让被操纵者放弃断绝关系的决心，直至心理耗竭到"破罐子破摔"。而且，虚假希望也可以让被操纵者更容易接受一些过分的精神操纵手段。比如，在牟某要求对方"拍一组裸照"作为惩罚的时候，包某一开始是拒绝的，但在牟某承诺将来会娶她之后，包某就同意了。

支配与控制（dominate and control）

为保证被操纵者无法离开自己，精神操纵者还会继续加码，通过一些极端的手段威胁对方，使其处于不安、恐惧之中。前述的拍裸照就是典型的例子，此外牟某还要求对方纹身表忠心、做绝育手术等，甚至有可能付诸暴力行为。就这样，包某在牟某步步为营的精神操纵之下迷失了自我，正如她自己所说："我自己都害怕了，我已经不是我了，我已经不为自己活着了。"

诸位，如果对方不断地指责你某个微不足道的缺点，将其夸大到无法忍受的程度，在你偶有反抗的时候予以更为激烈的回击并且据此不断向你提出要求，甚至是一些强人所难的无理要求；而他／她还要想办法切断你与亲朋好友的联系，让你觉得只能依赖他／她、信任他／她，以至于你只能习惯性地忽略自己的需求，不敢在对方面前表现自己真实的样貌、不敢表达真实的想法与感受；你在亲密关系中持续感受到诚惶诚恐、焦虑、抑郁，开始认为自己不值得被好好对待，即使离开这段关系，也不会有人好好对待自己的时候，你很有可能正在遭受精神操纵。这时候不要因为自己的为爱付出而感到荣幸，而是要重新审视你的亲密关系，及时结束这种病态的情感操纵状态。相信自己，你永远都有权力也有能力离开一段关系。当然，你也可以求助于家人亲友，或者是专业心理援助机构。

爱情中的权力之争

　　显而易见，精神操纵者妄图在亲密关系中占据一种拥有绝对权力的地位。这种权力是指亲密关系中的一方改变另一方的思想、情感或行为以使其与自己的偏爱相符合的能力或潜能，以及抵抗另一方施加影响企图的能力或潜能[3]。一般来讲，在关系中拥有更多权力的人能够在更大程度上控制和影响他人乃至整个关系，拥有更大的决策权，其需求也会优先被满足，故而他们会体验到更多的正面情绪[4]和较高度的自尊水平[5]。然而这些建筑于"此长彼消"权力优势之上的心理获益，先天带有某种"剥削"的意味，更像是在社会交换关系中的收益，而非共有关系基础之上的理想之爱。

　　提到人际关系中的权力，便无法绕开社会交换理论。在社会交换理论的众多版本之中，约翰·蒂博（John Thibaut）与哈罗德·凯利（Harold Kelly）提出的相互依赖理论（theory of interdependence）得到了最为广泛的认可和使用[6]。依据相互依赖理论，社会交换中两个重要的因素——关系的结果、替代性水平——与人际关系中的权力密切相关。

　　所谓"关系的结果"，取决于个体在关系中获得的奖赏与付出的代价。只有在奖赏多于代价（收益大于成本），亦即关系的结果为"正值"的时候，人们才有维持关系的强烈意愿。因此，那些能够在关系中给予奖赏的人才有可能拥有权力。从这种意义上讲，权力就建立于"资源"之上。前文中提到，男性较女性具有更为强烈的性欲望，于是女性所掌握的可以在关系中给予奖赏的"性资源"，就赋予她们更多的权力去考验男性的基因品质与忠诚。而在百余年前，中国社会中"男主外，女主内"，男性占有了大量的生存与社会资源，这无疑也赋予了男性在亲密关系中绝对的权力优势，以至于他们可以三妻四妾，却要求女性"大门不出二门不迈"。如今，社会中的男女拥有相对平等的机会获取资源，权力的失衡正在慢慢消退。2010 年的一项全国性的调查结果表明，虽然"丈夫更有权"（29.09%）的家庭约为"妻子更有权"（15.44%）的 2 倍，但是夫妻权力"差不多"的家庭则几乎接近人群中的半数（40.27%）[7]。

"替代性水平"，顾名思义是指如果离开这段关系，个体找到更好的伴侣或情境的可能性有多大。这些"替代性选择"，会让个体在"付出感情"与"退出关系"方面获得更多的自由，进而在亲密关系中赋予他们更多的权力。相关的研究也发现，那些在爱情关系中感情投入较少的伴侣通常拥有较大的权力[8]。与此类似的一种心理效应是"较少兴趣原则"（principle of lesser interest），对继续和维持亲密关系缺乏兴趣的一方在关系中拥有更大的权力[9]。就像网络上说的，"一旦认真，你就输了"。"脚踏 N 条船"这种争夺权力的做法自然不被提倡，但"防人之心不可无"，诸位至少需要在亲密关系中培养一种更为精神独立的心态，所谓"进可风花雪月，退亦悠然自得"。

其实，除了这种"实在不行就不玩了"的做法，伴侣们在生活中所开展的各种内隐外显的、主动被动的权力争夺（power struggle）绝不逊色于精彩的宫斗剧。比如，恋爱中的女生常常去看男友练球，有一次她有事要先走，跑过去跟男友说时，对方的脸色马上就整个沉了下来。没办法，这个女生只好留下来继续看球，也没再说什么。这一回合的权力游戏中，男生使用主动非语言表达的方式"赢得一局"。当然，他也可能会使用更为隐蔽的语言表达——"有女生看着练球，大家才会更有激情，你不会想让大家都不开心吧？"戈特曼将这种做法称为

"低球技巧"[10]，虽然看起来表达者的姿态比较低，但却站在更有权力的地位将对方牢牢掌控。此外，被动拒绝也是常见的一种权力争夺方式：前一天对方不同意你建议的用餐地点，你在第二天便拒绝对方的逛街邀请，这分明是在试图"扳回一局"。一旦步入婚姻之后，权力争夺战便会愈演愈烈，家务分工公平与否、过年回谁家、双方父母礼物的价值比较……都可能在亲密关系之中引发轩然大波。就这样，伴侣们的日常生活中上演着一出又一出的"权力游戏"，极端控制欲的人会使用煤气灯操纵法或者 PUA，相对温和的人也会使用各种争夺权力的手段。然而一个人夺权成功，就必然意味着另一个人丧失权力。也就是说，在这一场场没有硝烟的权力争夺战中，一定有一方在做出妥协和退让，可能是暂时的，也可能是长久持续的。

亲密关系中难免"牺牲"

无论妥协还是退让，只要是在亲密关系中的一方为了另一方的利益，或者为了自己与对方的关系而放弃自己直接利益（immediate self-interest）的行为，都可以称为"牺牲"[11]。在亲密关系中长期相处的两个人，需求或利益发生分歧几乎是必然的事情，虽然有的时候可以找寻双赢的方式解决分歧，但多数的分歧仍然是依靠一方妥协或者牺牲来解决的。从这种意义上讲，牺牲是亲密关系中难以避免的议题，而且随着伴侣两人的物理距离越近、相处时间越长、人际边界越模糊、相互承诺越多，其在生活中因为分歧而妥协、牺牲的可能性就越大。而且，千万不要以为只有你自己在关系中有所牺牲，对方很有可能也有同样的感受。

不得不说，"牺牲"二字无意间渗透出一种"神圣"意味，毕竟就词源而言，中文的牺牲意指祭祀用品，而英文 sacrifice 中的词根 sacer-亦有神圣之意。加之"牺牲"又与成熟之爱中的"给予"有些相似，人们常常认为这种甘为神圣爱情付出的行为对亲密关系具有重要的积极意义。相关研究也发现，那些更愿意牺牲的个体对其亲密关系会更加满意和忠诚，产生强烈的归属感和与伴侣的情感联结，而牺牲的接受者也会因为需求得到另一半的积极关注而感到更多的爱与支持，故而他们的关系满意度更高[12]，关系维持时间也更久[13]。一项对国内已婚人士开展的研究结果显示，丈夫的牺牲行为可以显著预测夫妻双方的婚姻质量，而妻子的牺牲行为对双方的婚姻质量均无直接或间接的预测作用[14]。诸位男同胞请注意了！

然而，伟大如"牺牲"，也并没有看上去的那般美好。一方面亲密关系中的长期牺牲可能会成为一种负担，另一方面"心有不甘"的牺牲也可能会带来"付出感"而使得伴侣双方陷入相互埋怨的境地[15]——一方因觉得自己牺牲了很多而感到不平衡，而另一方因对方的过度付出而感到负疚、被操控。根据牺牲是否发自内心主动而为，学者将其区分为进取型动机（approach motive）与回避型动机（avoid motive）[16]。所谓"进取型动机"的牺牲，其行为出发点是对方的幸福、关系质量的增进或者是二人共同的利益，可以显著性地预测大学生的亲密关系质量[17]与已婚人士的婚姻质量[18]。但如果这种进取型的牺牲动机"杂而不纯"的话，同样有可能演化为另一种更为隐蔽的权力之争。比如，"牺牲"一方主动做更多的家务、付出更多，其目的是为了证明自己比对方更优秀、更爱这个家。这种心照不宣的"夺权手段"会造成对方内心的亏欠感，他／她有可能因为不想被操控而拒绝以自己的妥协作为回应，也有可能因为不希望让彼此的关系变成一种你来我往的"社会交换"，而不愿做出对等的牺牲。于是，伴侣之间的权力天平便由此开始慢慢失衡。

相比而言，权力失衡更为严重的是"回避型动机"，即那种为了避免产生冲突、避免令对方失望、避免对方责备或者自身产生内疚而采取的牺牲行为。这种情况下，牺牲者心不甘情不愿地放弃自己的利益，会产生怨恨之情，而接受方虽然可能会得到需求之满足，却不太可能体会到对应的感激之情，双方因此产生更多的冲突，而其亲密关系质量随之下降，最终分手的可能性随之提高[19]。前述新闻中被精神操纵的一方所做出的"牺牲"，都可以归类于"回避型动机"，他们自然无法体验到爱情的幸福。而精神操纵者在关系中所得到的并非"真爱"，也很难体验到来自爱情的快乐，其亲密需求始终难以得到真正满足，于是他们继续变本加厉地操纵情感勒索与情感虐待。无论如何，精神操纵的结局必然是"损人不利己"，在给对方造成恶劣心理影响的同时，自己也不可能得以善终。

综上，在亲密关系之中敢于并甘于牺牲是一个人具有爱的能力的表现，但要避免过度付出和妥协。伴侣之间应该是平等的伙伴关系，无论哪一方在关系中以主动或被动的、不计代价的自我牺牲来获得对方的好感与肯定，其结果不仅会让牺牲一方情感耗竭，对方也可能会因为这种过度付出而感到"压力山大"或者不知所措。

权力之争的出路

如前所述，"改变对方思想、情感或行为以使其与自己的偏爱相符合"的权力意味着"施加影响"。如果将"施加影响"也看作一种心理需求的话，那亲密关系中的"权力之争"便可以视为一种广义的"需求拉扯"——在某个特定情境中，只能有一方的需求得到满足，该如何选择？显然，拥有更多权力的一方享有需求的优先满足权。回到前面提到的"女友看男友练球"的例子之中，虽然女生临时有事需要离开，但那个情景下男友的权力明显较大，故而他的一个脸色就可以让女生选择留下来看球以优先满足男友的需要。但要注意，在这个看似"过去了"的事情当中，女生的需求被牺牲掉了，如果她选择在类似需求拉扯的情境中"一味忍让"，即便对方无意进行精神操纵或情感控制，这种权力失衡下的不断牺牲也会给他们的关系带来负面影响。如果这名女性选择下一次"扳回一局"，当男友陪她逛街时突然有事需要离开，她很有可能也会"脸色马上就整个沉了下来"。这就成了后面那个"用餐地点"的例子，权力游戏的"明争"变成了"暗斗"。

其实，如果能够将这种"暗地里较劲儿"的做法公开提出来讨论的话，就使得这种看似难解的需求拉扯难题有了可以选择的灵活性。台湾学者黄士钧[20]曾经建议伴侣们在需求不一致的时候，可以尝试使用一种让权力动态平衡的句型——这一次……下一次……。按照这种建议，刚才"用餐地点"例子中的一方就可以说："这一次我们来好好享受西餐，下一次我们换成火锅，一起体验麻辣的激情，如何？"当然，在其他生活情境中需求出现拉扯时，你也可以说："这一次我多等你一会儿，让你能玩完游戏，下一次你一定要多陪我逛一会儿街哦。"或者"这一次假日我要加班，实在没有办法陪你享受度假生活，下一次小长假我一定会放下其他的事情，好好陪你去爬山、泡温泉，或者你有更想要我做的事情，我们来一起讨论看看。"除了这种对未来的许诺，主动提供替代性满足的方法，也可以让伴侣们在某个特定情境中的需求拉扯产生可以商量的余地。当实在做不来对方的要求时，伴侣们可以使用另一种动态平衡句型——如果真的做不来这件事，那就用心地来做那件事。还是那个女生看男友练球的例子，如果临时出现的事情特别重要不得不离开，女生可以说："这件事情真的很重要，我实在没办法继续看你练球，可不可以我现在跟你的队友解释一下，等我办完事，晚上回来我陪你们一起吃饭？"类似的说法还有："亲爱的，我没办法开开心心地刷碗，让我做饭好不好？""我实在不知道怎么跟你那些小姐妹／兄弟们说话，这会让我压力很大，要不我准备一些小礼物送给她／他们，你帮我带过去，我就不过去了？"总之，你要做的是换一个时间或者换一个你所习惯的方式来表达自己的爱意。但要记住，未来的许诺和当下的替代性选择都必须是对方所期待的，否则很容易遭到对方冷漠的拒绝。

说实话，这些例子都是相对比较简单、单纯的情境，实际生活中的需求拉扯往往更为复杂而难以解决。比如说，吵架之后谁先道歉，就很难直接套用这两种动态平衡句式。你总不能去说："这一次你先道歉，下一次我先道歉。"即便你说了，对方也会质问你："凭什么，为什么不是这一次你先道歉！"于是，两个人再次回到权力争夺之中。也许正是因为这种亲密情感的复杂性，现实中伴侣之间的权力之争或者需求拉扯往往由刚开始温和的沟通演变成激烈的争吵。基于自身的亲密经历或是对周围伴侣的观察，人们会痛苦地发现一个不愿看到的现实——无论相爱与否，各种形式的吵架都会伴随亲密关系的整个历程。虽然谁也不想吵架，但好像谁也难免吵架。既然如此，有没有办法让吵架更有建设性呢？或者说，有没有可以替代吵架来解决"需求拉扯"或"权力之争"的沟通方式呢？

🦋 参考文献

[1] 柴会群. "不寒而栗"的爱情：北大自杀女生的聊天记录 [R].

（2019.12.13）https://mp.weixin.qq.com/s/tpmkwg0jVBfCrnrH8mDBBw.

［2］Calef V，Weinshel E M. Some clinical consequences of introjection：gaslighting［J］. Psychoanalytic Quarterly. 1981，50（1）：44–66.

［3］王浩，俞国良. 亲密关系中的权力认知［J］. 心理科学进展，2017，25（04）：639–651.

［4］Langner C A, Keltner D. Social power and emotional experience：Actor and partner effects within dyadic interactions［J］. Journal of Experimental Social Psychology，2008，44：848–856.

［5］Wojciszke B，Struzynska–Kujalowicz A. Power influences self-esteem［J］. Social Cognition，2007，25：472–494.

［6］Kelley H H，Thibaut，J W. Interpersonal relations：A theory of interdependence［M］. New York：Wiley，1978.

［7］刘爱玉，佟新. 性别观念现状及其影响因素——基于第三期全国妇女地位调查［J］. 中国社会科学，2014（2）：116–129.

［8］Sprecher，S. Felmlee，D. The balance of power in romantic hete-rosexual couples over time from "his" and "her" perspectives. Sex Roles，1997，37（5–6）：361–379.

［9］Waller W W，Hill R. The family，a dynamic interpretation［M］. New York：Dryden Press，1951.

［10］王从余. 好人也会情感控制？识别生活中的隐性操纵［N］. 中国青年报，2020–01–10（006）.

［11］Van Lange P A M, Rusbult C E, Drigotas S M, et al. Willingness to sacrifice in close relationship［J］. Journal of Personality and Social Psychology，1997，72（6）：1373–1395.

［12］陈红，张欢，胡小勇. 牺牲对关系满意度的影响及其机制［J］. 西南大学学报（社会科学版），2019，45（03）：99–105，190.

［13］Van Lange P A, Rusbult C E, Drigotas S M, et al. Willingness to sacrifice in close relationships［J］. Journal of personality and social psychology，

1997，72（6）：1373-1395.

[14] 侯娟，方晓义，谢庆红，等. 婚姻承诺与婚姻质量的关系：夫妻牺牲行为的中介作用 [J]. 心理与行为研究，2015，13（02）：171-178.

[15] Rusbult C E, Van Lange P A M. Interdependence processes [C]. // Social psychology: Handbook of basic principles. New York: Guilford Press, 1996: 564-596.

[16] Impett E A, Gable S L, Peplau L A. Giving up and givingin: The costs and benefits of daily sacrifice in intimate relationships [J]. Journal of Personality and Social Psychology, 2005, 89（3）: 327-344.

[17] 翟淑娜. 大学生亲密关系中的牺牲动机及其对关系质量的影响 [D]. 开封：河南大学，2014.

[18] 曹晨晨. 牺牲、人格特质与婚姻质量的关系研究 [D]. 石家庄：河北师范大学，2013.

[19] Impett E A, Gordon A M, Kogan A, et al. Moving toward more perfect unions: daily and long-term consequences of approach and avoidance goals in romantic relationships [J]. Journal of Personality and Social Psychology, 2010, 99（6）: 948-963.

[20] 黄士钧. 让爱成为一种能力：在关系中滋养彼此，让你更敢爱、懂爱、亲近爱 [M]. 台北：方智出版社，2013.

第十三章

亲爱的，我们
别吵了

我所能给予那些想要婚姻成功的男性的最重要的建议是不要试图回避冲突。

——约翰·戈特曼

虽然文题是"亲爱的，我们别吵了"，但本书却从不奢望诸位看完此章后就能做到不再吵架。这是因为……

冲突不可避免

无论两个人彼此多么关心、多么般配，也还是会发生分歧和争执。一项大型调查研究显示，一般的夫妻每月都会经历 1 ～ 2 次不愉快的争论，并且这一比率在历时 3 年的研究中没有发生变化[1]。有趣的是，人们几乎不太容易说清楚爱上一个人的原因，但进化心理学家大卫·巴斯（David Buss）对学生们所详细描述的"伴侣所做的让他们心烦的事"进行整理后却发现，亲密关系中的冲突源竟然可达 147 种之多[2]——怎样打发时间、该谁付钱、视频结束时谁先挂掉、面里的肉谁吃、某大桥到底叫什么名字、撕卫生纸是否要按照分裂线来……

一般来讲，冲突产生于差异[3]，而伴侣两人不可避免地存在性格、价值观、生活习惯、需求偏好等方面的差异。诚如一些研究所发现的，品味与期望更为相似的夫妻在亲密关系中会遭遇更少的冲突[4]，但是差异并不必然导致冲突。孔子曰："君子和而不同。"（《论语·子路》）如本书第九章"如其所是的爱"所讲，对伴侣双方差异的了解反而可以让人们更为和谐地相处。只有因为差异而产生影响 / 干预对方的意图和行为时，亲密关系中才会发生如上一章所讲的那种"权力之争"，进而演变为冲突或争吵。在伴侣间需求拉扯时，一方可能提出超过对方正常期望的"无理要求"（illegitimate demands），而另一方也可能拒绝（rebuffs）回应而令对方感到失望。此外由于长时间共处，情侣之间还会因为诸如"约会迟到""吃饭吧嗒嘴""马桶盖没有掀起来"等生活琐事而大吵大闹。这些看似神经过敏一般的小题大做，其实源于另一种冲突的起因——累积的烦恼（cumulative annoyances），即那种相对轻微的事件不断重复而变得令人难以忍受[5]。

稍微夸张一点说，伴侣们几乎可以在任何时间、任何地点，基于任何理由发生冲突。然而，人们面对冲突时所采取的不同应对方式却决定着冲突对亲密关系质量的影响。卡里尔·鲁斯布尔特（Caryl Rusbult）曾经将亲密关系中的冲突应对分为四种——讨论、忠诚、离开、忽视[6]。其中，离开（离开伴侣、威胁结束关系等）与忽视（避免讨论、减少相互依赖等）等属于回避冲突的策略，对亲密关系的满意度具有破坏性的影响；而讨论（与伴侣讨论问题、改变自己的行为）等面对冲突的做法则对关系具有显著的建设性影响[7, 8]。因此，面对不可避免的关系冲突，与伴侣建设性地进行讨论是"转逆境为喜悦"的重要途径。即便人们一时无法做到这种主动、温和并且具有建设性的讨论，吵架也比将负面感受憋在心里更有益处。虽然吵架会让人不舒服，但至少可以将目前关系之中的问题暴露出来，给予双方一个机会避免问题恶化引发将来更为严重的冲突。

于是，本章的第一条锦囊妙计现身——不要退避。记住，我们的目标不是"没有冲突/争吵"，而是要学会更有建设性地处理冲突与吵架。

❤ 能不能好好说话

有些女生在激烈争吵之后会恶狠狠地对对方说："我们分手吧！"这时候男生千万不要"从善如流"，屁颠屁颠地跑开！虽然"离开"是男生们喜欢也乐于从命的冲突应对方式，但是此刻女生的内心可能其实是在大声地呼喊："回来，回来哄我！"其实，情侣间的吵架基本也是这样一种模式。也就是说，那些"青面獠牙"的面孔与"声嘶力竭"的呐喊看起来是在将对方伤得更深、推得更远，而其背后却隐藏着一个深刻而积极的驱动力——依恋需求。

如第六章所言，作为生物进化系统的依恋不仅仅在婴儿早期生存中起到至关重要的作用，还会对个体成年后的亲密关系产生巨大影响。而爱情的核心心理成分，就是这种强烈的情感联结。当我们感受不到对方爱的回应时，像小时候妈妈离开一样，尘封于心底的依恋行为系统立刻被激活，而强烈的恐惧感就会汹涌而来。由于在这个过程中负责警报的大脑杏仁核区域启动，人们的依恋行为常常出于本能反应，很难受到理性思考的控制。如果二人的情感联结十分牢固，即便意见不合或者发生争论，他们也不会将这种冲突视为实际的威胁，那种恐惧感很容易快速消失。如果二人的情感联结稍差或者安全感不强的话，恐惧感便没那么容易过去。也许一方会想尽各种办法不断向对方索取关注，其潜台词是"关注我，和我在一起，我需要你"；而另一方则很有可能被这种来势汹汹的"纠缠"吓到，为了保护自己而沉默、回避乃至于离开，其潜台词是"我不会让你伤害我，我会冷静下来尽可能保护自己"。这种做法显然会让索取一方更为恐慌，于是他们会动用更大的声音、更极端的方式来获得更多的关注，就像网上说的那样，"心的距离太远了，所以要大声喊叫"。于是，更为激烈的需求拉扯将恶性循环一般在两个人心底持续上演。

冲突所激发的是人们对于依恋的渴望，吊诡的是，这种"希望两个人更为紧密"的需求却将伴侣推得越来越远。无论是个人的不安全依恋类型，还是二人的情感联结不够稳固，都会使得个体更为敏感于对方的拒绝。毕竟亲密关系中拒绝有可能意味着"不爱了"，这对于那些对感情没有信心或者对自己没有信心的人来讲，犹如晴天霹雳一般。为了避免严酷拒绝的发生，他们会战战兢兢、试探性，甚至矛盾性地表达自己的需求，比如，"你可以帮我倒杯水吗？当然，你要是忙就算了，我这会儿也不是很渴"。如果对方只是按照字面意思去理解的话，显然无法准确地体会到这句话背后的需求，更遑论及时、准确地予以满足了。这一回合尝试表达需求的失败，不但再次强化了当事人的不安全感与对情感联结稳固性的怀疑，还增加了对伴侣的愤怒——我明明表达了自己的需求，他／她仍然置若罔闻。

在类似的心理过程之后，个体会更加急于索取，而对伴侣的积极回应也更加没有耐心。这种急迫而生硬的需求表达，通常不会被视为"爱的请求"，反而被对方理解为"要求"或"命令"，自然也就无法激起爱的回应，却会激起伴侣双方的权力之争。虽然前一章说了"牺牲"的很多"坏话"，但亲密关系中的确需要双方的妥协——允许对方影响自己。然而现实是，多数人不允许对方影响自己，却一直试图短时间内改变对方。不瞒诸位，亲密关系中多数的争吵都源于一方想要影响／改变另一方，而另一方千方百计地拒绝。如果对方安全感强且对你们的情感联结充满信心的话，可能还会愿意接受你的建议而改善自己。否则，对方很容易将你的建议理解为对自己的嫌弃。按照常理，嫌弃肯定是不爱了。"你都不爱我了，我为啥要为你改变？！"再者说，所有人的改变都是痛苦且结果未知的，如果没有体验到充分的爱与安全感的话，为什么要去冒这样的风险呢？

不得不予以说明，渴望强烈情感联结的依恋需求本身是无辜的。只不过这种强烈的情感联结需求，可以将伴侣之间的冲突感无限放大。原本在一般人际关系中可以大事化小、小事化了的冲突，在亲密关系中非但无处遁形，还会被"小题大做"。你会发现，社会生活中掩饰得很好的个人问题，在亲密关系中都会逐一现出原形。所以，发生在伴侣之间的冲突与争吵频率会远远大于其他人际关系。更为可怕的是，这种与生存息息相关的依恋系统一旦被激活，出于本能的强烈恐惧感就会随之而来。此时理智不再发挥作用，而强烈的恐惧感会在意识层面转化为愤怒表现出来，于是"爱的请求"便成了愤怒和挫败对方的表达，也就是指责与批评。再加上伴侣长期相处所积累的负面情绪与互动模式，基于依恋需求的指责与批评很快就会发展成伴侣吵架时的恶语相加。就这样，相爱的伴侣们开始变得有话不能好好说，一说话就吵架。

避免吵架的关键时刻

关于如何避免吵架，专家的经典建议如下。

不要被对方激怒，专心倾听对方讲了什么，同时站在对方的角度去想问题，然后把你换位思考看到的两难之境和对方平心静气地谈谈。[9]

必须承认，这个建议是有效的，因为心理咨询师基本上也都是这么做的。但是心理咨询师毕竟是经过长期专业训练后提供收费服务时才能做到这样，如果奢望一般的情侣都能够轻松做到这一点的话，实在有些强人所难。就"不要被对方激怒"这一条，恐怕不少人一时之间都难以做到。

如前所述，由于依恋系统被激活，亲密关系中的冲突瞬间所引发的强烈愤怒难于被理智所掌控。伴侣们常常都是口出恶语或做出极端行为之后才有所觉察，悔之晚矣。与此同时，人们总是期望在伴侣那里得到慷慨、宽容的对待，一方咄咄逼人地展示愤怒只会反过来让伴侣也变得愤怒。两个人的愤怒在这样的互动之中激荡，直至烧成愤怒的熊熊大火而无法收场。俗话说"贫贱夫妻百事哀"，很多伴侣都将吵架归咎于生活琐事、性格不合等问题。然而，生活琐事不会在生活中消失，性格不合也难以在短时间内改善。需要伴侣们努力的，不是尽力消除生活琐事或性格差异带来的冲突，而是要将注意力转移到吵架背后的依恋需求，真正看到双方深切的"爱的请求"，给予"爱的回应"以建立牢固的情感联结。只要两个人的情感联结足够牢固，伴侣双方便可以获得安全感来面对问题、解决问题，所谓"天空飘来五个字，这都不是事"。因此，解决亲密关系中的冲突或争吵，应该将重心放在巩固与修复情感联结上面，其首要任务就是摆脱依恋系统被激活之后的本能愤怒反应。

首先要纠正"愤怒"的认识误区。受到坊间所谓科普观点的影响，很多人认为愤怒必须宣泄，否则不但于心理健康无益，还容易罹患高血压、冠心病。这样的观点是片面理解科学研究结果或混淆研究因果关系的产物，并不足信。一篇对 35 项研究的文献综述表明，一味地宣泄愤怒，不但不会让当事人平静下来，反而有可能增加其攻击性，越发泄越愤怒[10]。此外，主张直接宣泄愤怒的观点还忽视了这种粗暴行为的后果。且不说暴怒给其他人带来的心理创伤，在人际互动中的愤怒宣泄也很容易遭遇更具攻击性的"反弹"。就像前面说的，"愤怒在两个人之间激荡"，你的体验则是越吵架越愤怒。如果你感到愤怒时就表达出愤怒，几乎总是让你感到更愤怒。[11]相反，那些能控制愤怒、镇定下来，以果断但不激烈的方式表达自己怨言或需求的人，更有可能得到伴侣的理解和合作，因而更有可能得偿所愿。

确立"愤怒需要管理"的信念后，下一步就是在体验到愤怒即将发作时提醒自己"换一种思维"。根据认知心理治疗学者阿尔伯特·艾里斯（Albert Ellis）的观点，情绪反应更多取决于人们对诱发事件的理解，而非事件本身。当你把对方的冒犯视为一种故意或恶意所为，将对方的不回应理解成对自己的漠视，愤怒自然会不可遏制地迸发出来。如果可以的话，请尝试思考一下——如果对方不是恶意伤害你或漠视你的话，他／她这样做还有没有其他可能的原因？一旦找到对方行为的其他中性或积极的解释，愤怒就能有效地减少；而长期进行这种"寻找其他解释"的练习，人们的依恋类型就会随着解释风格的改变而得以改善。对于那些被指责或愤怒的承受方，也可以试着提醒自己，"对方的责备，其实是对依恋的急切诉求，是一种对分离的抗议"。此刻真正要做的不是据理力争或者奋起反击，而是想办法给予爱情的回应或爱的拥抱。

　　有些时候，由于受到长期积累的负面情绪的影响，人们并不太容易在亲密关系中快速扭转自己想法。这就需要更容易做到的行为改变作为辅助，比如说，可以从沟通中的相敬如宾开始。虽然真正的尊重不需要以相敬如宾为表象，但人们在亲密关系中卸下伪装、赤诚相见的同时也可能会丢掉起码的人际尊重，所以即便内心无比贴近的情侣在沟通上也需要保持某种程度的"客气"。家庭之中常有这种场景：正在与伴侣或孩子剑拔弩张、气势汹汹、大声呵斥的一方，突然接到领导或同事的电话，简直就像是变了一个人一样，立即和颜悦色、和风细雨起来……等撂下电话，便如变脸一般恢复到刚才的金刚怒目之态。难怪生活中有不少人对伴侣或父母的期望就是——像跟外人说话一样跟自己说话。的确，当人们时刻记得将"客气"融入伴侣沟通之中时，整个过程几乎会发生180度的转变。请看下面这种情境，对方吃饭时把水洒了，我们的第一反应是愤怒，马上就要脱口而出的话是："我最好的桌布让你给毁了，别指望你能做好任何事情！"但如果对方是客人的话，我们会客气地说："没关系，你要不要再来一杯？"个中差异，诸位，请你细品。

　　这是本章的第二条锦囊妙计——不要在盛怒时进行沟通。与依恋系统的本能愤怒反应"做斗争"，的确是一件艰苦的事情，但却值得每一个人努力尝试。上述内容知易行难，需要诸位付诸实践并且坚持练习方才能够改变固有的愤怒反应模式。如果一时间实在难以掌握自己的愤怒，可以尝试短暂地离开，深呼吸让自己放松下来之后再继续沟通。否则，沟通中的愤怒情绪会邀请"关系四大杀手"登场，而你们的亲密关系也会因此变得岌岌可危。

 ## 亲密关系四大杀手

　　"四大杀手"的原词是"four horseman of the apocalypse"，源自《圣经·启示录》，可以直译为"末日四骑士"。为避免文化上的误解，本书将约翰·戈特曼的这个说法意译为"四大杀手"，包括亲密沟通中的批判、鄙视、防御与冷战[9]。

批判（criticism）

　　如果心怀强烈的愤怒之情，便很容易以一种苛刻的态度开始沟通，进而将整个沟通过程推向无底深渊。值得注意的是，"苛刻"并不一定是态度强硬、咄咄逼人，有的时候那种看似温和、平静的口吻同样可以表达出冷嘲热讽的意思，招引出亲密关系四大杀手中的"批判"。两个人一起亲密生活，难免有各种不满意，也因此难免表达不满意。日常生活中，表达不满有两种方式——抱怨和批判。抱怨只是针对让自己不满意的具体事件就事论事，而批判则更多地涉及对伴侣的人身攻击，即对伴侣的性格进行负面评价。下面是生活中常见的例子，分别用抱怨和批判来表达。

抱怨：*我真的很害怕，也很担心，打了那么多电话你都没有接，我还以为你出了什么事情呢。你应该知道我很容易因为"联系不上你"而发狂的。*

批判：*我打了那么多电话你都不接，难道你不知道我会为你担心吗？再忙也不至于没有一点时间看手机吧？可能你压根就没考虑过我的感受，知道吗，你这样做真的很自私！*

在第二段表达中，可以明显看到当事人是怎样由抱怨迅速转变为批判的，而负面评价一旦由具体事情转到对方身上，伴侣被激发出的感受就会大幅度恶化，其对关系的影响也因此被扩大很多。扪心自问，批判在亲密关系的沟通之中并不少见。虽然批判的出现并不意味着关系就要破裂，但这也值得诸位警惕，防微杜渐、未雨绸缪嘛。

其实，还有一种方式来表达不满，我们姑且称为"期待"——不去指责对方的做法，只是温柔地讲明自己的需求。比如，在上面例子的情境下可以这样讲：

期待：*如果你能及时接电话，或者第一时间给我回电话的话，那会让我感觉特别有安全感，觉得自己是一个时刻被呵护的女人。*

这样的表达既不容易激起对方的防御和辩护，又为对方下一步该怎么做指明了方向，似乎还给出了对美好关系的憧憬，真是一举三得。记住，期待式表达的前提是内外一致，如果言不由衷，甚至是阴阳怪气地表达嘲讽的话，那就直接演变成了第二大关系杀手——鄙视。

鄙视（contempt）

刚才说的嘲讽和挖苦是一种鄙视，骂人、翻白眼、讥笑等表达轻蔑的动作也是鄙视。鄙视，可以说是批判的升级版。由于伴侣间的问题一直没有得到解决，或者二人一直未能达成一致意见，抱怨全面转变为批判，批判又进一步升级为鄙视。看起来突然出现的鄙视，往往是长期积累的对伴侣的负面想法所致。还是刚才那个情境，当对方解释了没有及时接电话的原因（正在打游戏）之后，鄙视就不可遏制地登场了。

鄙视：是啊，打游戏最重要嘛。作为男人不知道为自己的事业多积累，反倒去玩那些只有垃圾、人渣才会玩的网络游戏。这有什么出息？要不，以后我来养你吧。我们不用要孩子，有你就够了。来来来，躺床上做个巨婴吧！

欣赏和积极想象[12]是维持激情的重要且必须的方法，而鄙视所表达的恰恰与此背道而驰，所以鄙视是预测关系破裂最强力的一个因素。戈特曼与其同事在一项研究[13]中统计 15 分钟内夫妻之间表达鄙视的频次，结果发现后续能维持关系的夫妻沟通中鄙视的次数平均小于 5 次，而后来离婚的夫妻在实验沟通时鄙视的次数平均在 6 到 10 次。如果说批判还只是对伴侣某种特质的指责，鄙视则是直接站在一种道德优越感的"高地"之上表达厌恶。显然，相较于被指责，伴侣感受到被嫌弃、被厌恶时，其负面情绪便会以几何倍数增加。试想一下，如果是你被这样接二连三地攻击、挑衅，乃至于被鄙视、厌恶，这时候做些什么进行反抗就都是人之常情了。

防御（defensiveness）

当然，你最有可能的反应是"防御"。作为反抗的防御不是为自己辩解，更多的是为了责备对方，潜台词是说："不是我的问题，是你的问题；不是我有问题，是你有问题。"所以，防御的目的是推卸责任，而非澄清或解决问题。再次回到刚才的接电话的情境，屡屡被批判、鄙视的一方也许会"暴起反击"。

防御：请你管好自己再说。我是花了些时间打游戏，可你花在逛街、看电视上的时间绝对不少于我吧。难不成逛街、看电视就能为自己以后的发展铺平道路？而且没接电话怎么了，也就几个小时的时间。这样没有安全感，你才是没有成长起来的巨婴吧！

这样的回应完全没有反思自己的问题，也没有想要为自己的问题负责，只是粗暴地将责任推向对方，不但于解决最初的问题没有助益，相反还会让对方也产生那种被嫌弃、被厌恶的感觉。显然，对方不会因此就开始反思自己，做出退让或者道歉，对方所回应的只能是更多的批判、鄙视乃至于防御。很多时候，批判、鄙视、防御这三大杀手不见得严格按照顺序登场，但一旦有一位登台，就会启动三者之间的循环往复互动。就这样，在伴侣双方都要"赢"的循环互动之下，两个人的冲突不断升温，直到一方开始沉默不语，第四大杀手——冷战也就该登场了。

冷战（stonewalling）

看看冷战的英文原词——stonewalling，"像一堵石头墙"似的毫无表情、一声不吭，而且给人感觉冷冰冰的。所谓冷战，就是伴侣一方突然石化或者灵魂出窍似的，一下子没有任何反应，或者是转身离开、开始忙活其他事情。相对而言，冷战是在前三大关系杀手所带来的消极情绪积累到一定程度后才出现的。无论是在某一次沟通交流之中，还是在整个关系的历程中，冷战都出现得比较晚。其实，冷战在某种意义上是为了改变沟通现状，毕竟它的初衷是"停下来"。在一项研究中，研究人员在伴侣持续争吵 15 分钟之后以设备需要调适为理由打断他们，并且要求他们暂时不要继续讨论，只是观看半个小时的杂志。

结果发现，当过后重启对话时伴侣们的心率都有显著的下降，而且交流也变得更加积极有效。

看到没有，暂时的抽离出来并非不可以，只是需要一个理由。好多男性在冷战开始时只是低头不说话或者埋头看报纸，但他越是不说话，对方的呵斥声就越大，最终只能选择愤而离去。问题在于，丈夫离开时只留下"嘭"的关门声，不留下一句话，自然也不会给出任何说法或者理由。这样做就好像突然将对方从悬崖上丢下去，那种恐慌是不言而喻的。"躲开"前一定记得给对方一个交代，比如，多长时间（当然不能太长）之后会回来，这能让对方心里更踏实一些，也有助于稳定对方的情绪。比如，当你感觉已经无法忍受准备"逃开"时，试着深呼吸一下，尽量平静地这样表达。

有效冷静：抱歉，我感觉自己要被情绪吞没了，能给我 20 分钟的时间吗？等我回来我们再继续讨论？

需要注意的是，跑出去冷静的时间是真的用来冷静自己，而不是继续回味刚才吵架的过程，让自己更加生气，然后琢磨着回去怎么吵才能赢过他／她。所以，这时候要做一些可以让自己分散注意力或者平静下来的事情，比如听音乐、跑步锻炼、阅读轻松的读物等。其实，冷战也可以算作一种自我保护和关系改善的契机，不然很容易直接跌入另一个关系深渊——被消极情绪淹没。

当对方的批判、鄙视、防御突然爆发或者一股脑儿袭来时，基于过往吵架反复挫败的惯性，人们会一下子感到无力招架、不堪一击。这种感觉十分痛苦，常常与心跳加速等生理反应相伴随。由于进化的惯性，伴侣在见到你没有盖马桶盖时翻的白眼与在野外丛林中遇到的剑齿虎给你带来的生理心理反应几乎是一样的。出于"保命"的需要，高级心理过程暂时关闭，认知功能退化，强烈的情绪感受使人们无法面对问题，就更谈不上创造性地解决问题了。在这种预警状态下能够留下的只有本能的、简单的、条件反射性的战斗或逃跑两种反应。所谓战斗，就是继续争吵，让批判、鄙视、防御这三大杀手为我们争取"胜利"；而逃跑则表现为上面说的那种突然出现的摔门而去。问题在于，无论是战是逃，都会给双方带来无法承受的强烈负面感受。于是，伴侣双方都会想办法极力避免，从而对对方再次爆发的迹象更加警觉，而保护自己免受这种痛苦的最直接的做法就是在情感上疏远对方。长此以往，伴侣之间的情感关系就会越来越疏远，挥之不去的孤独感与绝望感会直接将亲密关系送进坟墓。

情感修复术

退回去一步，给诸位留点希望。即便亲密关系四大杀手已经攻进关系"腹地"，交往中也偶有消极情绪淹没的现象，这样的婚姻或爱情也并不是真正病入膏肓、无药可救。而"感情修复术"，就是很重要的挽回手段。

感情修复，本质上是伴侣双方或一方为关系改善做出的努力。在冷战或"消极情感淹没"登场之前说一句"让我们休息一下"或者"咱俩都先缓一缓"，就可能缓和紧张感，降低双方的情绪压力水平，有效防止事态恶化。有的时候，即便是在紧要关头吐舌头、做鬼脸或者撒娇、傻笑一下，都有可能起到"化险为夷"的力量。当然，如果你拥有更大的勇气，还可以试着邀请对方："重来一次，好吗？"[14]也许重来一次，你们会吵出更有建设性的局面。但是有些时候，争吵所带来的强烈负面情绪让人们撒娇、傻笑不出来，也没办法平心静气地请求"暂停"或者邀请"重新来过"，不妨试一下"举暂停牌"。伴侣们可以在平时准备好一个"暂停牌"，上面写上"亲爱的，让我们先缓一缓，爱你"，然后约定好在二人争吵到不可开交之时，任何一方觉得需要"暂停"的时候，都可以举起"暂停牌"。无论当时的情绪如何，有多想继续争吵，一旦"暂停牌"举起，双方必须强制性停下来。

在关系出现危机时，尝试修复感情的所有举措都是需要勇气的，因为不少人的傻笑可能被呵斥为幼稚可笑，而其暂停或重来一次的邀请也可能被粗暴拒绝。其实，这是一个交互作用，或者循环过程。当亲密关系四大杀手还在关系舞台上耀武扬威的时候，当事人很难意识到应该尝试修复感情了；如果消极情绪淹没都出现了，即便是对方积极的感情修复尝试也会被忽视或拒绝。一旦好不容易鼓起勇气做出的感情修复尝试被忽略或拒绝，对方的批判、鄙视和防御会变本加厉，人们体验到的消极情绪淹没也因此更加强烈，如此循环，直至一方退出或彻底退出。

之所以没有介绍很多的感情修复方法，是因为感情修复虽系积极的努力，但其在亲密关系中并不是出现得越多越好。相反，感情修复尝试越多，就说明问题越多，也说明其修复尝试失败得越多。一般来讲，这与伴侣之间的情感基础有关。说来也是无奈，那些关系质量良好的伴侣的感情修复很容易奏效，然后关系更加稳固；而感情联结并不牢固的伴侣，则在体验了一次次的感情修复失败之后逐渐绝望、放弃，关系持续恶化。也许，根本问题不在于学会多少这种感情修复的技巧，而是要想办法阻止四大杀手登场或者想办法夯实伴侣的感情关系基础。

如此，本章的第三条锦囊妙计出现——不要陷入恶性循环。从愤怒所带来的苛刻开始，到亲密关系四大杀手，再到失败的感情修复，任何一个环节都有可能加深二人互动的恶性循环。在一场场"你死我活"

的争吵之后，原本不甚稳固的感情联结更加摇摇欲坠，伴侣们慢慢放弃合作的态度，转而想着自己去解决问题。长此以往，两个人开始各过各的生活，两个人的爱情生生跳成了"单人舞"，甚至无人下场跳舞，爱情关系名存实亡。在夜以继日的孤独感侵袭之下，其中一方或双方就有可能将感情投向其他人，而亲密关系也不可避免地趋向破裂。

 ## 参考文献

［1］McGonagle K A，Kessler R C，Schilling E A. The frequency and determinants of marital disagreements in a community sample［J］. Journal of Social and Personal Relationships，1992，9：507−524.

［2］Buss D M. Sex differences in human mate preferences：Evolutionary hypotheses tested in 37 cultures［J］. Behavioral and Brain Sciences，1989，12：1−14.

［3］罗兰·米勒，丹尼尔·珀尔曼. 亲密关系（第5版）［M］. 王伟平，译. 北京：人民邮电出版社，2011.

［4］Huston T L，Houts R M. The psychological infrastructure of court-ship and marriage：The role of personality and compatibility in romantic relation-ships［C］. // The developmental course of marital dysfunction. New York：Cambridge University Press，1998：114−151.

［5］Peterson D R. Conflict［C］. // Close relationships. New York：Percheron Press，2002：265−314.

［6］Rusbult C E. Responses to dissatisfaction in close relationships：The exit−voice−loyaltyneglect model［C］. // Intimate relationships：Development，dynamics，and deterioration. CA：Sage，1987：209−237.

［7］孔荣，邓林园. 大学生恋爱冲突对恋爱关系质量的影响：冲突解决模式的调节作用［J］. 心理技术与应用，2017，5（03）：160−168.

［8］尹洁. 大学生情侣冲突应对方式对亲密关系满意度的影响及团体干预研究［D］. 上海：上海师范大学，2017.

［9］约翰·戈特曼，娜恩·西尔弗. 幸福的婚姻［M］. 刘小敏，译. 杭州：浙江人民出版社，2014.

［10］Anderson C A，Bushman B J. Effects of violent video games on aggressive behavior，aggressive cognition，aggressive affect，physiological arousal，and prosocial behavior：a meta-analytic review of the scientific literature［J］. Psychological Science，2001，12（5）：353-359.

［11］Tavris C Anger：The misunderstood emotion［M］. New York：Simon and Schuster，1989.

［12］Carswell K L，Finkel E J，Kumashiro M. Creativity and romantic passion［J］. Journal of Personality and Social Psychology，2019，116（6）：919-941.

［13］Gottman J M，Levenson R W. Dysfunctional marital conflict［J］. Journal of Divorce & Remarriage，1999，31（3-4）：1-17.

［14］黄士钧. 让爱成为一种能力：在关系中滋养彼此，让你更敢爱、懂爱、亲近爱［M］. 台北：方智出版社，2013.

第十四章

莫被前缘误

当爱情的浪涛被推翻以后，我们应当友好地分手，说一声"再见"！

——威廉·莎士比亚（William Shakespeare）

今天我们在一起见证我们共同的好朋友——芒果和香山，结束他们维持5年的婚姻，从夫妻变回熟人。请你们对钱发誓，以下你们做出的承诺是诚实可信、深思熟虑、义无反顾的。

芒果，你诚实地回答我，从今往后，无论香山多么富有、多么健康、多么爱你，你都不愿意和他在一起吗？

香山，你诚实地回答我，从今往后，无论芒果多么漂亮、多么动人、多么爱你，你都不愿意和她在一起吗？

下面请二位互相交回戒指（小声：我替你们挖坑埋了），要最后一吻吗？下面剪喜字，那就像熟人一样握个手吧，再像熟人一样拥个抱吧！

离了也是好朋友，散买卖不散交情！

这是电影《非诚勿扰2》中离婚仪式主持人的台词，戏谑之中却也透出几分值得深思的道理。爱情，有开始就有结束。毕竟再好的东西，也可能有失去的那一天；而再爱的人，也可能有远去的那一天。虽然每个人都渴望爱情天长地久、与爱人白头偕老，但不少人的亲密关系却因为各种千奇百怪的原因而走向破裂。当伴侣关系实在无法维持的时候，两个人要分手是再正常不过的事情；但若能像电影中那样做到好合好散、"散买卖不散交情""君子绝交，不出恶声"，也不是一件特别容易的事情。

因此，本章着重介绍如何提出分手、面对失恋等心理学知识。但无论如何，希望以下所讲对你而言都是"屠龙之术"，永远用不上。

想说分手不容易

　　亲密关系结束，总需要有一方主动提出。即便是伴侣关系名存实亡，双方都已经做好分手的心理准备，两个人同时提出分手的可能性也是微乎其微，总会有一方首先提出。相比较而言，被分手的一方要面对"被甩"的现实，其心理冲击与创伤更大，这一点会在后面详细介绍。然而，失败的关系中没有胜利者可言，提出分手的一方也并没有那么好过。表面上来看，提出者似乎应该为关系的结束负责，毕竟是你主动提出的，否则亲密关系可能还在继续，也许还有好转的可能。作为这种名义上的"关系破坏者"，他们在提出分手的过程中不但需要面对来自对方的指责、控诉、纠缠，还需要面对自己内心的愧疚感。以前有首歌叫《想说爱你不容易》，其实想说分手也没有那么容易。基于此，有些人不愿意通过与对方直接、充分讨论的方式结束关系，而是使用更为间接、回避的策略，希望能够"快刀斩乱麻"。

不负责的分手方式

　　在诸多不负责任的分手方式之中，性质最恶劣的是"逼你分手"，即通过种种手段（故意做出不端行为、疏远对方等）促使对方主动提分手或远离自己。虽然不值得鼓励，但不得不承认，做出让对方难以忍受的事情，需要当事人相当的勇气并且付出一定的代价，毕竟出轨、暴力等行为是为社会道德所不容。而那些连这种勇气都没有的人，则会工于心计地选择更为退缩的冷暴力——在亲密关系中疏远、冷淡对方，不再付出关爱。就像下面这个故事中所描述的那样：

　　刚开始恋爱时，小强对小丽事事关心、时时体贴，经常翘班出来约会。然而近一段时间，他却表现得越来越冷淡，经常以"工作忙"

为理由不主动联系，甚至拒接电话。好不容易将他约出来吃饭，不是抱怨影响了工作，就是嫌弃饭店的环境不好、饭菜的口味不佳。整个约会过程中，小强的脸色比上坟还难看，从一见面就开始不断挑剔小丽的各种缺点、问题，表现出各种不耐烦。两个人为此吵了几架，虽然小强也表示不想分手，但事后却没有任何改变，反而有变本加厉之势。刚开始小丽不愿意两个人的感情就这样付之东流，决定给予对方更多的包容。可小强并不买账，他对小丽的态度越发冷淡、挑剔。最后，小丽无法忍受这种冷暴力，主动提出分手。没想到小强爽快地答应了，还说："分手是你提出的，不要怪我！"第二天，小丽在闺蜜陪自己逛街散心时，看到小强跟另一个女人挽着手进了电影院。

除了"逼你分手"，还有一种更绝的做法是"人间蒸发"（ghosting），即突然地结束与伴侣的关系，并且没有任何解释地停止联系。在当今依靠网络社交媒体维持关系的时代，亲密关系中这种不告而别的人间蒸发，其发生频率远比我们预料的要多。最近的一项调查显示，约25%的人曾经在亲密关系中遭遇过对方的人间蒸发，而20%的人承认自己在亲密关系中这样做过[1]。试想一下，前几天还在耳鬓厮磨，还在花前月下、海誓山盟的爱人，突然之间音讯全无，那种感觉何等之恐慌！"人间蒸发"会给对方制造一种模棱两可的处境，使其陷入多种负面情绪交织、混杂的状态。被分手的当事人也许会担心对方是不是出了什么事，也许会沮丧于自己毫无魅力，也许会愤怒于对方的不告而别，也许还会心怀希望地以为对方只是太忙了……为摆脱这种模糊、混乱的状态，当事人会绞尽脑汁想出千万种解释。由于对方的不告而别，所有的猜测都无法获得验证的机会，无法获得任何肯定或否定的解答，这种反刍式的思考、对自己的反复追问，会让当事人在很长时间内无法走出失恋所造成的心理创伤。本来被分手的一方就会遭受自尊方面的打击，"一定是我不好，对方才不要我的"；这种突然消失，会让当事人对自己的贬低更为严重，"他 / 她连再见都不能跟我说，可见我已经让他 / 她厌恶到什么程度了"。

无论是逼你分手还是人间蒸发，无非是不想承担分手的责任，都属于逃避式的分手策略。说得好听一些，也许是怕自己提出分手会伤害对方，也许是害怕自己以后会后悔，这样做是给自己留个后路。可无论如何，这样做的人都是怯懦而自私的。而且，这些逃避式的分手会给对方的自尊水平造成较为长期的负面影响，也会影响他们对下一段关系的态度和表现[2]。对方连分手都不敢面对，都需要"套路"的话，如果你打算跟他 / 她复合，请务必事先做好迎接挑战的心理准备。

相对于前述两种"不主动、不拒绝、不负责"的分手方式，有些人在分手时会明确告知对方，但也只能算作"通知式分手"。就像是下达通知一样，分手时只是告知对方自己结束关系的决定，但不做任何解释，或只给一两句根本算不得理由的解释。即便对方疯狂地追问"为什么"，得到的也只是"不爱了""没感觉了""我们不合适"这样敷衍的回应。显然，这种方式虽然在一定程度上承担了分手的责任，却仍然将对方抛入一种云山雾罩的境地之中。对方无法搞清楚分手原因的话，一方面会因为反复猜测而落入思维反刍的恶性循环，另一方面也会误以为还有挽回的机会而继续纠缠。也许有人会认为，感情都没有了，说那么多有什么用？但事实是，如果不对这段感情结束的原因进行讨论的话，不但会丧失掉一个修复关系的机会，还会错失一个自我感情提升的机会。

一般来讲，提出分手却坚决不给理由也很难做到，很多人在分手时还是会多少给出一些原因或解释的，尤其是在对方不断追问的情况之下。按照简单的逻辑推理，分手肯定是有原因的，要么过错在你，要么过错在我。将原因单方面地推到对方身上，属于"辩护式分手"，所谓的分手理由或解释也只是单方面地指责对方给自己的伤害。相比而言，将原因归于自己身上的"自责式分手"听起来似乎还不错，然而也是问题多多。第一，于自身而言，一味地自责并不能让提出分手这个过程变得轻松，相反会使自己不断体验到愧疚和抑郁，即便分手成功也不会觉得"如释重负"。第二，于对方而言，如果对方认为你的自责只是一种虚伪，是在掩饰分手的真正原因，就会对你有更多的不满，心想"要真是为我好，不分手好不好"；如果对方也认同你的解释，也能感受到你为其着想的那种体贴，你是做成了"好人"，可对方因为分手产生的愤怒却无处宣泄，从而对分手这件事迟迟无法释怀。

诸位不免挠头，套路对方不对，不告而别不对，不给出理由不对，给出理由但只在一方找原因也不对……然则怎样分手才能做到"他／她好，我也好"，是负责任的分手方式呢？下面尝试给出一些建议，供有需求者参考。

负责地提出分手

首先，需要在提出分手前做好心理准备。只要做出分手决定，就一定要"坚定"。严格意义上讲，左右摇摆的决定并不算是"决定"，顶多算是"试探"。然而，人有见面之情，即便自己私下已经做出决定，在真正面对对方的时候也容易产生动摇。因此，做好决定之后就要开始计划，在心里预演，必要的时候找个人帮你"彩排"一下，充分考虑各种情况，提前想好各种对策。这个过程，也是坚定内心分手决定的过程。说一个很容易被忽视的细节，有的情侣会互相有一些东西放在对方那里。也许前一天两个人都说好分手了，第二天一方到另一方那里去取回自己东西的时候，可能睹物思情，两个人又要重新纠缠一番，甚至可能旧情复燃。提出分手的准备工作，就需要将对方的物品收拾好以便提出分手时可以归还回去。诸位看到没有，要准备到这种程度，才算是做好分手准备了。

其次，安排充分的时间来与对方讨论分手，尽量坦诚、友善、积极。只有预留出足够的时间来提出分手，才有可能将分手的原因解释清楚；否则仓促之间提出分手，给一个简单、生硬的借口，很容易让对方抓狂——或者在内心狂问自己为什么，或者狂问你为什么？将二人的亲密关系历程做一个简单的复盘，有头有尾地解释清楚为什么你决定分手，才有可能给对方一种掌控感。被分手的一方肯定会伤心，但他/她会因此明白这段失败的感情并不是一个不小心，一个偶然，而是一个必然的结果。这种掌控感对个体来说十分重要，因为它可以消除"再怎么努力，他/她也不爱我""为什么你不是我的了"等消极想法。还有就是注意避免指责。无论是指责对方还是指责自己，都会让双方陷入消极情绪或者反应之中，搞不好会引发激烈的争吵。这样一来，分手带来的伤害反而会增加很多。最好是去回忆过去美好的记忆，强调过去对方为你做过的好事，对过去的时光不遗憾，表达对对方的感激。如果可能的话，寻找结束关系对双方的好处。当然，这一点要注意把握时机，不然只会显得"站着说话不腰疼"。

最后，分手之后重塑人际边界。分手后藕断丝连，只会让分手的过程被无限拉长，痛苦也被无限拉长。如果真的决定好要分手，那么，无论对方再继续怎么努力挽回关系，都要坚持，最好是"和善地坚持"，态度是和善的，但决定不可能动摇。记住，一旦分手之后就不再算是情侣，就要停止一切情侣间的行为。有的时候，对方会提出一些看起来比较合理，甚至是比较浪漫的要求。比如，分手后最后再抱一抱，或者亲吻一次，这样自己就没有遗憾了。其实，这只是一厢情愿的幻想，抱一抱或亲一亲这种亲密行为只会增加两个人之间的联系，绝不会让我们更想离开对方。因此，只要分手后就要保持好人际边界，最好不要满足对方这种要求，当然更要拒绝其他更为过分的要求。一般来讲，关系结束后，即便是主动提分手的一方也会面临一种"丧失"，体验到一种关系的空白，这时候也需要寻找除亲密关系以外的社会支持关系，如亲人、朋友关系来暂时填补这个空白。不然，刚分手时的"空虚寂寞冷"，也很容易破坏分手后的关系界限，乃至动摇人们的分手决定。

💕 给我一杯忘情水

所谓负责的分手，更多是指那种可以协助对方更快走出失恋影响的方式。可即便如此，关系破裂也总是不可避免地会给予被分手方更多的情感冲击与无力感。这种痛彻心扉的失恋心理反应，有太多的文艺作品进行过细腻描述。如果你不幸是被分手的一方，请不要奢望自己可以淡然处之，除非你原来就没有投入多少感情。毕竟来自心理学的研究发现，失恋之后的彻骨之痛，几乎是一种自然反应。

失恋之殇

关于失恋之痛的解释，一部分来源于生理学的研究。在本书第二章《爱情是病》中提到，激情之爱的脑神经生理反应类似于吸毒。如此，失恋就相当于戒毒。戒毒的感受如何，我们没有体验过，但从文艺作品或媒体报道中便可以窥知一二。一项针对大脑的神经生理学研究发现，人们在遭遇分手时大脑中控制肢体疼痛感的区域会变得十分活跃[3]。可见，"心痛"一说所言非虚，失恋让人们体会到的痛，也许与躯体上的疼痛十分接近。而另一项新近研究的结果显示，亲密关系的结束会影响大脑活力，而大脑整体去调节和整合信息的能力下降又与抑郁症状相关联[4]。这也就解释了为什么失恋之后一段时间内，当事人常常会处于一种类似抑郁的心理状态之中，既沮丧、悲伤，对生活毫无激情，又充满无力感，像搁浅的鱼一般苟延残喘。

另一种解释将失恋视为一种"丧失"，类似于亲人离世、搬离居住城市等。用一种形象的说法，这种丧失就像在我们心里挖了个洞，所以会有一种心里空落落的感觉。而失恋作为一种亲密关系的结束，这个"洞"可能会更大，因为我们丧失掉的是一个"安全基地"，一个在急难之时可供我们心理疗愈的"避风港"。尤其在那些长期稳定的情感关系中，伴侣间会逐渐形成一套共享的人际认知系统[5]。失恋，无疑将这套共享的系统人为切割开来，伴侣双方都会因此体验到"认知不完整"的感觉。于是，失恋让人们失去了原本已经习惯的生活节奏，甚至会失去一些朋友或者社交圈子，当然随之失去的还有原本美好的恋爱回忆和对未来美好的憧憬。

失恋之殇，已经毋庸赘言。那么，这些痛苦真的就如流行歌曲里面唱的"一人承受不来"吗？或者一旦失恋就万劫不复吗？

总会过去的

显然，人生不可能因为失恋就"完蛋"了。看看周围，在我们身边有多少经历过失恋的人还不是照样生活得有滋有味。一项对分手数月之后亲密关系走向的研究也发现了类似的结果——60% 的情侣分手后随时间推移彼此联系越来越少，21% 的情侣分手数月后发现彼此变得更加喜欢对方，7% 的情侣之后重新点燃爱情或者成为朋友，只有 12%的情侣在失恋后体验到较为强烈的痛苦[6]。很明显，多数的伴侣在分手之后分道扬镳、形同陌路，只有约十分之一的伴侣在失恋数月之后会有比较激烈的情绪反应。为了更清楚地了解情侣分手后的情绪变化，相关学者利用可随身携带的设备追踪大学生在失恋一个月内的情绪体验，结果如图 14-1 所示[7]。

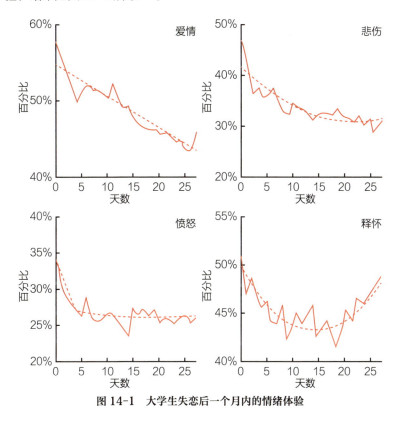

图 14-1 大学生失恋后一个月内的情绪体验

可以看出，分手之后的爱情（love）体验明显是随时间直线下降的，而悲伤（sadness）与愤怒（anger）在刚刚分手的前十天左右下降的速度很快，之后会慢慢趋缓。而释怀（relief）则呈现一种 U 形变化趋势。综上可见，不到一个月的时间，很多失恋的人就已经开始慢慢走出痛苦了。

亲密关系中的人之所以常常会觉得失恋之痛无法忍受，其影响之大简直如洪水猛兽，一方面与他们不希望分手的愿望有关，另一方面也与人们的一种思维模型有关。很多时候，当人们预期一件事情的难度或者痛苦的时候，往往会高估其痛苦，失恋也是如此。保罗·伊斯特威克（Paul Eastwick）等做了一项很"残忍"的研究，他们在情侣还没有分手的时候就开始每两周询问一次，询问他们如果分手后感觉会怎么样。一直这样问下去，直到分手，并继续对他们分手后的真实反应进行追踪调查。结果发现，在分手前被试可以正确地预测失恋后痛苦随时间消退的情况，但他们却高估了分手发生时自己感觉到的痛苦[8]。显然我们不可能盼望失恋，但失恋的确不会像人们所预想的那般痛苦与无法忍受。

"坏日子总会过去的"是一句心灵鸡汤，但想一想人类强大的韧性和复原力，这句话也不是完全没有道理。

思维反刍

上面说那么多，并非"站着说话不腰疼"，而是为了让诸位看到失恋的真面目，让我们能够真正地面对失恋。就像那首歌里唱的："给我一杯忘情水"。有些人遭遇失恋的第一反应是，"不要去想了"，"不要再为这件事难过了"。当然，他／她自己也会发现，这种愿望一般是很难实现的，往往越是想要忘记，就越难过。也有人想搞一个分手仪式，想着在仪式后就可以重新做人了。这个思路也许是有效的，但这种仪式得像传统的丧礼一样，必须是一个较长的过程才可能有效。因此目前来看，分手仪式也不太容易实现。还有一类人在失恋后的做法是——反复思考，即"思维反刍"，在分手后不断追问自己下面这些问题。

"为什么他／她不爱我了？"

"我做错了什么？"

"为什么会变成这样？"

"为什么被甩的总是我？"

"如果能回到过去该多好"

"如果我不那么任性，他／她就不会离开我"

如果对方在提出分手时给出了相当清楚的解释，也许当事人的反复思考会少一些。但现实中失恋后的人，往往很容易陷入这样一种思维反刍的恶性循环。一般来讲，在痛苦的时候，人们很容易对"为什么失恋"进行所谓的深度思考；然而一旦这样思考，就很容易沉浸于这种抽象的、根本无法解释清楚问题的无穷无尽的思考之中，结果唤起更多的有关自我和外界的负面想法，变得更加痛苦；于是，痛苦又带来思考……最悲剧的是，思考听起来是为了解决问题，可这种过度思考不但无法帮助我们找到解决问题的方法，反而会唤起更多负面的想法。曾有研究者让被试回想在过去一周内，自动出现在脑海中的一些不愉快、负性事件或情境的记忆，然后将被试分为两组，要求其中一组被试更多地思考这些负性事件，如仔细想这件事发生的原因及对自己的影响，另一组被试则被要求完成一些分心任务，如心算等。结果发现，要求反复思考的被试在冥思苦想后会更为消极地评价这些负性事件，而且回忆起这些事时（被动想起），感到更悲伤、更痛苦[9]。

比较而言，有效打破这种恶性循环的做法就是广为人知的"转移注意力"，也就是用其他的想法填充大脑，当然最好是积极的想法。如果只是坐着的话，不太容易完成这种思维转换，那就站起来、走出去，自己喜欢的体育运动、户外活动、旅行都可以有效地帮助我们转换心理状态。但要记住，这些转移注意力的活动最好不是你与前任经常共同参与的，也不要再去你们共同游览过的地方旅行，否则只会"睹物思情"，再次陷入消极情绪的恶性循环。此外，还可以利用一些心理自助活动来"硬拗"自己的关注点，如表达性书写（expressive writing）中的正向书写 ① 。这种连续的练习远比"天涯何处无芳草"等自我劝说有效，可以帮助当事人更好地重建自我。需要注意的一点是，在失恋的恢复过程中，要有耐心，要接纳自己当下的消极状态，不要幻想能过早地摆脱这种状态。经验告诉我们，那些负面的思维反刍往往就是因为试图迅速在情绪上化解痛苦经历，当事人反而陷入思考中不能自拔，从长远来看就更难走出痛苦。

几个绕不开的实际问题

一旦被称为"实际问题"，其复杂性自然远远超出我们的想象。在不同的社会文化背景下，不同的个体在分手、失恋时所遭遇的问题数不胜数。前文对于分手与失恋的介绍可谓挂一漏万，下面也只能选择三个典型问题进行粗略的回答。希望诸位可以领悟到这些知识介绍与问题回答背后的核心思想，方能在遭遇各种亲密关系问题时做到以不变应万变。

要不要迅速进入下一段感情

不得不承认，有了新欢，会比较容易忘掉旧爱。说实话，进入下

---

① 正向书写，是指在写作中只去寻找自己在分手这件事情中的正面想法。比如，我有了很多自己可以支配的时间；过去一直想去做的某事，因为对方不喜欢而无法尝试，现在终于可以实现愿望了。相关研究结果显示，仅仅需要 3 ~ 4 天、每天 20 分钟的书写练习，就可以有效缓解分手之后的消极情绪。

一段感情是失恋时快速转移注意力的有效方法。虽然伴侣换了，但亲密关系却在短暂地空白之后迅速恢复，加之新关系"蜜月期"的幸福甜蜜，很容易帮助失恋者摆脱分手带来的负面情绪、转移对前任的情感依恋。而且能够迅速建立下一段亲密关系，本身也是个人价值的体现，所以那些在分手之后有了新伴侣的人比单身者表现出更多的自尊与自信[10]。

然而，你要小心避开反弹关系（rebound relationship）的陷阱。所谓反弹关系，是指在一段浪漫亲密关系结束后，立刻开始另一段新的浪漫关系，并且与前一段关系相关的感情还没有完全被解决。通俗来讲，就是新的关系没有摆脱旧关系的影响，要么是将新伴侣视为旧伴侣的替代，要么是将新关系当成旧关系的延续。如果你在这段新关系中发现自己没有脱离对前任的感情，使用前任的标准选择、理解与对待现任，或者因为无法忍受关系空白期，又或者为了报复、惩罚前任而仓促建立新关系的时候，请务必认真反思这一段新关系并与新的伴侣坦诚交流，否则拥有扭曲开端的反弹式关系很难不重蹈前一段关系的覆辙，也会因为将现任作为摆脱旧关系的工具而对其产生伤害。

分手后要不要做朋友

当然，也不是谁都可以想迅速开始下一段感情就能够实现的。那些无法或不愿意开始下一段感情的人，也许会采取另一种缓兵之计——邀请对方在分手后继续做朋友。前面已经提到过，分手后仍然保持联系，即便是弱联系（weak-tie contact）（关注对方的朋友圈、微博等）都不利于分手双方人际边界的重建。考虑到不少情侣都是由朋友发展而来，分手后继续做朋友便会让双方都不容易把握好边界的转换，一旦新建的朋友边界被突破，这种介于恋人与朋友之间的模糊边界，很容易被那些"不主动、不负责、不拒绝"的渣男 / 女所利用。除非一方本来就是打算以朋友作为过渡来争取关系复合，否则两个人的关系终将因为这种扭曲而不得善终。

有人说，分手后因为彼此相爱过，不能做敌人；因为彼此伤害过，不能做朋友。然而，如果伴侣二人分手时经过充分的讨论，属于和平分手，对彼此都还保有较多的积极情感，而且能够对未来的友谊关系达成共识，可以把握好朋友关系边界的话，继续做朋友也未尝不可。只是还有一个前提——对方仍然愿意跟你做朋友。当然，即便做不到"散买卖不散交情"也没有关系，就像前文所言，大部分的人都可以慢慢走出分手或失恋的心理阴影。

好马吃不吃回头草

有人选择分手后做朋友，还有更多人会选择复合。调查显示，分手后尝试与前任复合过的人占到 45% 之多[11]。在这些寻求复合的个体之中，有的人在分手之后的独处时光中反思、审视前一段情感，不但更为珍惜与对方的爱情交往，还找到了分手的真正原因与解决方法，因而希望重新开始两个人旧有的亲密关系。也有的人是为了缓解分手后的消极情绪，基于情感上的惯性继续选择与前任建立关系，这种情况里面不排除有人借着复合对前任进行报复或者证明自己。还有一些人纯粹是因为分手后没有找到更好的交往对象，而决定"吃回头草"，将就原来的伴侣。显然，后面两种情况的复合可能会在未来的亲密关系之中遇到更多的挑战。

破镜可以重圆，但亲密关系的发展不会因为复合就从此高枕无忧，就像爱情不会因为最初的一见钟情就从此过上幸福的生活一样。客观来讲，使用何种方式将感情挽回并不是最重要的（当然，过于委曲求全或者死缠烂打确实不是好的方式），毕竟复合不仅仅是为了两个人重新在一起，而是为了让亲密关系重新延续下去。所以，首先要对曾经让关系无法延续的分手原因进行反思——当初导致分手的问题是否具有解决的可能性。即便是那些可以被解决的问题，也要考察这个问题是否需要双方协力解决，以及双方是否都有付出努力解决问题的意愿。否则，原来关系中导致分手的问题继续存在，复合后的关系也很可能因为这些问题而重新分开。更重要的是，选择复合是审慎思考后的结果，是希望重新建立关系，给予双方一个解决问题的机会。所有忽略分手原因的分析，而一味寻求复合的做法，最终只会让新的关系进入一种分分合合的死循环——复合之后又分手，分开后又复合……长此以往，分手与复合要么沦为儿戏，要么成为双方解决问题的一种方式。

　　无论如何，复合都应该是双方的共识。一厢情愿，为了复合不惜代价，操纵对方或者过于取悦对方均不是可取之法。与当初的相爱一样，复合也是一种亲密关系的开始，唯一的不同只是你们曾经在一起过，而这种曾经的在一起也并不能为你们现在的关系加分，搞不好还会减分。复合后的亲密关系能否持久、稳定，与任何爱情关系的发展一样，取决于关系之中两个人的投入与经营，而非取决于是否经历过分手或复合。分手的经历只是给了人们一个反思爱情的机会，让那些能够复合的伴侣更为珍惜这段来之不易的关系，并因此付出更多的努力继续经营两个人的爱情。

　　综上，我们从爱情的发生、维持谈到了亲密关系的结束，然而限于本书的主题与书写方式，"爱情"常常被放置于两个人长期维持的关系情境下进行讨论，这不免会制造一种潜在的"倡导"——只有两个人长期保持爱情关系，才是人生的最佳选择。在如今多元社会文化的时代脉络之中，这样的表述显然片面而武断。因此，这里必须有一个严正声明：为自己做出选择是每个人都拥有的权力和能力，基于各种选择的人生都值得尊重，爱情生活亦不例外。如果将"爱"视为一种能力，它的产生并非一定要以对方的出现或者与对方长期相处为前提。现实生活中，不少人选择单身或者于分手之后保持单身，照样也可以过上让自己满意的理想生活。

很多时候，也许正如庄子所言："相濡以沫，不如相忘于江湖。"

♥ 参考文献

［1］Freedman G, Powell D N, Le B, et al. Ghosting and destiny: Implicit theories of relationships predict beliefs about ghosting［J］. Journal of Social and Personal Relationships, 2019, 36（3）：905-924.

［2］Leary M R, Haupt A L, Strausser K S, et al. Calibrating the sociometer: the relationship between interpersonal appraisals and state self-esteem［J］. Journal of Personality & Social Psychology, 1998, 74（5）：1290-1299.

［3］Kross E, Berman M G, Mischel W, et al. Social rejection shares somatosensory representations with physical pain［J］. Proceedings of the National Academy of Sciences, 2011, 108（15）：6270-6275.

［4］Sonsoles A M, Marsman J B C, Kringelbach M L, et al. Reduced spatiotemporal brain dynamics are associated with increased depressive symptoms after a relationship breakup［J］. NeuroImage: Clinical, 2020：102, 299.

［5］Harris C, Barnier A, Sutton J, et al. Couples associally distributed cognitive systems: Remembering in everyday social and material contexts［J］. Memory Studies, 2014, 7（3）：285-297.

［6］Kellas J K, Bean D, Cunningham C, et al. The ex-files: Trajectories, turning points, and adjustment in the development of post-dissolutional relationships [J]. Journal of Social and Personal Relationships, 2008, 25: 23−50.

[7] Sbarra D A, Emery R E. The emotional sequelae of nonmarital relationship dissolution: Analysis of change and intraindividual variability over time [J]. Personal Relationships, 2005, 12: 213−232.

[8] Eastwick P W, Finkel E J, Krishnamurti T, et al. Mispredicting distress following romantic breakup: Revealing the time course of the affective forecasting error [J]. Journal of Experimental Social Psychology, 2008, 44: 800−807.

[9] Grisham J R, Flower K N, Williams A D, et al. Reappraisal and Rumination During Recall of a Sad Memory [J]. Cognitive Therapy and Research, 2011, 35: 276−283.

[10] Brumbaugh C C, Fraley R C. Too fast, too soon? An empirical investigation into rebound relationships [J]. Journal of Social and Personal Relationships, 2015, 32 (1): 99−118.

[11] Halpern−Meekin S, Manning W D, Giordano P C, et al. Relationship Churning in Emerging Adulthood: On/Off Relationships and Sex with an Ex [J]. Journal of Adolescent Research, 2013, 28 (2): 166−188.

第十五章

新时代的
"爱情挑战"

婚姻是一本书，第一章写下诗篇，其余则是平淡的散文。

——巴法利·尼克斯（Beverly　Nichols）

"浪漫爱情，是婚姻的先决条件。"

相信有不少受到西方文化影响的读者不但认可这句话，而且认同"因为爱情而结婚"这种听起来天经地义的观点，似乎婚姻自从其产生以来都应该是爱情的结果。的确，在 20 世纪 80 年代的一次调查中，绝大多数的美国年轻人就将浪漫爱情视为婚姻的必需条件[1]。尤其是随着人文主义思潮的风行，整个社会对于个人体验和感受的尊重与重视不断增加；再加上经济的快速发展，这使得越来越多的年轻人能够离家独居，在婚恋选择上有更多的选择自由。年轻人自由恋爱、自主选择婚姻，不只在美国，这在当前的中国也已经成为一种主流的婚恋观。然而这种观念与做法却是一种比飞机的发明还要晚近的"新鲜事物"。不但在中国如此，即便是 40 多年前的美国，也有 76% 的女性和 35% 的男性愿意与"自己不怎么爱恋但各方面都比较完美的伴侣"结婚[2]。

爱情发展史

纵观人类历史，婚姻似乎一直以来都与浪漫爱情没有多少关联[3]。其实，只需要简单地梳理一下"爱情发展史"，你就会发现它不但跟婚姻没有多少关联，在有些时代甚至与性欲都没有多少关系。

柏拉图式爱情（Platonic Love）

如果我们追溯西方心理学史上爱情心理学的理论源头，最后一定会聚焦在古希腊哲学家柏拉图的《会饮》上面[4]。正如大家所熟知的，柏拉图式爱情等同于精神恋爱，追求心灵沟通与精神交流，排斥肉欲，认为肉体的结合是不纯洁的、是肮脏的。在柏拉图的理论中，爱情和性欲是相互对立的两种状态，只有爱情能够让人得到升华。因此，古希腊人所崇尚的柏拉图式爱情也常常表现为男性之间不带性欲色彩的爱慕。

柏拉图在《理想国》中非常深入地探究了婚姻的本质，将生育（获得后代）和共享生活（生命共同体）作为婚姻的双重职能[5]。此后的古罗马法律中则明确表示婚姻的目的在于"生男育女，继血统，承祭祀"[6]，而"幸福和肉体享乐都不是婚姻生活的内容"[3]。中国古代几千年来都以《礼记》中的对于"昏礼"的规范——上以事宗庙而下以继后世——为婚姻宗旨，后世更有所谓"不孝有三，无后为大"的训诫。可见，婚姻作为一种契约制度，其在古代各种文化中的职能和功用都是相同的；而爱情与婚姻，乃至于性欲，在古希腊、古罗马、古代中国都是完全分离的，而这也为后世开了先河、奠定了基调。

典雅爱情（Courtly Love）

与柏拉图式爱情一脉相承的是异性之间的"典雅爱情"。中世纪的法国，被称为"欧洲的祖母"的爱莲诺（Eleanor）女士与自己的女儿一起创办了"爱情法庭"，而作为当时风尚潮流的典雅爱情便来源于此。典雅爱情同样强调爱情的精神性与理想化，要求未婚的年轻骑士将爱情作为一种高贵的精神追求并献身于已婚的贵族妇人。虽然典雅爱情有着更为积极的内涵，却显然是一种不合礼仪的婚外情，并不以婚姻为爱情的目的。因此，作为西方浪漫之爱文化源头的典雅爱情，同样没有试图将浪漫爱情与婚姻联系在一起。

在中世纪，同样没有人会指望婚姻浪漫；相反，婚姻一直被认为是与政治和财产相关的严肃话题。

熟悉中国古代诗词的读者都知道，歌颂爱情的诗词不计其数，但多系"千金骏马换小妾"（李白《襄阳歌》）、"载妓随波任去留"（李白《江上吟》）之流，诗人或词人真正写给自己配偶的情诗都是凤毛麟角。"曾经沧海难为水"（元稹《离思五首》）和"十年生死两茫茫"（苏轼《江城子》）虽然流传千古，却都是诗人在妻子去世之后写的悼亡诗句。就是频繁将妻子写入诗中句的杜甫，写出来也都是"瘦妻面复光"（《北征》）、"老妻画纸为棋局"（《江村》）这样的诗句，丝毫看不出我们心目中所期待的那种温柔缠绵的浪漫。也许在古代诗人的心中，婚姻与浪漫爱情本来就无关，自然也无须歌颂。

浪漫爱情（Romantic Love）

中世纪之后相当一段时间，浪漫爱情虽然得到认可，却也都被认为是"罗密欧与朱丽叶"式的悲剧。直到 17—18 世纪，欧洲人才开始相信浪漫爱情偶尔会有"幸福的结局"，但当时的人并不普遍认为夫妻之间应该拥有充满激情和浪漫的婚姻[7]。相对而言，"因爱而婚"这个观念被北美人接纳得最为彻底，并将其推崇到一个前所未有的高度[8]。随着北美文化在全世界的传播和流行，中国的年轻人也开始慢慢认可浪漫爱情在婚姻选择中的重要性。近些年各种媒体不断地宣扬"爱情至上"，也有部分学者撰文描述："惟有爱情，也只有爱情，才能使我们从心理上真正体验到、享受到幸福！"这在坊间造成一种形势：在"爱情至上"面前，什么（包括婚姻、生育、家庭等）都可以"退一步考虑"。于是，诸如不婚族（恋爱不结婚）、丁克族（结婚不要小孩）、被婚族（客观原因被动结婚）等开始出现，2017 年腾讯新闻对于其 30000 余用户的调查显示，这部分人群已经占到被调查总体约 10% 的比例①。

---

① 见《2017 中国人婚恋观调查报告》，网址为 http://zj.qq.com/cross/20170829/80Ipm4y2.html。

对因爱而婚的再思考

诚然，因爱而婚占据着当前舆论的主流，可这种观念放在历史的视角中去审视的话又是如此的"新颖"。换句话说，我们在尝试一种有史以来没有哪个时代的人普遍尝试过的做法——将爱情视为婚姻的先决条件。既然是历时未久的新鲜事物，就一定存在质疑之声。学者熊哲宏[5]就明确断言："人们往往误以为婚姻是爱情的必然结果，似乎促使男女结婚的唯一动力是他们之间的爱情。这是天大的错觉。"而媒体人梁文道也在一次采访中讲道："以往我们觉得婚姻必然是爱情的结果，婚姻的前提是要有爱情做它的必要条件跟充分条件。这个时代已经结束了。"[9]

因此，"因爱而婚"的观念是否代表着时代发展的必然，是否具备先进性和合理性，需要我们从如下几个方面来仔细反思：

爱情是否必然带来婚姻？

婚姻是否必须由爱情而来？

婚姻是否对爱情有保持或促进作用？

爱情可否作为婚姻存续的核心考量？

前两条中的"必然"，意指一种因果关系，即爱情必然是婚姻的原因，而婚姻必然是爱情的结果。然而无论是在生活实践还是科学研究方面，我们有充足信心宣扬爱情与婚姻之间的相关联系，却始终无法找到任何证据来论证爱情与婚姻之间的必然因果联系。由于婚姻牵涉两个家族的诸多因素，现实生活中"相爱却不能结婚""不爱却走到一起"的案例不胜枚举。进化心理学对于女性择偶偏好的研究也发现，爱情固然是一种重要因素，却排在诸如经济资源、经济前景、社会地位、年龄、上进心、身高体形等因素的后面，而且爱情是作为承诺的重要线索起作用的[10]。因此,因爱而婚的观念很可能是对爱情与婚姻相关关系的一种因果错觉。这就是说,因爱而婚并非事物发展的必然,而只是我们的美好愿望。下面的问题就是继续分析因爱而婚这种愿望是否合理(婚姻是否对爱情有保持或促进作用?),是否值得人们保有(爱情可否作为婚姻存续的核心考量?)。

婚姻无法为爱情负责

当人们认可"爱情必然走向婚姻"时,不由地会产生一种期待——婚姻对爱情有保持或促进作用。如前所述,婚姻作为一种契约制度,从其产生的时刻开始就只为财产和生育负责,无关爱情、幸福等更为高级的心理需求。如果说婚姻对于爱情有保持或促进作用,也只能算其"副作用";可不幸的是,婚姻对于爱情的副作用恰恰是负面的,所以人们常说"婚姻是爱情的坟墓"。正如学者熊哲宏[5]所言,"既然婚姻是契约,它就意味着不自由,是对人性中渴求自由的愿望的否定;而爱情的本质恰恰是自由,来不得半点束缚。"的确,婚姻所涉及的承诺、责任、束缚、生育、养育、家庭,乃至于家族因素,无不对原本脆弱的爱情是一种考验和挑战。也正因为如此,诸如"美好的婚姻是由视而不见的妻子和充耳不闻的丈夫组成的"(蒙田《调侃婚姻》)这种调侃婚姻的言辞就像那些歌颂爱情的言辞一样层出不穷、花样百出。

爱情无法为婚姻负责

同样,当我们将爱情作为结婚的重要考量标准时,爱情也就顺理成章地成为离婚的重要考量标准。如果能够承担起这样的责任,爱情就需要具备一个基本的属性——稳定性,至少是随时间改变而相对稳定的特性。然而德国著名精神病学家、哲学家卡尔·雅斯贝尔斯却告诉我们，作为一种感觉的爱情"并不能保障任何东西"，虽然"感觉也不会欺骗人"。那么，这么多年对于爱情的科学研究能否向我们证明爱情的稳定性？答案同样是否定的。与哲学家的观点及人们的常识相一致，目前爱情研究领域所发现的一个基本事实是——结婚之后，浪漫的爱情会减弱[11]，即便是那些努力维持婚姻关系的夫妻也不能幸免[12]。这里无意讨论爱情减弱的原因，但这的确是个事实。当最初促使他们步入婚姻殿堂的感情不再的时候，很多夫妻选择了结束婚姻。如此一来，我们岂不是将神圣的婚姻建筑于不怎么稳固的爱情基础之上？不得不说，这是如今离婚率不断攀升的一大原因。

新时代的"爱情挑战"

　　上面不惜笔墨来分析爱情与婚姻的关系，绝非怂恿相爱的人不要结婚，亦非煽动已婚的人去婚外寻找爱情。在 2014 年针对 7 万网友婚恋观的调查中，虽然有 4 成多的单身人士表示会因为"两人各方面条件都很合适"而决定结婚，因爱而婚仍然是年轻人的主流婚恋观念，也是多数年轻人所向往的婚姻爱情状况 ①。只是现在当人们选择将爱情与婚姻"绑定"在一起的时候，以前从未"在一起"的双方相当不适应，并不会像童话故事里相爱的王子和公主那样"从此过上幸福生活"。首先需要确立的观点是——爱情既不是为婚姻产生的，婚姻也不是为爱情设计的。婚姻也许不是爱情的坟墓，但也不一定是爱情的加速器和保鲜冰箱，最好的方式是让"尘归尘、土归土"，既不要用爱情去"绑架"婚姻，要求婚姻为爱情负责；也不能要求爱情为婚姻负责，从而

---

　　①　见《2014 中国人婚恋状况调查报告》，网址为 http://xact.baihe.com/C201501/survey

简单地将婚姻的失败归咎于爱情的缺失。

　　社会文明不断发展，我们在生活中所获得的选择和自由也在不断增加。除了婚恋选择的自由，人们在性别认同方面也因为这种自由而日趋多样化，从同性恋、双性恋到无性恋，乃至跨性别等所谓的"LGBT" ① 人群。在目前的社会之中，这一类性少数人群肯定要比异性恋承担更多的社会压力，或是来自外界的阻力。我们呼吁社会大众对这些性少数人群秉持更为开放、宽容的态度，赋予他们更多的选择自由。而且在笔者看来，这些所谓的特殊爱情形式与异性恋的爱情并无本质区别。因此，本书并未单独就某种性少数人群的爱情开展论述，基本上前面有关爱情的论述同样适用于这些不同的爱情形式。只不过，性少数人群的爱情给现存传统的婚姻制度提出了更大的挑战。

　　毋庸置疑，能够自由选择因爱而婚或者是其他爱情形式，都是当前时代所赋予人们的福祉。如前所述，这个时代的爱情正在进行一场大胆的尝试，也许人们需要冒很大的风险。在这样的时代挑战面前，我们需要更为审慎地去认识爱情、研究爱情、探讨爱情，做好充分的准备去迎接未知的风险。即便如此，即便有这本仔细探讨爱情的书，这种风险也不见得一定能够规避。正如美国著名女权主义作家艾瑞卡·容（Erica Jong）所说："爱真的值得我们为之抗争，为之勇猛，为之冒险。而且问题在于，如果你不想冒任何风险，那么你的风险会更大。"

---

　　① LGBT 是女同性恋者（Lesbians）、男同性恋者（Gays）、双性恋者（Bisexuals）与跨性别者（Transgender）的英文首字母缩略字。虽然 LGBT 已经成为一种主流用法，但有人呼吁改为"LGBTQ"，其最后的字母"Q"代表酷儿（Queer）或对其性别认同感到疑惑的人（Questioning）；也有人主张改为"LGBTI"，在其后增加的字母"I"代表双性人（Intersexuality）。考虑到性别认同的多样性，本处使用的 LGBT，可广泛代表所有非异性恋者。

参考文献

［1］Simpson J A，Campbell B，Berscheid E. The association between romantic love and marriage：Kephart（1967）twice revisited［J］. Personality and Social Psychology Bulletin，1986，12（3）：363-372.

［2］Kephart W M. Some correlates of romantic love［J］. Journal of Marriage and Family，1967，29（3）：470-474.

［3］Ackerman D. A natural history of love［M］. New York：Random House，1994.

［4］柏拉图，刘小枫. 柏拉图的《会饮》［M］. 北京：华夏出版社，2003.

［5］熊哲宏. 论性、爱情与婚姻的功能独立性——关于柏拉图《会饮》的模块心理学解读［J］. 心理研究，2008，01（1）：20-27.

［6］曲可伸. 罗马法原理［M］. 天津：南开大学出版社，1988.

［7］罗兰·米勒，丹尼尔·珀尔曼. 亲密关系（第5版）［M］. 王伟平，译. 北京：人民邮电出版社，2011.

［8］Hatfield E，Rapson R L. Passionate love and sexual desire：Multidisciplinary perspectives［C］. // Social relationships：Cognitive，affective and motivational processes. New York：Psychology Press，2008，21-37.

［9］于靖园. 梁文道：婚姻的前提并非爱情［J］. 小康，2010（07）：74-75.

［10］戴维·巴斯. 进化心理学：心理的新科学［M］. 张勇，蒋柯，译. 北京：商务印书馆，2015.

［11］Sprecher S，Regan P C. Passionate and Companionate Love in Courting and Young Married Couples［J］. Sociological Inquiry，1998，68（2）：23.

［12］Tucker P，Aron A. Passionate Love and Marital Satisfaction at Key Transition Points in the Family Life Cycle［J］. Journal of Social and Clinical Psychology，1993，12（2）：135-147.